文化引领 跨越发展

——以浙江农业商贸职业学院为例

邵田田 著

职业教育发展路径探索丛书

ZHIYE JIAOYU FAZHAN LUJING TANSUO CONGSHU

庄西真 主编

苏州大学出版社

图书在版编目(CIP)数据

文化引领　跨越发展：以浙江农业商贸职业学院为例／邵田田著．—苏州：苏州大学出版社，2014．12
ISBN 978-7-5672-1190-2

Ⅰ．①文…　Ⅱ．①邵…　Ⅲ．①高等职业教育－办学经验－浙江省　Ⅳ．①G718．5

中国版本图书馆 CIP 数据核字(2014)第 311189 号

书　　名：文化引领　跨越发展——以浙江农业商贸职业学院为例
著　　者：邵田田
责任编辑：刘诗能

出版发行：苏州大学出版社
社　　址：苏州市十梓街 1 号　邮编：215006
网　　址：http://www.sudapress.com
印　　刷：宜兴市盛世文化印刷有限公司
开　　本：700 mm×1 000 mm　1/16
印　　张：11．25
字　　数：214 千
版　　次：2014 年 12 月第 1 版
印　　次：2014 年 12 月第 1 次印刷
书　　号：ISBN 978-7-5672-1190-2
定　　价：36．00 元

苏州大学出版社营销部　电话：0512-65225020

总序

庄西真

工业革命从本质上改变了生产力与生产关系，改变了人们的生产和生活方式。工业革命带来的机器大生产需要受过一定技术教育的生产者，由此产生了以科学技术为内容、以应用性为特征、以培养掌握生产技能的劳动者为目的的现代教育。职业教育因应工业革命的要求而产生并不断发展，是为大工业生产规模化地培养初、中等技能型人才的教育，也是助力社会大众获得一技之长谋求职业赖以生存的一类教育。根据教育经济学的理论，教育主要是通过对人力资本的投入、提高劳动生产率、促进科技进步等方式来发挥其推动经济社会发展的作用的。在这方面，职业教育具有其他类型教育（比如基础教育）所不具备的优势，即职业教育可把具有普通文化素质的劳动者培养成为掌握某一行业岗位技能的专门人才。换言之，职业教育可向经济社会提供能掌握和运用先进生产技术的高素质的技能人才，进而推动经济社会的快速发展。

当今世界，一个国家产业竞争力的高低，不仅取决于是否拥有先进的技术装备，还取决于是否拥有能够熟练操作和使用先进技术装备的高素质劳动者。职业教育能够通过提高劳动力的平均职业技能水平促进劳动生产率的提升，因为以生产率为导向的经济增长模式才是可持续的增长模式。职业教育能够通过提高劳动者运用新技术、新工艺、新设备的能力，促进劳动力的技术革新与生产创新；通过培养劳动者的安全意识、设备保养与维护能力，减少生产事故，降低生产工具和设备的损坏率；通过塑造劳动者正确的政治观念、职业道德、专业思想、劳动态度，间接影响劳动生产率。近代以来，英、美、德、日、澳等国家重视发展职业教育，形成了多层次、多类型的适应本国经济社会实际的职业教育体系，培养了大量高素质、高技能、高水平的技术人才，让他们在工业、农业、军工、服务等若干个领域里施展才华，发挥了积极作用，促进了经济的腾飞，使这些国家迅速发展成为世界经济强国。比如我们的东邻日本,职业教育的迅速发展为其培养了大批工农业发展所需要的中、初级人才,大大提高了劳动者的素质和社会生产率。正如日本文部省编辑的《日本的经济发展和教育》一书所指出的:“在激烈的国际竞争中,科学的创见、技术的熟练、生产者的才能等重要因素,对于经济发展所起的作用,不亚于增加资本和劳动力的数量。”曾经担任东京帝国大学总长(相当于校长)的滨尾新这样概括日本教育发展的特点,他说:“在我们国家,不是工业和工厂首先发展,然后接着建立学校,而是首先建立技术学校以培养毕业生,他们的工作就是发展工业和开办工厂。”回过头去看,中国改革开放以来三十多年的经济高速增长,也与各级各类职业教育为之输送了千千万万具有一定知识和技能的劳动者密切相关。

对于各个国家来说,发展职业教育的原因是相同的,但是职业教育的发展模式却各有不同。发展是硬道理,不管是已经发展起来的国家,还是正在快速发展的国家,要发展现代化的工农业,都必须把职业教育当作一件大事来抓,通过发展职业教育培养经济发展需要的、能够在生产过程中应用科学技术并且具备二次开发能力的人才。但是,因为国情各异,在长期的实践过程中,每个国家基于本国国情形成了各具特色的职业教育发展模式,这一点在发达国家就体现得非常清楚。同样是经济发达的国家,同样是在经济发展过程中得益于职业教育对技能型人才的培养,但是,发达国家对经济发展需要的技术技能型人才的培养方式却各有千秋,正可谓“天下同归而殊途,一致而百虑”(《周易・系辞下》),略述如下以说明之:

在法国,职业教育与普通高中教育是贯通的,通过证书考试,将中等职业教育与高中教育融为一体。法国的职业中学分职业中学和技术中学两类。职业中学主要培养各种职业所需人才,学生用两年时间可以拿到职业技能证书。就读技术中学的学生,学习3年后考试合格获得“技术员文凭”,持有这种文凭便可申请进入大学深造。而普通的国立中学同样重视对学生进行职业教育,在国立中学就读的学生,高中3年每年都有一项考试,第一年考试合格获技术职业证书,第二年考试合格获技术毕业证书,第三年考试合格获高中毕业证书,具备升大学的资格。它开设的课程中必须选择的选修课有实用工艺、工业技术、医学、社会学、实验室科技等,任意选修课有艺术、科技、现代外语、打字等。

在加拿大,职业教育以能力培养为本位。以能力培养为本位的职业教育产生于二战后,现在被广泛应用于加拿大的职业教育中。其主要特点是:首先由职业院校聘请行业中一批具有代表性的专家组成专业委员会,按照岗位群的需要,层层分析,确定从事这一职业所应具备的能力,明确培养目标。其次,再由职业院校组织相关教学人员,按照教学规律,将相同、相近的各项能力进行总结、归纳，构成教学模块，制定教学大纲，依此施教。其科学性体现在它打破了以传统的公共课、基础课为主导的教学模式，强调培养岗位群所需的职业能力，保证了对学生职业能力的培养。

在北欧的瑞典，把学校开放给社会，把职业教育与普通教育糅合在一起，是其最大特色。该国综合制高中是2至4年制的学校，分为人文社会、经济、理科3组，每组都有2至4年制的课程，任何一种课程都是在扎实的基础教育之上实施职业教育。同时，学生经过任何一组课程的学习毕业之后，都能进入相应的高等院校。

在瑞士，职业教育备受政府的重视，其教育模式及类型呈多元化和与经济社会需求密不可分的特色。瑞士职业教育除了满足本国经济发展需要之外，还瞄准欧盟乃至国际劳动力市场，提供职业技术类、行政管理和商业职业类、酒店管理和旅游职业类、健康和护理职业类、社会工作职业类、新闻媒体及通讯和信息职业类以及工艺美术职业类等职业教育和专业培训。在这七大类职业中，除了健康和护理类、社会工作类和工艺美术类专业由职业教育培训外，其他四类专业普通高等教育也可以提供培训。瑞士高等职业教育作为大学教育的一个重要组成部分，除了同样具有严格的入学条件和标准规定之外，还要经过严格、系统的3至4年不等时间的学习和训练，并通过职业资格考试之后方能获得毕业证书。瑞士的职业考试一般以专业知识考试为主，只有通过职业考试，方能参加高级专业考试。

在澳大利亚，职业教育实际上是一种新型的现代学徒制度，承担此类职业教育的主要载体是TAFE(Technical and Further Education)学院。TAFE虽然是学院，但实际上学员80%的时间是在工作现场进行的工作本位学习，只有20%的时间是在学校学习。现代学徒制有以下特点：一是同就业有着更密切的联系，学生“为未来工作而学习”的目的非常明确，就业前景明朗，大部分学徒工毕业后能被原企业录用。二是实训内容由社会合伙人共同制定，适应企业的需要，突出对学徒工实践操作能力的培养。学生在企业真实的生产环境中操作最先进的设施设备，这样能更早地接近新技术、新工艺、新设备、新材料。三是学生在企业接受培训期间不缴纳学费，还享受学徒工资，一般为技术工人工资的一半，以后按比例逐年增长。近些年来，有许多已取得大学入学资格的普通教育毕业生也从头接受现代学徒制培训，力求在进入大学之前获得一定的职业经历和经验。

在英国，整合职业教育与普通教育一直是其职业教育改革与发展的重要目标，他们用“职业教育与普通教育的等值体系”来真正提升职业教育的地位。英国的职业教育主要分为三种类型：专门的职业教育、职业技术培训和普通教育中渗透的职业教育。专门的职业教育以政府投入为主，在继续教育机构里进行；职业技术培训以企业投入为主,在企业里进行。

在德国,职业教育的方式之一是“双元制”,它是一种国家立法支持、校企合作共建的办学制度。其核心是一种学校与企业共同承担教学任务,共同开展教学实践的人才培养模式。所谓“双元制”(Dual system),一般认为,是一种青少年在企业里接受职业技能培训和部分时间在职业学校接受专业理论和普通文化知识的教育形式。它将企业与学校、理论知识与实践技能紧密结合起来,是一种主要以专业技术工人为培养目标的职业教育制度。① 其中,一元是指职业学校,其主要职能是传授与职业有关的专业知识;另一元是在企业或公共事业单位等校外实训场所,学生在其中接受职业技能方面的专业培训。60%是专业课程,40%是普通教育课程。这种相互交叉、有机结合的方式有利于在教学过程中贯彻理论联系实际的原则,有利于培养出既懂理论知识,又有动手能力的生产和管理人员。所以,每年全德国都有近3/4的初中毕业生进入企业的培训机构接受职业技术培训,同时进入各类相应的职业学校学习理论知识。正是依靠这一独具特色的职业教育制度,德国才得以在二战之后迅速恢复国民经济,并成长为世界上科技和经济最发达的国家之一。

以上这些都是各国根据自己国家的具体情况,经过长期的摸索而形成的各具特色的职业教育模式。职业教育在各国形成的不同发展模式表明,每个国家都在寻找一种反映职业教育与自己国家社会特征以及经济发展阶段相适应的最佳模式,这既充分体现了职业教育与现代经济发展的内在联系性,又体现出职业教育与具体国家政治制度、社会结构、文化传统的关联性。找到“最适合的职业教育制度”是各个国家职业教育发展孜孜以求的目标,为此各国都在相互借鉴的基础上,结合本国经济社会实际状况进行着职业教育的实践。一些国家已经找到了适合自己国家国情的职业教育模式,比如上面讲到的法、英、澳等国家;还有一些国家正在摸索当中,中国就是这样的国家。中国的初始资源禀赋条件(人口、资源等)、文化传统、所处经济发展阶段以及今后一个阶段经济社会发展须要解决的问题均不同于上面提到(也包括行文中没提到)的那些国家。我讲这些,不是来证明中国无须发展职业教育,而是想说明中国须要发展适合中国国情的职业教育。过去我们认为只要照搬别国成功的职业教育模式就万事大吉了,事实证明这种想法是有问题的,一味地模仿和照搬别的国家或地区的职业教育模式使我们吃过不少苦头。

在未来相当长的时期内,我国社会经济发展需要职业教育培养三种人才:一是劳动密集型产业中具有一定技术、技能的劳动者,无此,难以解决劳动力密集

① 王前新:《高等职业教育人才培养模式的构建》,汕头大学出版社,2003年,第240－241页。

地区的劳动者就业问题;二是走新型工业化道路需要的具有一定创新能力的劳动者,无此,难以使我国经济再上一个新台阶;三是某些高新技术产业中从事辅助工作的中、初级人才,无此,难以推动科技的产业化和我国经济的可持续发展。在中国产业和经济发展方式的艰巨转型中,在“中国制造”向“中国创造”跨越的征程中,产业工人发挥着不可替代的重要作用。目前,中国工业产品的平均合格率只有70%,每年因不良产品造成的经济损失高达2 000亿元。另一方面,中国机械工业劳动生产率约相当于美国的1/12、日本的1/11,劳动生产率每增加或减少1%都会影响产值上百亿元,影响工资成本10多亿元。[①] 产业工人中的技能型人才不仅是企业产品的生产者和制造者,直接决定着企业的核心竞争力,更是一个国家软实力的重要组成部分。产业工人是制造业的重要生产资源,在目前越来越大的市场竞争压力下,谁有一支稳定的高素质员工队伍,谁就可能占据行业的主动。在中国“调结构、转方式”的过程中,高技能产业工人无论从知识、技能、对社会的贡献、社会对他们的需求度方面,还是收入水平和消费水平方面来说,均不应该比白领差,甚至还要高于白领。在现代的制造业中,最为典型的如电子、汽车、通讯以及IT等产业,高级技师所需的既动手又动脑的复合程度,远远超过了传统制造业中的相同角色。而作为制造业大国的中国,最紧缺的恰恰是具有高学历同时又有很强动手能力的技术工人。好多人都喜欢购买德国、日本等国的产品,认为这些产品质量有保障,是高品质的代名词,原因就在于德国、日本有高素质的产业工人队伍。人力资源公司万宝盛华2013年调查了全球42个国家的38 000个公司,对人才缺口进行了分析。被调查的中国企业中,35%的企业认为招聘合格员工存在很大的难度,最紧缺的前十类人才为技术员、销售代表、高管人员、销售经理、生产作业操作工、工程师、工人、研发人员、设计师、行政助理。其中过半数是由传统的职业教育培养的初、中等技能人才,其他近半数则是职场上的技术技能型人才,其实,这些也应该由职业教育来培养。

因此,当务之急就是探索适合中国国情的职业教育发展模式,为我国经济社会“又好又快”发展培养各级各类技能型人才。但这件事只靠政府决策部门出台文件或领导人讲讲话效果不大,单有职业教育研究者的鼓与呼也收效不彰,只有充分调动和发挥来自基层和一线职业院校的积极性和创造性,把几方面的力量联合起来,共同努力方能奏效。这方面的实践已有几年了,但实践往往是碎片化的,需要将之拼接起来,形诸文字,提炼升华。

我主编的“职业教育发展路径探索丛书”就是在这种背景下编辑出版的,从这六本书的名字中不难看出我们的心思,它以分析中国基层和职业院校的育人

① 郭奎涛:《中国产业工人需升级》,《工程机械周刊》,2010年第6期,第25页。

实践为切入点,以总结中国特色的职业教育发展经验为旨归。丛书由《区域职业教育发展模式创新的案例研究》《文化引领　跨越发展——以浙江农业商贸职业学院为例》《地方性人才的造就——昆山花桥国际商务城中等专业学校的实践》《行业性人才的造就——江苏省常州建设高等职业技术学校的实践》《社会转型背景下的职业技能培训研究——以吴江为例》《德才至尚　祈通农商——浙江农业商贸职业学院特色办学的实践》等六本书组成。六本书的作者既有专门从事职业教育研究的学者,也有在职业院校和培训机构主政多年的管理者,他们都立足自己的职业,将各自多年的思考和做法融汇到了这套丛书中。大家从每本书的名字中就很容易猜想到书的内容,在此我就不一一赘述了。

目录

第一章

导论：文化是高等职业院校的核心竞争力

第一节　对文化的认知

人本是散落的珍珠，随地乱滚，文化就是那根柔弱又强韧的细线，将珠子穿起来成为社会。

——龙应台

一、文化是什么

文化是什么？这是一个简单的问题，也是一个复杂的问题。

著名作家龙应台有一篇风行于网络的长篇随笔，题目正是“文化是什么”。此文的写作背景与龙应台1999年起出任台北市首位主管文化的官员有关。她在上任之初的质询期间，就曾被一“议员”要求当场“简单扼要”地说出“文化是什么”。从她的随笔中，我们可以读到龙应台对此有两段相当漂亮的回答。

一段是：“文化？它是随便一个人迎面走来，他的举手投足，他的一颦一笑，他的整体气质。他走过一棵树，树枝低垂，他是随手把枝折断丢弃，还是弯身而过？一只满身是癣的流浪狗走近他，他是怜悯地避开，还是一脚踢过去？电梯门打开，他是谦抑地让人，还是霸道地把别人挤开？一个盲人和他并肩路口，绿灯亮了，他会搀那盲者一把吗？他与别人如何擦身而过？他如何低头系上自己松了的鞋带？他怎么从卖菜的小贩手里接过找来的零钱？如果他在会议、教室、电视屏幕的公领域里大谈民主人权和劳工权益，在自己家的私领域里，他尊重自己的妻子和孩子吗？他对家里的保姆和工人以礼相待吗？独处时，他如何与自己相处？所有的教养、原则、规范，在没人看见的地方，他怎么样？文化其实体现在一个人如何对待他人、对待自己，如何对待自己所处的自然环境。在一个文化厚实深沉的社会里，人懂得尊重自己——他不苟且，因为不苟且所以有品位；人懂得尊重别人——他不霸道，因为不霸道所以有道德；人懂得尊重自然——他不掠夺，因为不掠夺所以有永续的智能。品位、道德、智能，是文化积累的总和。”

另一段是：“文化是基础国民教育，它奠定国民的品位教养。文化是生活，它决定我们眼睛所见、耳朵所听、手所触摸、心所思虑的整体环境的美丑。文化是经济，它的产业所值——媒体、设计、建筑、音乐、电影、电子、广告、文学、体育、观光旅游……早就是先进国家的经济项目大宗。文化是外交，当政治协商触礁、军事行动不可的时候，文化是消弭敌意唯一的方法。尤其对于弱势国家，文化可以是以柔克刚的军队、温柔渗透的武器。文化更是一个国家的心灵和大脑，它的思想有多么深厚，它的想象力有多么活泼、创意有多么灿烂奔放，它自我挑战、自我超越的企图心有多么旺盛，彻底决定一个国家的真实国力和它的未来。”

在不失深刻的情形下，似乎很难有人说得比龙应台更生动了。她以观察剀切的作家之眼，既能将“文化”还原为生活细节的点点滴滴，又能将“文化”嵌入社会结构的方方面面，但人们要是细想一番，恐怕也不难发现其中仍然存在的问题。从前一段来说，与其说她回答了文化是什么，不如说她回答了什么样的人有文化，而什么样的人没文化；从后一段来说，与其说她回答了文化是什么，不如说她回答了什么都是文化，社会一切重要活动都离不开文化。

给“文化”这一概念下定义，说清它是什么，可不是一件容易的事。在学界，人们普遍认为，“文化是什么”问题是一个较为典型的“不问似乎还清楚，问了却较难言明”的问题。它类似于问“时间”、“宇宙”、“生命”等“是什么”的问题。英国学者罗威勒说：“在这个世界上，没有别的东西比文化更难捉摸。我们不能分析它，因为它的成分无穷无尽；我们不能叙述它，因为它没有固定形状；我们想用字来确定它的意义范围，这正像要把空气抓在手里似的。当我们寻找文化时，它除了不在我们手里以外，它无所不在。”法国当代著名学者艾德加·莫兰认为，“文化”这个如今颇为时髦的概念“看起来是统一的、稳定的、坚定的概念，其实不然，这完全是个文字上的陷阱，其实这是个空洞的、以其昏昏使人昭昭的、金玉其外败絮其中的、具有双重面孔的、潜伏着危险的词汇。这是个词汇的神话，声称包含有救世的秘方，声称能带来真理、智慧、自由、创造性和生活准则，等等”。或许正因为这样，学界关于文化内涵的争论持续了好几个世纪，提出的相关定义也是林林总总。有人统计过，关于文化的定义至少有上百种之多。美国人类学家克拉克洪在一篇题为《文化：概念与定义的批评考察》的文章中就提出了160例定义，并通过对100多位权威人士的著作进行归纳分析后认为，“文化就是通过符号取得和传达的外显的和内涵的行为方式，构成人类集团各不相同的成就；文化的基本核心是传统（即来源于历史并经过历史选择的）观念，特别是依附于这些观念的价值标准；一方面可将文化视为行动的产物，另一方面可将其视为采取进一步行动的条件因素”①。可以说，这个定义显得“装备齐全”而又“精良”，既抓住了文化的大致特征，又揭示了文化的基本核心，还说明了文化的产生与作用。可是即使在美国社会科学界，虽然鲜见有人否定克拉克洪的定义，但不同的学者几乎皆有自己的文化定义。比如格尔兹就说：“我主张的文化概念实质是一个符号学的概念。马克斯·韦伯提出，人是悬在由他自己所编制的意义之网中的动物，我本人也持相同的观点。于是，我以为所谓文化就是这样一些由人自己编制的意义之网，因此，对文化的分析不是一种寻求规律的实验科学，而是一种探求意义的解释科学。”②比如斯肯认为，文化是“凝聚一个团体的共享的信仰、价值观以及一套基本的假定”，这些价值“成为一个群体观察、感知和思考有关问题的正确方式”。③ 又比如以拉兹洛为代表的联合国教科文组织国际专家小组认为，“文化是体现出一个社会或一个社会群体特点的那些精神的、物质的、理智的和感情的特征的完整复合体。文化不仅包括艺术和文学，而且包括生活方式、基本人权、价值体系、传统和信仰”；“文化赋予我们自我反思的能力，文化赋予我们判断力和道义感，从而使我们成为有特别的人性的理性的生物。我们正是通过文化辨别各种价值并做出选择。人正是通过文化表现自己、认识自己、承认自己的不完善、怀疑自己的成就、不倦地追求新的意义和创造出成果，由此超越自身的局限性”；“文化可以被理解为每一个人和每一个共同体独一无二的特征，以及思考和组织生活的方式。文化是每一个社会成员虽然没有专门学习但都知晓的知识领域和价值观念”。④

上述这些学者关于文化的定义可以看作是相互补充，或相得益彰的。若作最为简洁明了的理解，我们可以说文化是价值观，是共享的信仰体系，是社会的精神状况，是人类的创造之物，是人所寻求的意义之所。

二、 文化的象征性和载体

美国文化人类学家 C. 吉尔兹曾下过这样一个定义：所谓文化，即“人类为了传达关于生活的知识和态度，使之得到传承和发展而使用的，以象征符形式来表现的继承性的观念体系”。这个定义强调的是文化的符号性和象征性。

任何一种文化都有其独特的象征，或为标志，如建筑、雕塑、旗帜、服装、室内

---

① 中央教育科学研究所比较教育研究室编译：《简明国际教育百科全书·人的发展》，教育科学出版社，1989 年版，第 381 页。

② 格尔兹：《文化的解释》，韩莉译，译林出版社，1999 年版，第 5 页。

③ Schein, E. H. *Organizational Culture and Leadership*. San Francisco: Jossey-Bass, 1985.

④ 拉兹洛：《多种文化的星球——联合国教科文组织国际专家小组的报告》，戴侃、辛未译，科学文献出版社，2001 年版，第 153 – 154 页。

的摆设，甚至信纸、色彩等；或为仪式，如升旗、口号、会议或者其他做事的程序、交往的礼节，甚至说话、行走的方式等；或为传说，如组织中名人、恶人以及他们的故事，甚至人们经常爱议论、喜欢、害怕的事和人，文化就是在这些象征中传递着。

象征能力是人类独有的能力，象征行为是用具体事物来表示某种抽象概念或思想感情。这种行为是通过使用象征符来传达象征意义完成的。象征符是具有双层意义的符号，第一层是符号的字面意义，第二层是符号的类比或联想意义。而象征行为的特点正是使象征符的第一层意义向第二层意义转化。在这基础上的象征性互动理论正是把人类的象征活动看作是一个积极的、创造的过程，是人类创造出广泛文化的一种活力，对理解现实的社会生活有着重要意义。而人与人之间通过传递象征符和意义来相互作用、相互影响，人们需要共同的意义空间。

文化是具有象征性的，而且还必须借助于一定的载体来表达。有人曾提出，用象征性和载体来区分美国文化、日本文化、中国文化，更容易让人理解。具体载体分别为桥牌、围棋和麻将。把桥牌（最初起源于英国）理解透了，就可以把美国文化理解好。桥牌游戏主要就是两个规则，一是抓到牌后再定目标，一是强调合作双方的默契。前者可表明，美国不会自己单独去做事情，它一定会寻找到资源再决定如何设定目标；后者可表明他们在合作的时候不会有任何其他的想法。他们严格遵守“当下”的概念，所以对于美国而言，“有用的就是合理的”，哲学层面就体现为实用主义。围棋虽然起源于中国，隋唐时才经朝鲜传入日本，但日本文化可以用它作为载体来得到较好的理解。围棋只有黑子和白子，每一粒子没有任何意义，黑的、白的，就两种。但是如果在棋盘上布局，你会发现围在一起的每一粒棋子都能置你于死地，绝对让你没有任何机会，这是围棋的特点。麻将被人们不无讽刺地称为中国“国粹”，但中国文化未尝不可用麻将作为载体来理解。麻将的规则主要是鼓励自我成功，并不鼓励合作；如果一局没人成功，那就重新洗牌重新开始。这里面可以看出我们中国文化的劣根性。

随着科学技术的飞速发展和信息时代的到来，在现代社会中，符号化和象征化是现代文化的一大特色和发展趋势。在传统社会中，人们由于绝大部分体力和精力必须用于物质生产，所以对文化的符号性和象征性的感触并不是那么明显，但在信息时代的今天，我们的生活环境中到处充满了象征符，街头、电视、广播、报刊、互联网等，我们的视觉、听觉包括触觉都会被包围在符号之中。现代人正在把各种各样的事物作为符号加以利用，为其赋予某种象征意义，从而通过意义的交换来实现自己的目的。我们生活的空间正在成为一个符号或意义空间。文化的象征性在现代社会中越演越精彩，现代社会的政治领域、经济领域、消费领域，以及娱乐和生活领域都充满了新的象征符号以及新的象征意义。以消费领域为例，市场营销中一般把消费分为物质性消费和象征性消费两类，后者指的是消费具有符号象征性。随着社会的发展和人们收入水平、生活水平的提高，人们由物质消费变成了精神消费，购买商品或服务主要不是为了其实用价值，而是为了寻找某种感觉，体验某种意境，追求某种意义，消费者通过消费具有某种特殊内涵和象征意义的商品来体现自己的社会地位，张扬自己的个性。众多的企业和商家正是很好地利用了消费者的心理和这种文化精神消费，迎合消费者的需求，树立品牌，在广告及标识上大做文章，赋予了商品特殊的、与众不同的象征性意义，以此来展示企业文化内涵、经营理念及产品特性。广告正是一个象征符，是企业信息的外在形式和物质载体。在鲍德里亚看来，商品不但具有使用价值和交换价值，而且还具有符号价值，符号价值代表了商品之间的差异，一件产品被符号化赋予的精神意义远远超过其实用价值。企业正是遵循了现代文化的象征性从而大大增加了产品的附加值。如在汽车行业中，我们通过宝马汽车的广告及标识可以看到背后蕴藏的象征意义是"现代、有活力、时尚、创新及有个性、有乐趣"，奔驰汽车所象征的"尊贵、有品位、高品质和技术先生"也使其成为世界名车，沃尔沃汽车象征着低调的华丽，劳斯莱斯汽车背后那经典感人的爱情故事更是在其车标上凝结成为永恒。座驾的品牌已经成为现代人身份和地位的象征，名车和成功人士与权利、财富早已交织融合，车文化的象征性意义早已在现代人心中刻下深深的烙印。不仅汽车如此，众多其他商品亦如此。就拿联想电脑来说，2009 年新出了一款 Idea-pad 系列产品，联想公司赋予了这一系列产品的主题是"新享乐"，尤其是针对大学生及年轻人，其中的 S10 系列上网本更是鼓励大学生旅游携带，名曰带着想法去旅行，这个 Idea-pad 系列正是象征符，象征着年轻人的创意、创新和轻松时尚的生活。正是充分运用了现代消费文化的象征性，联想公司接 NBA 营销机系列后又有一款热卖的电脑。尽管受制于残酷的市场竞争，这些产品很快被 i-pad 及 i-phone 取代，但其作为现代文化消费品所具有的象征意义是毋庸讳言的。

因为文化具有象征性和载体，所以绝不会是"虚"的东西。中国传统文化为何强大无比？不仅是因为三玄四书五经，不仅因为儒学道学释学，更是因为中国的文化具有强大的物质载体。中国的丝绸是全世界最好的，中国的陶瓷是全世界最好的，中国的文房四宝、造纸术、印刷术、茶叶……这一切承载着中国文化往外走，影响到世界的各个角落，这些技术和产品所到之处就是中国文化所到之处，世人因为这些产品知道了中国文化。可以说，没有能够影响世界的产品和技术，中国文化无法被世界认知。我们不能认为只有文字和思想、语言和理念才代表文化，相反，文字和思想、语言和理念主要是文化的观念表达，相对比较抽象。

感受文化、表现文化比较直观的方式，是对产品和技术的真实感知，离开这些真实的感知，文化无从感受，尤其在今天这样的经济社会，产品就是文化载体。有人将学生形容为“学校的产品”，这作为一个比喻还是有道理的，但从根本上说，作为“产品”的学生之文化内涵与境界取决于一所学校中的“社会文化代表者”——教师的文化品性与素质。借用教育家梅贻琦的说法，就是“所谓大学者，非谓有大楼之谓也，有大师之谓也”。综合起来讲，教师的学术思想与著作、学生的创意表现与作品，这两者应当是一所大学可见可触的、重要的文化象征与载体。

三、 文化决定行为方式

人们自以为是个体本身在挑选一栋住房、一辆汽车、一件服饰，乃至一顿晚餐，然而实际上他们的选择纯粹取决于他们的文化。文化是人的内在的价值观念与外在的行为习惯的有机统一。文化之所以重要，首先是因为它决定人的思维方式。曾有人言：播种一种观念，收获一种行为；播种一种行为，收获一种习惯；播种一种习惯，收获一种命运。问题是，观念又从何而来？源于思维，源于客观物质环境和人的社会实践。因此较为完整的逻辑线索应当是：文化环境决定人的思维方式，人的思维方式确定后，就决定了他的行为选择，行为选择形成习惯，最后变成性格，最终决定了命运。

要真正改变人的命运，归根到底需要人对自身的文化环境有高度的自觉。从组织来说，改变一所学校如此，改变一个国家亦然。邓小平成为时代风云人物，与此密切有关。他知道中国人比较喜欢讨论，不敢行动；行动了，也比较谨小慎微，不敢冒险。这种文化基因中的保守习性，容易导致人们安于现状，不愿变化。所以在改革开放初期，邓小平要求人们改变观念、改变思维方式。他首先告诉大家“清谈误国”，之后肯定“实践是检验真理的唯一标准”，提出“不管黑猫白猫，抓住老鼠就是好猫”，提出“摸着石头过河”……当人们在观念上、思维方式上做出彻底转变的时候，最终的结果是中国以及中国人的命运也随着改变，并且也是彻底改变。

思维作为文化的基本属性，具有极端的重要性，因为它直接决定着个人与组织的行为选择。美国文化人类学家 E. 哈奇(Elvin Hatch)在其所著《人与文化的理论》一书中指出，文化从下述三个方面决定了人类的行为：首先，人类通过学习获得了那些指导和确定思想与行为的模式。例如，我们有时听到这样的忠告，“按你自己的想法去做”，或“走自己的路，让别人去说”，等等。在哈奇看来，这些忠告只是貌似有理，因为所有的思想和行为都仿效着我们已经习得的文化模型。哈奇论证道：对于一个中产阶级的英国男子，所谓“举止自然一点”就是按一种独特的文化风格来行动，而模仿这种风格的美国人或澳大利亚人则会被人们认为是怪诞可笑的。其次，虽然许多文化成分处于意识知觉的水平以下，但它们仍然决定着个体的思想和行为，语言就是一个例子。作为一种文化的支系统，语言决定着听说双方的理解和表达，至于俚语、谚语、箴言等，则更反映了特定的文化背景。所有的人都使用语言规则的复杂系统，例如语音学的规则和语法规则。但是听的人和说的人一般都不能说出这些规则的内容，只是模糊地知道这些规则存在着。文化的其他领域也存在同样的情况。例如，社会成员虽然使用着大量关于自然、道德价值、财产所有制等抽象的概念，但却不能完整地说出它们的具体内容。再次，文化模式既构造了思想，也构造感知。例如，光谱是一种色彩所具有的连续层次，但是文化习惯却把它分割成相互区别的片断。哈奇论证道：英国人在蓝和绿之间做出了区分，也就是说，在光谱的某一点上，习惯造成了一种范畴的区别。照在这一边的色彩被认为是蓝色，照在另一边的色彩则被认为是绿色。不同的语言在光谱的不同地方区分为各种颜色，而颜色的这种方式的范畴化影响到对真实世界的感知。比如，虹是颜色的逐渐变化，但它被想象成一系列不同的光带。同样，价值也影响了思想和感知。例如，人们不可能以纯粹中立的态度来感知一个景观，因为在其上反映了价值观。正如E.哈奇所指出的："西方人对于一片原始森林的印象与对于一个由于工业开发而损失了的山坡的看法是很不相同的，这种不同部分是由于审美价值的不同。"

借助于文化的方式，可以理解为什么日常生活中，人们总是存在着一些共性的行为，虽然这些行为大家都觉得需要调整，甚至抛弃，但还是存在于现实生活中，根深蒂固，因为这些行为是文化的选择。易中天先生在一次讲座中曾说到过这样一个故事：

有四个人去咖啡厅喝咖啡，发现杯子里有一只苍蝇。第一个发现的是英国人，他站起来，掏出钱包，抽出一张钞票，压在杯子下面，就走人了。为什么呢？因为咖啡里有苍蝇是不能喝的，他肯定也很愤怒，但他是绅士，不能发怒，于是就用付钱但不喝咖啡的方式来表示抗议。第二个发现的是日本人，他勃然大怒道："八格牙鲁！"再把服务员叫来说："你的什么的干活！苍蝇的有！你们懂不懂管理啊，还想发展？"很是愤怒。因为日本人做事很精致，很到位，不允许出现这种状况的。第三个发现的是美国人。他笑了，用手指一勾，把那个服务员叫过来说："不错啊，咖啡里还有苍蝇啊，不过在我们美国咖啡不是这样上的，我们是先端上来一杯咖啡，再端上来一罐牛奶，再端上来一小碟方糖，再端上来一小碟苍蝇，我们想放多少就放多少。"美国人有幽默感，他用这种方式表示抗议。我就要提出一个问题了，如果是中国人呢？中国人会说："去！把你们领导找来！"这是什么的不同？这就是文化的不同。

在一项有中国学者参与的联合国教科文组织国际专家小组的研究报告①中，专家们认为当代中国社会文化的典型"心态"是中国文化传统的起源和发展的长期积淀。它具有很高的稳定性，不会轻易改变，会长期发挥作用。从这种心态涌现出来的占主导地位的价值系统大致包括如下五个方面：一是大一统的价值。天圆地方，中国是世界的中心，有最古老和最优秀的文明。中国之外都是野蛮的夷狄。我们要永远捍卫这个中央帝国的领土完整和文明，保卫从秦始皇开始的高度统一性。二是传统的价值。历史从尧舜时代的大同世界跌落下来，因此一代不如一代，甚至儒家的圣贤也是越排在前面的越伟大，祖先的话是天理和是非的标准。因此，传统的价值高于革新，理想的超标准高于现实，历史高于未来。死人要比活人重要，老年人要比青年人重要。迷信圣人，迷信祖先，迷信权威，迷信书本，从来不相信自己。三是官僚权力的价值。读书、科举、做官、掌权是自我实现的唯一正道——有了权就有了一切，爬得越高成就越大。四是家族和家庭的价值。家庭的价值高于个人的价值。在婚姻方面，个人往往要为家族和家庭做出牺牲。就连做官的目的也是为了光宗耀祖，光大门庭。个人的价值很大一部分是在家族中实现的，尤其是妇女，至少要为家族和家庭生一个男孩子。五是道德的价值。个人是道德主体，而道德则是价值系统的核心。他要把自己摆在天、君、父之下，压制个人的情感和欲望，磨去个性的棱角。他要用仁、义、理、智、信来克制自己的行为和调节人际关系，追求道德的完美。今天，中国文化的典型角色是符合中庸之道的人，理想人格是"内圣外王"的圣贤人格。实际上，大多数接受这种角色的人都变得内向和保守，求稳怕乱。他们圆滑处世，不求有功，但求无过。该报告还指出，"在这种受传统束缚的心态下，中国社会显得异常稳定。在中国，甚至严格的社会主义意识形态也比其他地方牢固。中国向外界表现出有抵抗力的中央帝国的面貌"。另外，世界创新之父德波诺则认为，"中国人一个非常明显的特点是反应式的惯性思维，缺乏设计思维，过于重视过去的经历，不重视对将来怎么设计，所以中国文化延续性很强，顽固性也很强"。

社会文化所形成的教育价值观念也深深地影响着人们对职业教育的价值取向，从而进一步决定了人们对职业教育的态度与行为。我国著名教育家潘光旦曾在《工与中国文化》中提到："已往的中国文化，就大体说，是极不利于工的发展的，儒家思想注重人，不注重物；道家思想注重自然，反对一切人类自作聪明的活动，都是和工的发展正面冲突的……对于人为的技巧的东西心存歧视。这种歧视以至于鄙夷的态度，至少在已往二三千年的中国历史里是一贯的……反对

① 拉兹洛：《多种文化的星球——联合国教科文组织国际专家小组的报告》，戴侃、辛未译，科学文献出版社，2001年版，第149－151页。

所谓奇技淫巧的论调在载籍中几乎是触处可见,引不胜引。"①我国两千多年的封建教育造成"学而优则仕"观念根深蒂固,"崇道(德)轻艺(技)"思想深入人心,如此文化积淀仍影响着受教育者对教育类型的选择,从而影响和制约了我国职业教育的发展。一位到欧洲、澳洲考察过的职业学校校长谈及他在国外最强烈的感受主要有两点:一是校园里和社会上人与人之间的平等意识,在欧洲和澳洲所见的人们较少存在我们这个社会常见的等级意识,他们是民主政治,没有"官本位";二是校园里和社会上的人们法治观念都很强,譬如他们的劳动力市场的准入制度(即必须经过职业教育或培训达到某种相应的资质才能进入劳动力市场的制度)执行得非常严格,因此他们的职业学校招生问题从来不像我们这样突出。这里,等级意识的根深蒂固与法治意识的严重淡漠,无疑是不利于现代职业学校校园文化健康发展的。中国经历漫长的封建社会,把各种职业分成从高到低的等级,官员总是上等的"职业",其下是教师、武士、法官、各种制作等职业,最末流的是经商等职业。劳心者治人,劳力者治于人。官员在上,民众在下;脑力劳动在上,体力劳动在下。这种受教育最根本的目的是为了做官,"学而优则仕",与现代社会培养"公民"、重视生产的教育是完全不同的。澳大利亚阿得雷德大学张宁博士则认为,社会上对职业教育的歧视不仅中国有,西方国家,包括澳洲也有。但与中国情况不同的是,西方人比较注重能力的培养和发挥,只有书本知识而没有工作和处事能力,学分再高也找不到工作。另外,就业市场可随经济发展自行调控。在澳洲,中小型企业是整个国家经济的绝对主体。所以,接受职业教育,包括学徒,可以使个人谋生有保障,也可使企业得到发展。在人人捍卫机会平等、反对歧视的社会文化里,职业教育能够得到其发展的土壤。② 而在德国,几乎不存在我国目前较长时间存在的"普高热"、"学历热"。德国学生初中毕业后,75%以上都直接进入企业和职业学校接受"双元制"职业教育培训,只有25%的学生接受普通教育。德国法律赋予职业教育证书与普通学历证书同等的地位,二者呈"H"型互通。德国人看重"工作资格",而这主要靠职业教育来实现。因为进职校读书将来就业有保障,所以家长都愿意让子女接受职业教育,上职校是社会的一个普遍现象,没有人会觉得低人一等。就业为导向的指导思想和制度化、法律化的保证,使职业教育长期稳定健康发展。③

① 潘乃谷、潘乃和选编:《潘光旦选集Ⅲ》,光明日报出版社,1999年版,第448页。
② 欧阳河:《职业教育基本问题研究》,教育科学出版社,2006年版,第235页。
③ 郭彦彦、郝明昭:《德国学生为何钟情职业教育》,《中国教育报》,2008年1月28日。

第二节 高等职业院校发展的根本在文化的传承与创新

我们的目标是，要塑造既有广泛的文化修养又在某个特殊方面有专业知识的人才，他们的专业技术可以给他们进步、腾飞的基础，而他们所具有的广泛的文化，使他们有哲学般深邃，又如艺术般优雅。

————怀特海

一、 我国高等职业院校的类别与特点

要谈高等职业院校的类别和特点，就必须首先回到一个上位概念"高等职业教育"。说起来，这个概念实在是很有些"中国特色"的。若要追溯其源，大概是20世纪80年代初期我国各地(尤其是一些中型城市)短期职业大学兴起的产物。从国际上看，其他国家是很少有人使用这一名词的，即使有也与我们所理解的内涵不尽一致。例如俄罗斯将"职业教育"泛化地理解为除基础教育外的一切专业教育，这样他们的"高等职业教育"就将所有的高等教育均包括在内，而并非我们所指的与普通高等教育相对的那部分教育；更多的国家则狭义地将"职业教育"理解为培养技术工人类人才的特定教育类型，即培养那些不需要太多理论知识而主要依靠动作技能和经验技艺在生产、服务第一线从事现场工作的直接操作者的那部分教育(包括培训)，并不进入高等教育领域，所以也就不存在什么"高等职业教育"。有高职院校曾派人赴德进修，期间就曾因德国没有"高等职业教育"这一概念而造成比较和交流上的不少麻烦；更有一个国内派出的"高等职业教育"考察培训团在德国转了整整一个月，直至他们取得培训证书准备回国之时，负责组织他们培训并颁发证书的那家德国机构的负责人才弄明白中国人所指的"高等职业教育"到底是什么。

"高等职业教育"是"高等"与"职业教育"两个概念的复合。复合的结果导致三种理解：第一种将它归入"高等教育"范畴，认为高等职业教育是高等教育中具有较强职业性和应用性的一种特定的教育；第二种认为它只是"职业教育"范畴中处于高层次的那一部分，并不属于高等教育，从而将"高等教育"与"职业教育"视为两个并列的、互不交叉重叠的教育范畴；第三种则把它泛化地理解为，凡是培养处于较高层次的职业技术人才(不管其属何种系列)的教育都属于高等职业教育，如把培养技术工人系列人才中的高级技工教育也看作是高等职

业教育，从而将“高等”与“高级”等同起来。

作为学历教育的高等职业教育应具备四项条件：首先，受教育者具有综合性的中间阶段教育基础。既有一般文化理论基础又有一定职业实践基础的“中间型”高中毕业生是高等职业教育的理想生源，普通学科型和直接就业型高中毕业生要进入高等职业技术院校均应补习相应的过渡课程，这种过渡课程一般应在入学前完成（因其不属第三级课程），但根据国外有关经验，也可以在入学后的较短时间内补上。总之要考虑文化理论与职业实践两方面的综合基础，不具备则不利于学习和培养理论与实践并重的技术知识及其应用能力。其次，培养“中间人才”（技术员类）系列中的高层次人才，即高等职业教育的培养目标是具备某一特定职业或职业群所需综合职业能力的，为生产和管理第一线服务的应用型、技术型人才。其工作的主要特点是将设计、规划、决策转化为现实产品等物质形态，或对社会产生具体作用。这种培养目标直接决定着课程内容和课程标准。再次，学习年限至少 2 ~ 3 年。高等职业教育在理论与实践、知识与技能、经验与态度等方面，覆盖面广而要求高，没有 2 ~ 3 年时间不足以实现培养目标，即使在某些方面（如单项技能）实现了也不足以达到高等教育的一般水准。至于一些特殊专业可能学程更长、层次更高。最后，授予高等专科或本科学历证明。高等职业教育与普通高等教育一样应有多种学历层次，具体应视不同专业的实际要求与学习年限而定。就目前实际情况看，至少应有专科和本科两个层次。

目前我国的高职院校类别大致分为三种：第一种是本科院校的高职专业。这其中一部分是“211”重点本科院校，还有一部分是市属高校。第二种是公办高职院校。这些院校招生数量大，办学时间长，在职业教育与就业上有一定优势。第三种是民办高职院校，国家承认学历，不过学费相对较高。

与中等职业学校及普通高等院校相比，高等职业院校的特点大致包括如下六个方面：

第一，从培养目标来看，高等职业院校培养生产、经营、管理与服务一线的高等技术应用型人才，而普通高等教育主要培养从事研究和发现客观事物规律的学术研究型人才以及工程型人才。

第二，从人才培养模式来看，高等职业院校培养模式为“以能力为中心”，强调职业性和适应性。这种人才培养模式具有六个基本特征：以培养适应生产、建设、管理、服务第一线需要的高等技术应用型人才为根本任务；以社会需求为目标、技术应用能力的培养为主线设计教学体系和培养方案；以“应用”为主旨和特征构建课程和教学内容体系，基础理论教学以应用为目的，以“必需、够用”为度；专业课加强针对性和实用性，实践教学的主要目的是培养学生的技术应用能力，在教学计划中有较大比例；“双师型”师资队伍的建设是高职高专教育成功的关键；产学结合、校企合作是培养技术应用型人才的基本途径。而普通高等教育则以课堂教学为主，也有实验、实习等联系实际的环节，但联系实际的目的是为了更好地学习、掌握理论知识，着眼于理论知识的传授。

第三，从专业设置与课程设置来看，主要是按照市场所需要的岗位需求设置专业，针对性比较强，强调以职业能力为本位的课程模式，注重实践能力的培养。而对于普通高等教育来说，其专业设置是以学科为依据。在课程体系上，普通高等学校讲求课程体系的整体性和单一学科课程的系统性，一般分为“公共课”和“专业基础和专业课”。

第四，从师资队伍要求来看，高职院校要求有一支“双师型”教师队伍，即从事高等职业教育的教师既要有普通高校教师扎实的专业理论基础和教学经验，又应当有高级工程技术人员丰富的职业实践经验。相对于普通教育而言，对高职教师的要求会更严厉一些。而普通高校仅要求教师具备基本文化素质、专业知识以及教育教学和科研能力。

第五，从教学方式与教学过程来看，高职院校重视相关专业的教学实践环节。研究型高等教育的实践教学以发现、验证性实验为主，高职院校则以强化技能训练为特点。因此，要重视校内实验、实训设施和校外实习基地的建设，加强学生动手操作和模拟实习能力的培养。高等职业教育以能力为中心的人才培养模式体现在教学方式与教学过程上，就是要求学生在校期间针对职业岗位完成一般性的职业岗位训练，学生毕业时成为合格的就业人员，具备某一岗位群所必需的最基本与最一般的知识、技术和能力，上岗后能基本履行岗位职责，承担本职工作，基本不需要较长的适应期。

第六，从高等职业教育管理来看，用人部门与学校共同参与。高等职业教育是针对社会发展、企业需要而培养一线技能人才的。因此，相关企业、行业参与学校管理显得尤为重要。产学研结合、校企合作成为企业、行业参与管理的重要形式。校企合作，是指学校与相关的行业或企业在人才的教育培养和技术的开发、改造和创新过程中相互配合、共同协作。学校针对企业的实际情况和实际需要，邀请行业或企业有关专家共同研究专业设置，制订教学计划、教学大纲并进行课程开发，为企业培养其所需的实用型人才，特别是请企业专家承担学校的教学任务，结合实际向学生传授更实用、更通俗易懂的知识。通过依托行业或企业为学生提供良好的校内外实训基地，以解决学校办学资金不足的困难。双方共同开发、研究，解决实际工作中的难题和科研课题。而普通高校则是自主办学，没有企业与行业的参与。

二、 高等职业院校学校文化的内涵及功能

1. 高等职业院校学校文化是什么

学校是社会设定的专门育人场所，而一切育人，说到底都是文化育人。教育与文化，水乳交融。教育缺了文化，就是寡味“白开水”；文化少了教育，难保不成“霉乳酪”。文化是教育的灵魂，教育是文化的身体；文化是教育活力的源头，教育是文化创新的温床；文化丰富教育的内涵，教育传承文化的血脉；文化引领教育的提升，教育催生文化的多元。二者统一的过程，就是教育使人日趋文化化（即由自然之人变为文化之人）的过程，就是文化促人不断成人化（即由现实之人成为理想之人）的过程。作为现代教育体系重要组成部分的高等职业教育与文化的关系亦不例外。从我国高等职业教育发展的现实看，1999 年以来，以大力发展高等职业教育为主要内容和手段的我国高等教育大众化打破了精英教育的纯粹性，高等职业教育规模的急剧扩张不能不引发人们对质量与文化等的深层次忧思。2004 年，教育部颁发的《以就业为导向　深化高等职业教育改革的若干意见》标志着高等职业教育的发展逐步转向更加注重质量提高与内涵发展的道路。2006 年国家启动示范性高职院校建设计划实施之后，文化建设与质量提高、制度创新一道已经成为我国高职教育发展的三大主旋律。文化建设所产生的“文化软实力”，可以为高职院校办学提供持久而强劲的深层动力。

学者刘国珍在《关于高等职业教育文化的界定》①一文中提出，高等职业教育文化具有双重属性：一方面，高等职业教育的教育层次决定了其文化应该是一种大学文化，是大学文化内涵的丰富；另一方面，高等职业教育的教育类型则决定了其文化应该是一种职业文化，是职业教育文化层次的提升。二者之间相互融合，相辅相成，有机统一，就构成了高等职业教育文化共有的质的规定性。换言之，所谓高等职业教育文化，既可以说是具有大学文化精神和品位的职业教育文化，又可以说是具有职业文化内涵和特征的大学文化。

建设具有大学文化品位的高等职业教育文化，主要包括两层含义：其一是要在文化层次上超越传统的初等和高等职业教育文化。高等职业教育文化是关于大学的文化，要立足大学文化的层次要求来诠释和建设高等职业教育文化，其所有的文化符号、价值、规范都必须建立在大学的文化层次之上，体现出大学的教育水平、精神境界和人文关怀。这是职业教育进入高等教育层次的必然要求，更是高等职业教育培养高素质技能性人才、提高教学质量和社会服务水平、推进高等教育大众化的需要。其二是高等职业教育的文化内核要体现大学文化的基本

① 刘国珍：《关于高等职业教育文化的界定》，《继续教育研究》，2010 年，第 6 期。

精神。高等职业教育文化建设一定要把作为大学文化精神的基本要素,诸如追求理想、崇尚真理、关心社会、热爱人民、严谨求是、敬业笃学、勇于创新等熔铸进自身的群体价值观念中,进而结合高等职业教育的特点,围绕中国特色社会主义现代化建设和推进高等教育大众化、服务人的全面发展的需要,进一步丰富高等职业教育的文化内涵,创新和提升高等职业教育文化理念与基本精神。

建设具有职业文化内涵和特征的高等职业教育文化,同样具有两层含义:其一是高等职业教育文化在内涵上要有别于普通高等教育文化。高等职业教育是以培养技能性人才为主的教育类型,培养目标、课程设置、教学内容、培养方式、教学手段和就业面向等方面,都有别于以学术性和工程性人才培养为主的普通高等教育。因此,高等职业教育文化必须强化适应技能性人才培养的精神理念和文化氛围建设,体现出职业教育文化的特征。其二是高等职业教育文化的内涵要融入职业文化的要素。高等职业教育的人才培养目标和就业面向,决定了高等职业院校与行业企业一线的必然联系。高等职业教育在文化建设上,必须加强院校与行业企业的相互渗透和融合,借助校企合作的平台,接受行业企业文化理念和价值观的辐射,在大学文化层面上,融入职业文化符号、价值、规范,积淀和熔铸大学文化与行业企业文化有机融合的文化内涵,营造和强化适应高素质技能性人才培养的文化氛围。

从文化的意义和建设实践来看,高等职业教育文化具有广义和狭义两层含义。广义的高职教育文化,是指产生于高职教育这一教育类型的文化,是高职教育和文化的结合,这一文化是建立在高职教育这一类型主体之上的,并反映和影响着高职教育的整个领域,显示着高职教育的共性。狭义的高职教育文化则是指具体的高等职业院校文化,专指一所高等职业院校的文化,是高等职业教育文化个性化的一面。广义的高等职业教育文化是高等职业教育文化建设的根本,每一所高职院校的文化建设都必须围绕和体现这一文化主旨;同时,每一所高等职业院校又要有自己的特色和个性,即在高等职业教育类型中,形成具有自身特色的文化符号、价值、规范,即狭义的高等职业教育文化,培育狭义的高等职业教育文化是高等职业教育文化的生存基础和发展保证。在实际的文化建设中,广义的高等职业教育文化作为一种教育类型的专门文化,更多的是一种文化的规定性,是所有高等职业院校文化建设都必须遵循和体现的规定性,是硬性的要求。狭义的高等职业教育文化作为一种院校文化,更多的是一种文化的创新性,是每一所高等职业院校个性化的体现。其文化内涵包括院校精神、专业设置等,是具有院校特色的精神和物质成果总和,是高等职业院校内涵建设的集中体现。从高等教育到职业教育,从大学文化到职业文化,从广义的高职教育文化再到狭义的高职教育文化,这样的分析便于人们对高等职业教育文化的理解,以确立高等职业教育文化建设的支点。具体到一所高等职业院校，其文化的建构还必须依附于具体的办学实践，并且通过生活于院校之中的特定人群的行为活动、院校与外部社会环境的交流不断进化、积淀、聚集而形成。其文化内涵既要反映高等职业教育的本质和规律，有利于促进高等职业教育服务面向和教育功用的有效实现；又要体现具体高等职业院校的办学特色，有利于高等职业院校的生存和发展。从这个意义上讲，高等职业教育文化应该是体现社会发展和国家现代化建设赋予其特有的社会地位和教育服务功用，由高等职业院校这一特定群体在长期的办学实践中，通过自身的努力和与外部环境的交流，逐步形成的一种体现大学文化品位和高等职业教育类型规定，反映高等职业教育规律，服务于高素质技能性人才培养需要，推进高等职业教育科学发展，具有院校独特风格，并为社会公众所普遍认同的物质文化、精神文化、制度行为文化和环境文化的总和。

2. 高等职业院校学校文化的功能

我国哲学家张世英在其新著《境界与文化——成人之道》中，集中思考了个人的人生境界与一个民族的文化的关系问题。他认为："从一方面来看，一个民族的文化是由它所属的个人境界构成的，离开了个人的精神境界，所谓民族文化不过是空洞的名词。但更值得我们深思的是另一方面：个人的精神境界是在他所属的民族文化环境中形成的，人不能离开文化的大背景而有个人的境界，而文化总是有社会性的。"①每个人的精神境界之形成，不只受自然条件的制约（如个人的遗传因素、出身的地理环境等），更受文化环境的熏染和影响。国外有学者在论及文化的作用和地位时说，文化可以使一个人因某些食物被打上了不洁净的烙印而饿死，尽管该食物的营养是有效的。文化可以使一个人为了扫除污点而剖腹或枪杀自己。文化的力量大于生死。这表明了文化对一个人的生活导向和最高追求所起的巨大的、决定性的作用，人所生死以之的理想，是在某种社会文化背景下形成的。正因为如此，作为一个"小社会"的高等职业院校所具有的学校文化对学生的成长、成人、成材无疑具有非常重要的意义，对学校成员的心理、行为、意识等发挥着不可忽视的作用。我们将高等职业院校学校文化的功能概括为三个方面：

（1）教化功能

表现在它的潜移默化、耳濡目染、暗示性和渗透性。不同于某些课堂上出现的教师单向地向学生灌输，生活在院校中的人，会不知不觉地接受学校文化的影响，并内化成风尚、习惯、规范，从而带上学校文化的烙印。常言道，"近朱者赤，近墨者黑"，这也是对学校文化之教育内化功能的形象说明。细分起来，优良健

---

① 张世英：《境界与文化——成人之道》，人民出版社，2007年版，第1页。

康、积极向上的学校文化所具有的教育功能表现为陶冶人、凝聚人、引导人、表现人。

陶冶人，犹如"无声润物三春雨，有心护花二月风"。学校新成员一旦跨进校门，就会被一种气氛所笼罩，自然而然受到影响，接受学校文化的濡化，从而逐步形成与院校精神合拍的道德风尚、行为习惯和人格风度。

凝聚人，体现在学校文化所具有的内核——学校精神与学校价值体系会激发每一位成员的向心力，让其产生"校兴我荣"或"今天我以学校为荣，明天学校以我为荣"的真切感受或"共生愿景"。这种"愿景"起着心灵黏合剂的作用，它把各个方面、各个层次的人都聚合到一起，使师生员工对学校产生一种使命感、自豪感、归宿感，形成强烈的内聚力和群体意识。

引导人，学校文化本身所蕴含的价值体系为个体行为提供了参考，指导个人正确认识和处理个人与学校组织的关系，把个人行为引导到学校组织目标上来，使他们向着社会期望的方向发展。面对社会上产生的种种文化现象或文化信息，当然也包括一些"文化垃圾"或"文化糟粕"，学校文化在面对社会大文化进行调整并创生的过程中，会引导学生进行辨别和筛选，以免盲目"从众"，甚至误入歧途。

表现人，好似"海阔凭鱼跃，天高任鸟飞"。青少年精力旺盛，富有朝气，喜欢自我表现，而学校文化就可为他们提供一个培养创造力、释放潜能的广阔天地。它像一种无形的模具，引导着人才的塑造；它给每一个学生提供各种机会补充和锻炼自己，不失时机地展现出他们的潜能和风采。

(2) 社会功能

一所学校的文化环境绝不是孤立封闭的，而是开放复杂的，联通着社会的每一根神经。与其他类型学校的学校文化一样，一方面，高等职业院校学校文化以其特有的精神环境和文化氛围，使生活在院校中的个体有意无意地实现精神、心灵、性格的塑造，达到社会化之目的；另一方面，已经社会化了的院校成员通过与社会的接触和交流，以其良好的思想文化素质和文明行为去影响他人。因此，学校文化相应地就具有同化和辐射两方面的社会性功能。

"同化"原为生理学概念，指食物在体内的消化过程。文化社会学借用此概念，指不同文化单位融合成一个同质文化单位的渐进或缓慢的过程。具体可表现为一个人自愿地接受他人的观点、信念、态度和行为，使自己的态度与行为等与之相接近。学校文化的社会同化功能，其实就是院校成员（尤其是学生）的个体社会化的过程。个体社会化贯穿人的整个一生，现代学校教育把促进个体社会化作为其主要目标。而这种个体社会化的内容和要求，与学校文化的"教化"目标是一脉相承的，因为学校文化的深入发展可以促进院校个体与社会环境之间达成平衡和协调，从而达到社会化的目的。

“辐射”原是物理学上的概念，指一种物体温度高出环境温度时，就要向外扩散。这里所说的辐射，是指当学校文化的态势高于社区乃至社会的总体文化态势时，就要对其产生影响。作为保存、传递、加工与创新文化的现代教育机构的学校，其文化的层次、“品位”、“精致程度”及“活力”等较周围地区相对要高，它对周围社会文化场所的辐射影响，既有广度又有深度，而且具有无法比拟的功能优势。

(3) 情感功能

学校文化生动活泼的感性表现很容易激发人们的情感诉求，进而达到情感的满足与升华。这就是学校文化的情感功能，具体又细分为激励、娱乐、审美三项功能。

所谓“激励”就是激发和鼓励，就是通过某种刺激因素，促使某种思想、愿望和行为得以产生的心理过程。在高等职业院校，学生受到文化情感的激发是一种普遍现象，学生每天都要接受各种文化信息，在心理和精神上出现众多的需要，这些需要的不断“膨胀”，就成了一种刺激因素，促使学生产生各种情感体验。

所谓娱乐，亦可称为消遣，是学校成员的精神生活的调节剂。罗马古典主义理论家贺拉斯曾有“教诲与娱乐携手并进”一说，意同于人们熟知的“寓教于乐”。在高等职业院校，过多的专业课程学习难免让人感到紧张、单调、乏味，而此时若有诸如文学、书法、音乐、舞蹈、演讲、集邮、棋类、摄影、竞赛等丰富多彩的学校文化活动，那么学生因过多或单调的专业学习而滋生的不良情绪就会得到较好的调节、舒解或宣泄，从而使其体力和脑力得到及时的恢复。种种令人愉悦的学校文化活动不仅有助于丰富学校成员的精神文化生活，也为其专业兴趣与能力的发展注入更多的激情与活力。

审美功能又称美化功能，它是推动人类自身发展的内在动力之一。学校文化的审美功能是看不见摸不着的，它融合在院校成员的情感体验之中。院校是到处充满情感的院校，学校文化的丰富，充实了人们的精神境界，同时也提高和美化了人们的精神境界。倘若没有情感的熏陶、审美的内化，学生的精神世界将会贫乏、平淡、单调，在院校中的生活也就不会有光彩和美感。马克思说：“人是按照美的规律来塑造物体的。”因而，要使院校成员的心灵美丽、充实、多姿，就必须重视学校文化的审美功能，通过情感和美感的力量使他们茁壮成长。

三、 高等职业院校学校文化的传承与创新

在学校，文化对改善教学和学习的重要作用也引起教育管理者的高度重视，

成功学校的背后都有其独特的文化支撑。黄达人教授曾花一年多时间，考察了我国20多所高职院校，同这些院校的领导进行对话，最后写成《高职的前程》一书。在这本书的代前言中，黄达人认为大学文化“对一所大学的发展具有潜移默化的促进作用，它是大学核心竞争力最重要的组成部分。……我们高职院校更应该关注大学文化建设”。有一位高职院的院长说得好：“为什么我们学会开车以后不会再回驾校看教练，而我们的学生毕业很多年后对母校怀有深厚的感情？关键在于高职不是培训中心，而是有大学文化和大学精神对学生的熏陶和引领。”高职院校具有高校和职业院校的双重身份，作为科学文化与职业技能的传播主体，也是文化传承和文化创新的重要阵地。高职院校在人才培养、科技创新与社会服务等方面与普通高校一样发挥着重要的作用。高职院校的文化传承与创新不是一个独立、封闭的系统，它既是一个自我进步的过程，又是一个与外界文化博弈的过程；它不仅要注意自身的积累与提升，还要注重从其他组织文化中不断汲取养分与借鉴经验；它不仅与学生群体、学校有关，而且与家庭、社会环境以及大众媒介等因素有着密切的关系。具体来说，其主要途径是：

首先，学校文化建设要注重传承高校优秀的校园文化。高校优秀的校园文化是普通高校与高职院校共同拥有的财富，存在于不同类型、不同地区、不同时期的高校当中。它既是历史的，又是现在的，更是未来的。高校是先进文化的代表者，先进科技的普及者，社会文化的反映者。国内外高校在校园文化建设过程中积累了丰富的经验，学习、研究和借鉴这些经验，进一步优化学校的办学理念，促进机制体制完善，形成良好的校园文化氛围，是推进高职院校校园文化建设的重要途径。高职院校校园文化的发展规划一定要传承高校优秀的校园文化，并结合自身的办学定位和教学模式来发展和创新。只有找准自身的发展方向，办出高职院校的特色校园文化，更好地为人才培养提供充足的精神食粮，才能为学生素质教育搭建最佳平台，从而使高职教育能更好地促进学生德、智、体、美全面发展。

其次，学校文化建设要做到共性与个性的统一。随着高等教育大众化的发展，高职院校之间的竞争也日趋激烈。高职院校要想在激烈的竞争中取胜，必须具备与众不同的竞争优势，其校园文化建设要结合时代特征，积极吸收和借鉴其他高校的优秀文化和社会主流文化，在互动中吸取文化精华和建设经验，不断丰富本校校园文化的思想内涵，使校园文化建设更具鲜明的个性，形成自己的风格。对于一所高职院校来说，特色校园文化是形成和维系自身竞争优势的基础要素，因而要引导师生员工以科学的精神继承优秀的传统文化，以理智的态度选择先进的外来文化，努力创建特色校园文化。特色校园文化一旦形成，便可展现高职院校的生机活力，并构成高职院校发展的不竭动力。

再次，学校文化建设要融进行业或企业的特色文化。保持特色是行业特色高职院校的生存之本。行业特色高职院校根源于行业，社会影响力主要在行业，培养人才的最大表演舞台在行业，科学研究和参与国家创新体系建设的最大平台也在行业。一些行业特色高职院校之所以能跻身“国家队”的示范院校行列，正是由于国家振兴行业的需求和学校自身的行业特色，如果盲目追求综合化发展，导致原有阵地、特色和品牌丢失，则会有生存之忧。因此，以服务行业为己任，保持特色是行业特色高职院校的生存之本。高职院校要推进学校文化的传承与创新，还应定期选派专业教师或其他相关人员到优秀企业感受企业文化，引进企业的特色文化，吸收企业文化的精髓，使学校教师与企业实现“零距离对接”。在校园文化创新过程中，高职院校应积极探索“厂中校”与“校中厂”的建设，努力尝试体验式的职业教育模式，让学生实现从课堂理论到企业的见习、实习在时间和空间上无缝对接，努力营造企业文化的氛围，做到教学实训一体化。

总之，教育的宗旨是提高人的素质，教育的途径是以“文”化人。高职院校担当文化传承创新的使命，其本质是全面履行高职教育职能，不断发展壮大自己，以更好地培养高素质技能型专门人才。

第三节 文化引领浙江农业商贸职业学院跨越发展[①]

学校是育人之所，而育人之根本是文化育人。对于办学历史普遍较短的高等职业院校来说，无论基于规模或层次等方面的外延式跨越发展，还是基于理念和目标等方面的内涵式跨越发展，都应当始终围绕文化育人这一主轴。

——邵田田

文化贯通个体的身心灵，文化涵养组织的精气神。作为一种类型的文化传承之地与专门育人之所，高职院校办学在努力实现其独特的政治功能与经济功能的同时，注定少不了要彰显它的文化功能。换言之，高等职业院校不但要将学生培养成合格的现代公民与素质良好的技术人才，还必须用深厚的文化积淀来化育其健全的精神人格。教育部部长袁贵仁在论及大学文化建设时曾说过：“所谓教书育人、管理育人、服务育人、环境育人，说到底，都是文化育人。”[②]浙江

---

① 本部分内容曾以“文化引领高职院校跨越发展的理论思考与实践探索——以浙江农业商贸职业学院为例”为题，发表于《职教论坛》，2014 年第 13 期。

② 袁贵仁：《加强大学文化 推进大学文化建设》，《中国大学教学》，2002 年第 11 期。

农业商贸职业学院近几年来的发展表明：无论基于规模或层次等方面的外延式跨越发展，还是基于理念和目标等方面的内涵式跨越发展，高职院的办学都应当始终围绕文化育人这一主轴。而要让文化引领不至于迷失方向或丧失动力，作为学校之魂的领导者应当努力成为学校文化之“泉眼”，做学校文化建设的引领者。

一、面对职业教育大发展时代潮流，只有跨越才能更好地把握机遇

目前，我国高等职业教育已经较为稳定地占据高等教育的“半壁江山”。从20世纪80年代初建立职业大学至今，我国高等职业教育已经走过25个年头。1996年，全国人大通过并颁布了《中华人民共和国职业教育法》，首次从法律上明确了高等职业教育在我国教育体系中的地位。而1999年全国教育工作会议的召开，党中央和国务院提出“通过各种形式积极发展高等教育”、“大力发展高等职业教育”的工作要求，标志着我国高等职业教育进入了历史发展的新阶段。用一句形象的话说，它进入了历史发展的快车道。对高职院校来说，这个新阶段的第一主题词无疑是“跨越发展”。因为人们很快意识到：没有跨越发展就无法带动办学规模和办学水平兼顾的整体提升，没有跨越发展就无法实现校企合作和工学结合育人方式的根本转型。

从一般意义上说，跨越式发展是指在一定历史条件下，落后者对先行者走过的某个发展阶段的超常规赶超行为。这样的发展理所应当是教育创新的重要内容。高等职业教育发展虽是一个自然的历史过程，但不否认特殊历史时期的跨越式发展。我国现有高职院校主体部分的最初设立，除了原有大专层次的职业大学之外，大多是通过办学条件和水平较好的中职学校升级、普通类大专院校及有条件的成人高校的改造等途径实现的。浙江农业商贸职业学院是浙江省人民政府批准成立、由浙江省供销社举办的一所全日制公办高职院校。其前身是创建于1979年的浙江供销技工学校。2011年3月，经浙江省人民政府批准正式建校。学院坐落在人杰地灵、英才辈出的历史文化名城绍兴，位于国家级经济技术开发区——绍兴袍江新区风景秀丽的凤凰江畔，校园面积414亩。设有烹饪旅游系、汽车技术系、财会金融系、经济贸易系、艺术设计系、农业经济管理系等8个教学部门。现有全日制在校生5 000余人，教职工近300人。与全国众多高职院校相比，该院作为高职院的办学规模不大，历史不长，但经过跨越发展，在理念、办学能力、教育教学水平、校园文化建设、党建工作等诸多方面转型升级，取得显著成绩，先后被评为“职业教育和成人教育先进单位”、“会展教育全国商科类50强院校”、“浙江供销文化教育基地”等，荣获“全国供销合作社系统技能人才培育突出贡献奖”等。

在近些年高职教育大发展的时期，学校升级或改造的先后或快慢无疑在很大程度上直接影响学校在地方乃至全国整体格局中的地位。有些学校能集中优势条件，抢得先机，为以后的发展赢得主动；有些基础条件较好的学校一旦错失时机，无疑会使日后的发展处处被动。不过，事物常常会有两面性。后升级或改造的高职院校也并不是就没有机会发展。常言说得好，“十年树木，百年树人”。学校作为专门性的育人机构，抢得先机固然能得一时之利，但后发展的院校只要方向正确，顺势而为，亦有可能后来居上。自浙江农业商贸职业学院建设高职院校以来，学院的办学特色逐步显现，办学质量不断提高。目前，合作社经营管理专业为中央财政专业资助项目，汽车技术服务与营销专业为中央财政支持职业教育实训基地建设项目，会展策划与管理专业为省高职高专院校“优势专业”建设点（并获“全国会展职业教育人才培养基地”称号），餐饮服务实训基地为省高职高专院校示范性实训基地建设点，会展策划与管理实训基地为绍兴市示范性实训基地建设项目，烹饪工艺与营养、酒店管理（农家乐经营管理方向）为绍兴市级重点建设专业。在筹建的短短一年间，学院已有省级精品课程 2 门、省新世纪教改项目 2 项、省级教改项目 8 项，市级精品课程 4 门、市级教改项目 11 项、市级重点规划教材 2 门、市级竞赛基地 2 个。该院还坚持以赛促练，以赛促教，积极组织师生参加国家、省、市级各类技能竞赛，获得国家一等奖 2 项、省部级奖 70 余项、市级奖 60 余项。历年高职新生报到率均在 98% 以上，首届毕业生就业签约率达 96.40%。

邓小平同志曾说过，“发展是硬道理”。《国家中长期教育改革和发展规划纲要（2010—2020 年）》提出：“大力发展职业教育……把提高质量作为重点。”这就要求我们一定要辩证地看待高职院校的跨越发展，努力将数量的增幅与质量的提升有机地统一起来，将外延式发展与内涵式发展有机结合起来。这里的质量最终表现必然体现在人才的质量上。正如有学者指出的那样：“高等教育的大发展、大改革、大调整，不仅要看眼前，更要讲后劲；不仅要看规模，更要讲质量。眼前有增长并不等于有后劲，规模大并不代表结构优，速度快并不一定代表质量高。没有基本的质量要求，数量的扩张毫无意义。教育永远是质量第一的。”①有人借鉴企业等组织的发展特点，提出高职院校的发展，一般来说要经历四个阶段：第一个阶段是以规模求发展，第二个阶段是以质量求发展，第三个阶段是以品牌求发展，第四个阶段是以文化求发展。② 我们认为高职院校虽然与企业之间有着血脉相通的联系，但两者之间依然有着本质的区别，这种区别简单地说就是：作为以文化继承与创新为使命的育人机构之一，高职院校的发展必须

---

① 田建国：《高等教育跨越式发展的内涵》，《中国教育报》，2003 年 2 月 12 日。

② 黄建中：《对高职院校内涵式发展的几点思考》，《经济师》，2008 年第 4 期。

一以贯之地以文化发展为基础。毋庸置疑，离开文化发展，高职院校无论是谈规模发展、质量发展，还是谈品牌发展，最终都会落空，或从根本上背离自己的本真使命。所以，以创新为灵魂的高职院校跨越式发展，应当是在适度外延发展基础之上的内涵发展，是学校文化育人环境的不断优化。

二、 外延式发展向内涵式发展跨越，文化引领提供不竭之精神动力

跨越式发展绝不仅仅意味着办学规模的扩大、办学层次的升级和硬件设施的换代，而更主要的应当是办学理念的更新、教学方式的变革和精神文化的提升。前者是显性的、硬性的、外在的，也是比较容易用数字或量化手段进行表征的内容，它属于决定学校办学基础性条件的外延式发展，是以规模扩张为基础的人、财、物的增量，以及以消耗教育资源为基础的教育质量、效益的进步；后者则是隐性的、软性的、内在的，并且不容易，甚至说很难被量化表征的内容，它属于决定学校办学根本性水平的内涵式发展，是以师生身心健康发展为基础的教育质量、效益的全面进步。高职院校的内涵发展虽然涉及办学理念、培养目标、课程设计、教学改革、师资队伍等多个方面，但总有一条主线——培养出高质量的人才贯穿其中。什么样的人才才算是高质量的人才？教育界一般的提法是：相对于普通高等教育培养学术性人才，高等职业教育是培养高技能性（或高技术）人才。但当今教育为人诟病的实际效果却常常是：所谓人才，不是有知识没思想，就是有技能没文化。也就是说，知识与技能的高低并不等同于思想与文化的高低，而且人才的成长最根本的往往并非知识与技能，而是思想与文化。爱因斯坦曾认为，学校的目的始终应该是：青年人离开学校时，是作为一个和谐的人，而不是作为专家。仅仅“用专业知识育人是不够的。……过分强调竞争制度，以及依据直接用途而过早专门化，这就会扼杀包括专业知识在内的一切文化生活所依存的那种精神”①。爱因斯坦这里强调的是，要培养和谐的人就必须将知识与思想相结合，将专业技能与精神文化相结合。学校教育中，科技专业性与人文通识性一旦分离，就可能会造就两种畸形人：只懂技术而灵魂苍白的“空心人”和不懂技术奢谈人文的“边缘人”。所以，职业学校仅仅给学生传授知识与技能肯定是不够的，还必须将日积月累的知识置于独立思考所得的思想活动之中（“学而不思则罔，思而不学则殆”），将刻苦练习的技能置于创造性满足自己精神需要的文化活动之中（“心灵才手巧，手巧更心灵”）。在国外，有校长甚至认为，大学的课堂只完成了学生培养的10%，还有90%必须在课堂外、学校内完成。这些都说明，一所院校所特有的文化氛围从根本上影响着人才培养的质量。结合

---

① 《爱因斯坦文集（第3卷）》，许良英、赵中立、张宣三编译，商务印书馆，1994年版，第310页。

浙江农业商贸职业学院发展的实际情况，本书认为高职院校的文化引领至少具有如下三个鲜明的议题：

首先，文化引领是对社会核心价值的大力弘扬。社会核心价值具有凝魂聚气、强基固本的作用。2007年底，党的“十七大”首次将“建设社会主义核心价值体系”纳入报告中，并提出要切实把社会主义核心价值体系融入国民教育和精神文明建设全过程，转化为人民自觉追求，积极探索用社会主义核心价值体系引领社会思潮的有效途径，增强社会主义意识形态的吸引力和凝聚力。浙江农业商贸职业学院自建校以后，始终以社会主义核心价值体系建设为根本，把志愿服务工作与人才培养、社会服务相结合，建立健全“学校主体、多方联动”的志愿服务工作模式，开发了一批高水平的志愿服务项目，建设了一批固定的志愿服务基地，形成了一批有特色的志愿服务品牌。2012年，浙江农业商贸职业学院率先提出创建浙江省第一所“志愿者之校”，截至目前，全校共有注册志愿者3 985人，占在校生总人数91%，创建志愿服务基地19个。学院出台把志愿服务纳入评奖评优、学生志愿服务时间达30个小时可获1个学分等多项激励机制，引导学生在志愿服务中提升自豪感和自我认可度，帮助他们树立正确的价值观念。仅2013年，就有7 366人次参加志愿服务活动，总时数达到27 883小时，“志愿者之校”建设在社会上引起了很大反响，得到了社会的高度评价，被评为“绍兴市首届高职校园文化品牌”，并入围“2013年浙江省志愿服务杰出集体”评选。“爱心奉献”志愿服务队被授予“2013年浙江省大中专学生志愿者暑期文化科技‘三下乡’社会实践活动百优团队”称号，学校获评“绍兴市志愿服务先进集体”、“无偿献血先进集体”。职业教育专家、原中山大学校长黄达人教授曾撰文对该校志愿服务工作给予了高度肯定，并认为“志愿者精神跟大学终极追求的精神是比较一致的……不论是高职院校还是普通本科院校，都应该重视学生志愿者精神的培养，这对学生的个人成长和长远发展都会起到良好的推动作用”①。

其次，文化引领是对科学人文精神的多元培育。“大学之大，不只在有大楼，更要有大师带来的大思想、大学问”，这正是“农商院·袍江人文大讲堂”孜孜以求的目标。“农商院·袍江人文大讲堂”是浙江农业商贸职业学院校园文化建设的重点项目，旨在进一步繁荣学术研究，塑造人文精神，打造农商院文化特色，努力使其成为绍兴文化名市建设的新的文化地标，成为学院所在地——袍江经济技术开发区的社会公益性文化事业的示范工程，成为学院的“金名片”。为了使讲座内容更为多元、前沿、权威，更切合高职院校实际，浙江农业商贸职业

① 黄达人：《我们向高职院校学什么》，《中国青年报》，2013年1月21日。

学院在充分调研和学习的基础上,精心选取大讲堂主题,如“中国传统美德与人生修养”、“我国会展经济的新发展”、“文化强省建设与大学生人文素养提升”、“2030 年的中国农业对贸易、社会和环境的影响”、“莫言与鲁迅”、“新建高职院校如何实现快速健康发展”等,内容涉及哲学与科学、传统与现代、素质与成才、文学与艺术、文化与思潮、经济与社会、中国与世界等,使师生能够尽情地享受人文的盛宴、科学的盛宴、现代精神的盛宴。大讲堂以“感受名家风采,共享学术盛宴”为主旨,特别邀请了各界有较大影响力、有较深学术造诣、有较强代表性的专家学者前来讲学。比如,文化部原副部长、现任国家图书馆馆长周和平,著名经济学家、英国社会科学院院士、伦敦大学亚非学院金融管理系主任孙来祥教授,中国会展经济研究会常务副会长陈泽炎教授,中央马克思主义理论研究和建设工程专家、中国人民大学马克思主义学院王易教授等,这些名人名家的登台讲演使得大讲堂精彩纷呈,影响力日益扩大。

第三,文化引领是对文化专业知识的实践延伸。在浙江农业商贸职业学院“志愿者之校”推出的系列服务品牌之中,有一个相对人气最旺、效果最明显,它就是结合专业优势,努力打造以“青春实践”为核心的专业服务品牌。志愿者们结合自身专业特长,积极开展拥有专业优势的志愿服务活动。经济贸易系开展全国纺织品博览会志愿服务;汽车技术系依托绍兴袍江汽车城区位优势,深入社区、广场免费为广大百姓开展汽车保养、维护、美容洗车等志愿服务;财会金融系开展投资理财、假钞识别等志愿服务;烹饪旅游系依托专业优势多次到绍兴城市广场、火车站广场、马山敬老院开展食品安全宣传、面点制作、雕刻展示等志愿服务;艺术设计系结合专业特色多次到绍兴东湖景区开展手绘乌篷船等宣传设计志愿服务;农业经济管理系开展新农村建设政策宣讲、农村合作社经营管理知识宣传等志愿服务,通过发挥专业特长,为打造专业服务品牌奠定了基础。经过一次次专业服务之后,许多学生感到有两方面的共同收获:一方面,他们加强了同社会的“亲密”接触,提高了自身的社会实践活动能力;另一方面,他们又将实践中发现的新问题带回到学校课程的学习之中,变成了学习的强大动力。

三、 行政性管理向文化性管理跨越,领导者自身必须强化文化意识

如今“校长是一校之魂”的观念已深入人心。教育家苏霍姆林斯基曾说过,“有什么样的校长,就有什么样的学校。校长对学校,首先就是思想的领导,其次才是行政的领导”。对我国许多学校领导来说,这是再熟悉不过的教育名言了。高职院校能否以文化引领促进学校内涵的有力提升与发展,院校领导者自身文化意识的自觉程度无疑是关键。我们知道,一切组织的管理都是为了良好

的绩效。而从现代科层制（德国学者韦伯最早在理论上提出，指的是一种权力依职能和职位进行分工和分层，以规则为管理主体的组织体系和管理方式）的具体组织特征来说，学校的管理又常常明显地不同于政府、企业等组织的管理。一般说来，政府与企业组织的运行规则与各自成员分工的明确程度及反馈机制的及时性效果往往要明显高于学校组织，相应地，学校管理中的行政权力等级色彩也会受到一定程度的弱化。正因如此，高职院校的内涵建设中必然有重要的一块触及学校的管理体制与管理方式问题。如果院校管理过程中过分注重行政权力，那么必然就会弱化学术权力。而学术权力一旦弱化，就必然会损害广大教师的主体性，学校就会逐步演变成官僚色彩较重的"衙门"。要避免这种情况的发生，高职院校的管理就有必要实现从行政性管理向文化性管理跨越。简单地说，行政性的管理是以"事"为中心，强调的是"按原则办'事'"；而文化性的管理是以"人"为中心，注重的是"以情理服'人'"。高职院校要达到文化（性）管理的层次，其领导者就必须拥有一份文化自觉，做学校文化建设的"泉眼"。

管理是通过系列协调活动，有效地整合、利用组织资源以达成组织目标的创造性实践活动。高职院校文化建设管理工作的关键在于让被管理的对象发挥自己的潜力，来为院校文化建设实施服务。管理的核心是人，院长的管理是要促成人与人之间的协作。这就要求院长首先要对学校员工有所了解，特别是了解他们的长处，这样在安排工作时才能做到人尽其才。院长管理的特色是他的管理会影响到作为教职工的成年人，而间接地影响到大量"准成年"或刚成年的大学生。所以院长的管理应是谨慎的，所倡导的理念也应该是健康的。管理者也有他的核心价值，就院校文化建设工作中的管理者院长来说，学校教育发展、学生健康成长是其最基础的出发点。院长不但要在形式上将教职人员和学生组织起来参与院校文化建设，更重要的是将大家的心组织起来，让每个人自觉自愿地参与活动，对活动产生要求，对学校倡导的文化价值有认同感。

管理文化本身也是高职院校文化建设的一部分，院校领导者作为管理者应当将每一个困难和问题的出现作为院校文化发展的契机，每解决一个问题，院校就向前迈进了一步。在院校文化建设的管理中，院长应坚持高职院校文化的核心价值，本着为院校发展和学生成长负责的精神，建立有效的沟通渠道，使院校文化从每个人的心灵生长出来。我们认为，借用绍兴籍著名教育家蔡元培的一段话来表达学校文化建设组织与领导的恰当方式，也许是最合适不过的了。他说："尚有几句紧要的话，就是文化是要实现的，不是空口提倡的。文化是要各方面平均发展的，不是畸形的。文化是活的，是要时时进行的，不是死的，可以一时停滞的。所以要大家在各方面实地进行，而且时时刻刻的努力，这才可以当得文化运动的一句话。”①

“树人成德，行知达材。”浙江农业商贸职业学院的校训准确地体现了培养德才兼备、知行合一的技术技能人才的办学目标，彰显了学院作为职业院校的办学特色。作为一所还很年轻的高职院校，浙江农业商贸职业学院坚信，要让学院的办学目标变成无限生动的现实，要为学院的办学特色注入持久健康的活力，就必须努力使学院的文化“软实力”日益强大起来。除此之外，别无他途。

① 《蔡元培全集（第4卷）》，浙江教育出版社，1997年版，第293页。

第二章

高等职业院校中的价值观文化

第一节　高等职业院校价值观的认知

如果你想建造一艘船，首先要做的不是去采集木料，加工木板和分派工作，而应去唤起人们对广阔无垠的大海的向往。

——圣·埃克苏佩思

在价值观牵引下，社会群体形成共同认可的行为方式与思维习惯。价值观是文化的内核，是文化最重要的组成部分。从某种意义上说“价值观念可以说是构成文化之基础的整合因素，是社会文化的‘无形的骨骼’”①。我国高等职业院校的发展起步晚、时间短、发展快、规模大，很多是改造合并的学校，这对学校文化建设提出了严峻的考验。要挖掘和积淀高职院校的历史文化，解决学校规模发展与精神文化建设步伐不一致的问题，形成一套符合职业教育发展需要和高职院校办学目标、高职院校办学理念和价值追求的文化体系是至关重要的一步。价值观作为建设学校文化的钥匙，是我们开启、了解以及发展学校文化的关键所在。建设学校价值观，能够塑造学校文化软实力，释放学校的育人功能，形成学校的凝聚力。所以，在建设高等职业院校学校文化之前，我们首先得要树起高职院校文化无形的骨骼——高职院校价值观。

党的十六届六中全会通过的《中共中央关于构建社会主义和谐社会若干重要问题的决定》中指出，“社会主义核心价值体系是建设和谐文化的根本”。在探讨高等职业院校文化的时候，笔者按照由内至外、由深至浅的认识过程，将学

---

①　袁贯仁：《价值学引论》，北京师范大学出版社，1991 年版，第 84 页。

校文化的结构分为价值观文化、制度文化、仪式文化、活动文化、物质文化五个部分,引导读者对高等职业院校文化的理解。在高等职业院校中,价值观文化是高职院校文化的深层次部分,是学校文化内容的精髓。而其他制度文化、仪式文化、活动文化、物质文化是学校价值观文化的外在表现以及载体,这几个部分的文化内容相互联系、相互作用、相互影响。

学校有各种各样的类型和层次,比如普通学校、特殊学校和职业学校。普通学校中又分初等学校、中等学校和高等学校,职业学校中又分为中等职业院校、高等职业院校、职业学院。还有公立学校、私立学校,甚至还有宗教学校,等等。同样是高等职业院校,在不同的地域会有不同的规模、发展层次、生源和课程安排,这也导致了不同的高等职业院校的教育目标和办学定位不同,师生的个性、发展特点不同,学校环境与发展历史不同,学校价值观也必然不同。所以高等职业院校价值观应该建立在对于学校自身类型、发展历史、办学目标的深入分析之上,不能盲目照搬照抄其他学校的经验。

在了解高等职业院校价值观之前,我们应该了解高等职业院校本身的特点,从而对高等职业院校的价值观进行深入的了解。《中华人民共和国职业教育法》第二十三条规定:"职业学校、职业培训机构实施职业教育应当实行产教结合,为本地区经济建设服务,与企业密切联系,培养实用人才和熟练劳动者。"①高等职业院校是相对于普通高等教育来说的,普通高等院校是培养学术型人才,高等职业院校是培养高等技术应用型人才。高等职业院校培养目标要求是实用化,是在培养一批有大学知识,又具有一定专业技术和技能的人才,强调学生不仅具备理论知识和科学文化知识,同时掌握实际应用的技术。高职院校对于学生职业技能的训练十分重视,注重培养学生的表达能力、与人沟通的能力以及职业实践的能力。高职院校的招生对象是面向普通高中毕业生或者是具有高中同等学力的中等职业学校毕业生。学制分为专科三年、本科四年,非全日制的修业年限有所延长。高等职业院校的培养目标决定了高职的学校价值观与普通高校的价值观既有相同点,又有不同点。

一、 高等职业院校价值观的内涵

美国学者沙因(Schein,E. H.)曾在《组织文化与领导》中谈道:"文化是凝聚一个团体的共享的信仰、价值观以及一套基本的假定。这些价值成为一个群体观察、感知和思考有关问题的正确方式。"②学校是一个按照一定程序设定、拥有

① 中华人民共和国人民政府网:《中华人民共和国职业教育法》。http://www.gov.cn/banshi/2005-05/25/content_928.htm.

② Schein,E. H. *Organizational Culture and Leadership*. San Francisco: Jossey-Bass,1985.

一定的空间场所和时间范围，专门用来教育特定的受教育对象，传授知识和价值体系，培养社会所需要人才的地方。学校作为一个培养人的社会组织，是把价值观移植到一个特定的组织中，学校价值观就是这个特定的培养人的社会组织所应当遵守的价值观。

在文化建设过程中，价值观是关键因素，不同的价值观形成不同的文化，而处于什么样的文化氛围中，就会形成什么样的价值观。在《价值澄清》一书中西蒙教授曾引用美国学者乌鲁克都博士对价值观的定义，他认为价值观是"情感点燃的想法"①。学校是一个通过正式的传授使一个人接受文化，形成价值观念的地方。学校将一个社会整体的、主流的社会价值观放在一个稳定的空间、时间范围以内，对个体进行教化活动，从而使个体能够形成这个社会群体所共有的价值观念，使个体更好地融入这个社会群体当中。学校文化从物质文化到制度文化，从仪式文化到活动文化，包罗万象，内容丰富，但是它有个核心就是学校价值观。学校价值观如同理解学校文化的一把钥匙，对其反思与建构是学校文化建设首要考虑的问题，所以学校价值观的塑造与发展必须得到极大的重视。

北京师范大学教授石中英曾谈到，由于学校价值判断主体的多样性，导致学校价值观也存在多样性，由此产生学校的核心价值观和基础价值观。学校价值观就是人们对整个学校核心价值或基础价值的看法或观念。② 华东师范大学教授赵中建在《学校文化》中对学校价值观的表述是："学校价值观是指学校师生员工在教育实践过程中推崇的基本信念和奉行的目标，是学校全体师生员工一致赞同的关于学校意义的终极判断。"对于学校价值观学者们有着不同的看法，但是能够从中看出，学校价值观是师生共同认可的，在他们共同作用下形成的。学校价值观是建立在学校群体价值观多样性基础上，是群体价值观之间共同认可的部分，是学校个体共同认可的统一标准，是学校文化的核心。从社会关系的角度来说，学校价值观也不是独立存在的，其与社会主流价值观、其他社会组织的价值观有着千丝万缕的联系，学校价值观必须与社会主流价值观相一致，会受到企业价值观、其他学校价值观的影响。从学校层面来说，学校价值观必须有学校自身的特色，能够体现学校师生员工在教育实践过程当中共享和践行的基本信念和必须要达到的目标，这个确定下来的学校价值观会指导学校整体行动方针，会影响学校对自己办学目标、办学方针、办学水平的发展定位。从学校个体方面来说，学校价值观还会影响到个体价值观的形成，甚至可能成为个体成员终身认可和践行的价值原则。

---

① Simon, Howe & Kirsehenbaum. *Values Clarification*. New York: Hart Publishing Company, 1972.

② 石中英：《学校文化的核心：价值观建设》，《教育科学研究》，2005 年第 8 期。

高等职业院校价值观就是高等职业院校在国家政策、社会变化、经济发展的外在影响和学校不断发展、历史变迁、师生认识的内在影响下,使国家、社会以及全校师生形成的对高等职业院校价值的总体看法和观念,这种观念会影响对高等职业院校教师观、学生观、教学观、人才观等方面的认识。所以,高等职业院校价值观建设中不能忽视职业高校自身特色而照搬照抄普通高校的价值观,要重视职业教育的发展特色,结合高职院校的发展目标,紧跟培养技术型、操作性人才的培养目标。

二、 高等职业院校价值观的功能

1. 决定了学校的基本特性

"人无精神不立,校无精神不兴。"学校价值观是一所学校文化上的旗帜,只有抓住了学校价值观建设,才能抓住学校文化建设的关键点。高等职业院校价值观就如一棵树的根、一个人的风骨,只有拥有一个正确的、科学的学校价值观,才能使高等职业院校形成强大的凝聚力,保证学校朝着正确的方向发展。学校精神建设从本质来说就是提炼学校价值观,只有学校价值观建设得以顺利进行,才能使全校师生拥有一个共同的精神归宿,从而使学校逐渐养成内在的精神气质。

学校价值观是学校文化的核心,是被学校全体师生员工认可并且在实际生活与工作中践行的价值观,所以学校价值观必然决定了学校整体氛围,规定了学校的整体发展方向。积极、向上的学校价值观一旦形成,会产生巨大的影响力、感染力和凝聚力,并且对学校的方方面面产生影响,成为凝聚学校全体师生员工的力量,成为学校师生员工实践活动的指导,对学校的物质文化、制度文化、仪式文化以及活动文化产生支配作用,决定了学校文化的发展方向以及发展程度。

2. 对学校教职工的价值观以及行为产生导向及规范作用

学校价值观是学校这一社会组织共同遵守的价值原则,是全体师生员工必须践行的行动标准。学校价值观也会对全体员工核心价值观的形成产生潜移默化的影响,从而对个体成员的行为提出要求并加以规范,甚至所有成员自我的核心价值观也会受到学校价值观的影响。学校管理者按照学校价值观对学校进行组织管理,引导、启发全校师生员工学习学校价值观,进行价值观大讨论,并且在生活、工作中严格践行,在言行中实践,在实践中反省自身,从而使管理者的决策能够被师生员工所理解,并自觉根据学校整体目标来调整自己的行为,践行学校价值观中的价值原则,促使全校师生员工为实现学校的共同目标而努力,也促进学校每个成员根据学校价值观不断形成与调整自己的价值观以及行为方式,从而形成教育合力,提高学校的教育教学质量。

3. 推动人才培养

积极、正确的学校价值观是符合人类基本价值观以及社会核心价值观的,从社会的角度出发,我们可以把价值观划分为五个层次:人类基本价值观、社会核心价值观、组织价值观、群体价值观、个体价值观。人类基本价值观是全体人类都必须遵守的价值观,比如"尊重生命"是普世价值观,是每个人都得遵守的价值原则。社会核心价值观是建立在人类基本价值观的基础上形成的,比如社会主义核心价值观。学校价值观是一个组织必须遵守的价值观,必须建立在人类基本价值观和社会核心价值观的基础上。所以从这个角度来说,学校价值观具有巨大的教育意义,有重要的引导价值,有助于学生形成正确的、积极向上的个人价值观,能够使学生从社会角度以及未来的角度来考虑问题,增强个人的社会意识以及历史责任感。

在接受高等职业教育期间,高职院校的学生处于个体职业价值观的形成时期,而其个体价值观具有多元性和冲突性的特点,个体价值观与社会价值观存在冲突性,需要学校价值观的引导,从而提高高职学生的价值判断力和自我教育能力。

三、 高等职业院校价值观建设的基本原则

1. 人文性与职业性相结合的原则

对于高等职业院校价值观的建设,首先应该将其建立在社会核心价值观的基础之上,由于地域不同、发展目标不同、学生来源不同,高等职业院校的培养目标、发展历程有所不同,它的学校价值观也是不同的。但作为高等职业院校价值观建设应该注意两个落脚点:人文性和职业性。

高等职业院校作为高等教育的组成部分,也是教育系统的重要组成部分之一,其价值观应该具有高等学校价值观的共性特征。高等职业院校的培养目标同样是教育能够适应社会、为社会做出贡献的,为人公正、热爱自由平等、能够与人合作的学生。《中华人民共和国教育法》的第五条规定:"教育必须为社会主义现代化建设服务,必须与生产劳动相结合,培养德、智、体等方面全面发展的社会主义事业的建设者和接班人。"所以高等职业院校价值观建设同样要符合这一要求,能够在学校价值观建设当中融入社会核心价值观的内容与精髓,不仅强调自身特色,最重要还是要注重人文价值观的培养。

高等职业院校的人才培养目标、办学宗旨、教学模式等都与普通高等院校不同,具有自身的独特性。职业教育的目标是为国家和地方经济的发展培养劳动人才,为一线生产建设、管理服务培养应用型高素质人才。高等职业院校作为职业教育的高层次组织,其办学定位是培养面向基层,面向一线生产、服务和管理

岗位的实用型、技能型专业人才,高职院校是以就业为导向,以服务为宗旨,以地方经济为依托,以企业需要为依托。高等职业院校在建设学校价值观的过程中应该融入职业特性,突出职业技能,培养职业道德,树立职业理想,形成职业素质。

高等职业院校价值观作为学校文化的核心,需要以社会核心价值观为主导,以建设高职院校管理者价值观、师生价值观以及其他人员价值观等各种群体价值观为主体,由高职院校所有成员在对价值观的讨论中、在教学工作的实践中共同创造。

2. 继承与创新相结合的原则

一个学校的价值观的建设不仅仅要考虑学校自身特点,同时也要考虑到社会主流价值观的特点。石中英教授曾说:"创造性地应用'古今中外法',建设既具有时代精神又有民族特色的学校价值观。"学校价值观并不是凭空形成的,是有一定的时代特性和地域特色的,学校价值观作为一个学校认可的价值观,首先应该建立在不违背人类基本价值观以及社会核心价值观的基础上,因为学校是为了培养社会需要的人才,只有学校价值观符合社会核心价值观,培养出的学生才能够融入社会生活当中。我们在推动学校价值观的形成过程中,不能忽略对于我国深厚历史文化的继承,同时也应该结合当前的时代特色,把握学校自身的地方特色,从而打造既实事求是,又科学创新的学校价值观。

传统中华文化是学校文化的源头,高等职业院校教育的目的也是为了传承中华文化知识与传统。高等职业院校价值观的塑造必须继承中华优秀的传统文化。1988 年,第 75 位诺贝尔奖获得者在巴黎发表宣言称:"如果人类要在 21 世纪生存下去,必须回到 2 000 年前去汲取孔子的智慧,必须重新认识东亚文明。"中国传统教育思想中有很多值得我们思考、学习与继承的文化内容。现在很多大学的校训是从《大学》《论语》《中庸》等书中借鉴而来的,中国古代的文明体现在简洁的文字中却包含玄妙的大智慧。因此,可以从古文经典中凝练符合学校特色的校训,从而起到激励在校师生的作用。在价值观建设过程当中,价值观不仅要能够对口经济、体现特色,同时要能够承接文化、发扬传统。

高等职业院校价值观的形成除了要继承中华传统文化,同时应该继承学校历史文化。学校历史文化是学校师生员工多年创造、探索、实践和积淀下来的产物,是学校精神文化的主要内容,是学校软实力的一部分,赋予学校特色与内涵。学校成员在评价一个价值原则或者行为时,会习惯地将现有价值原则或行为与学校之前的价值原则或行为相比较,从而形成自己的价值取向,形成学校价值舆论。高等职业院校的历史文化和传统孕育了高等职业院校价值观,在学校历史中逐渐形成的思想方式、价值舆论、价值原则都影响了一代代的学校成员,是学校师生内在价值评判标准的来源。所以，在构建高等职业院校价值观时一定要有历史意识，注重对学校历史文化和传统习俗的考察、分析、挖掘和梳理，积极继承学校历史文化传统中那些积极的价值原则，把它们作为构建学校价值观的起点。

在构建高等职业院校价值观时应该注重创新。继承历史文化并不意味全盘照搬，要充分注意继承与发展的关系，对于能够凝聚人心、塑造崇高精神、适应时代发展、推动历史进步的内容都要很好地继承和发扬，对那些封建的、愚昧的、落后的甚至腐朽的糟粕，则要坚决彻底地抛弃。要坚持承接传统价值体系中优秀的、值得发扬的部分，同时也应该符合时代的特征，彰显时代的个性。在高等职业院校价值观建设方面，其基础是立足于当今的教育实践，但是其眼光既要向"外"，也要向"中"，还要向"古"，花大力气做好"实事求是"与"综合创新"的工作。

3. 寻求共性与存在个性相统一的原则

高等职业院校价值观应该继承中华民族传统文化中正确的价值观念，符合当代社会主义核心价值观。但每个学校所处地域不同、受到的文化影响不同、发展的历史轨迹不一致，所以高等职业院校价值观不仅仅要符合社会价值取向，同时应该具有本校特色，形成自己的个性价值观。高等职业院校在凝练本校价值观时，经常借鉴其他普通高校的价值观内容，没有突出"职业"的特点，高等职业院校价值观要具有普通高校的价值观内容，但同时应该融入职业价值观的特点以及企业价值观的内容。

学校价值观作为整个社会价值观体系的一部分，应该与社会核心价值观一致，同时应该推动个体价值的实现。学校价值观建设必须以人为本，由于不同个体的不同人生经历、人生阅历，他们甚至在进入高职院校前就已经形成了自我的是非判断、价值取舍标准，而学校价值观建设在面对学校内部教师、研究人员、管理者的多元价值观时，要进行整合。整合学校价值观的过程中要坚持求同存异，对于个体价值观中与整体价值观相悖或者相左的部分，要坚持融合为主，包容为辅，使高等职业院校价值观既存在共享性也存在多元性，推动学校价值观的创新发展，增添其活力。

高等职业院校价值观是学校文化的核心，是学校内部成员共同认同判定事物、行为的统一标准，是关于学校的一整套看法或者观念。所有在学校内部的或者跟学校相关的成员对于学校都有自己的想法或者期望，比如教师群体、管理者群体、社会相关成员群体等，这些不同的群体都有着属于自己群体的价值观。我们所谈到的学校价值观是这些群体价值观中共同认可和践行的部分，同时学校价值观会影响甚至引导这些群体价值观的形成与发展。

正所谓“有碰撞就会有火花”，在多元化的群体价值观的相互影响之下，高等职业院校价值观应该在多种群体共同讨论中形成，通过高等职业院校管理者、教师、学生以及社会相关成员之间的相互探讨、相互交流，才能达成群体之间的价值共识，形成互相认可的价值观，增强群体之间的凝聚力。

四、 高等职业院校价值观的建设要求

高等职业院校进行校园文化建设的目的是为了创造有利于学生发展的文化氛围，这种文化氛围有利于教育的进行。高等职业院校价值观作为学校文化的核心内容，会对学生个体价值观产生巨大的、潜移默化的影响。正所谓“润物细无声”，学校价值观通过对学生个体价值观产生影响，引导学生的思想、行为方式，从而使学生更能接受学校的文化传统以及教育行为，使学校文化更具活力，成为影响人、改变人的现实力量。高等职业院校价值观作为一种特定社会组织必须遵守的价值原则，是高职院校赖以生存和发展的根基，其建设关系到高职校园文化的发展、学校氛围的形成、学校竞争力的提升。高等职业院校价值观建设应该从以下几个方面来把握。

1. 要以社会核心价值观为基础

《中共中央关于进一步加强和改进学校德育工作若干意见》中要求：“学校应该永远把坚定正确的政治方向放在第一位，但这并不是说要把大量的课时用于思想政治教育。学生把坚定正确的政治方向放在第一位，不仅不排斥学习科学文化，相反，政治觉悟越是高，为革命学习科学文化就应该越加自觉，越加刻苦。”高等职业院校的培养目标是培养符合社会要求的拥有专业技能的高素质人才，即不仅要培养学生的职业技能，同时应该提高学生的职业道德，提升学生的职业素养。这种思想教育不仅仅依靠教师的讲授、课本的强调，同时也依赖学校价值观的影响，学校文化的熏陶，学校文化氛围的浸染。社会主义核心价值观“倡导富强、民主、文明、和谐，倡导自由、平等、公正、法治，倡导爱国、敬业、诚信、友善”，作为高等职业院校的管理者、师生，同样也是社会主义中国的一员，在塑造本校价值观的过程中，要以社会核心价值观为基础，这样才能从社会立场考虑学校人才培养目标，使毕业的学生更好地融入社会，为社会建设做出贡献。

以社会主义核心价值观为高职院校价值观建设的基础，这也是学校价值观建设紧扣时代脉搏，跟上时代步伐的表现。高等职业院校是为了培养能够适应社会生产力要求的，能够在一线生产服务、管理建设中起到中流砥柱作用的高素质人才。只有在思想上反映社会变迁和时代进步状况，在学校文化建设中反映社会先进文化建设的要求，才能将现代文化的多样性、信息文化的变化性等新文化趋势融入学校文化建设当中，从而使高职院校价值观建设体现时代性、民族

性、科学性。

2. 重视职业价值观的培养

高等职业院校的办学定位是培养一线生产服务、管理建设需要的高素质人才,而学生的职业素养、职业技能、职业道德是建设的重点。宁维卫从价值标准角度,认为职业价值观是指人们衡量社会上各种职业优势、意义、重要性的内心尺度,属于个性(人格)的范畴。① 黄希庭从职业价值观与职业需要的关系角度,认为职业价值观是人们对社会职业的需求表现出来的评价。② 从中我们可以看出职业价值观是个人对社会上职业是否能够满足自身物质需求、精神需求以及发展需求的价值尺度,职业价值观包括职业价值观念和职业评价观念,职业价值观的培养影响到学生对职业发展的看法以及职业道德的形成。在校接受高等职业教育期间是学生职业价值观形成的关键时期,一项由山东某职业学院就业指导中心主持的高职学生职业选择实证研究课题调查表明,"57.7%的学生职业理想是在高职学习时期成型的,通过对劳动市场的需求和大学生求职的第一门槛的调查发现,职业价值观已成为企业的优先选择,也往往是高职院校毕业生的弱项"③。

所以,在建设学校价值观的过程当中,职业价值观建设不容忽视。高职院校价值观建设的目的就是为了推动学生思想和能力的全面发展,高职院校在提高学生职业技能的同时,也不能忽视他们职业道德、职业理想、职业素质的发展。要让学生在对职业认识的过程中不陷入实用主义的漩涡,在通过职业获取更多的物质条件的同时,也要确定自己的职业理想,不能让自己的职业价值目标趋向于短期化。所以职业价值观是高等职业院校职业教育的重要组成部分,缺少职业价值观的教育,不是完整意义上的职业教育。同样,职业价值观也是学校价值观的有机组成部分,缺少职业价值观的学校价值观建设,也不是完整意义上的学校价值观。

3. 集思广益,共同参与

高等职业院校价值观能否以直接行政命令的形式确定下来呢?或者是类似于喊一句口号,每天喊上一百遍就能确定下来呢?当然不能。简单地认为高等职业院校价值观的形成可以通过某种权力的威慑或者某种权威的压制就能够形成,完全是一种谬误。个体价值观是通过长期的思想影响、行为引导,经过一个"认同—遵从—同化"模式的过程,才能将社会的价值观内化成自我认同和践行的价值观。学校价值观的形成绝不是一蹴而就或者是依葫芦画瓢的事情,需要

---

① 宁维卫:《我国两城市青年职业价值观研究》,西南师范大学学位论文,1991年。

② 黄希庭、张进辅、李红:《当代中国青年价值观与教育》,四川教育出版社,1994年版,第21-22页。

③ 范守忠:《论高职院校学生的职业价值观教育》,山东师范大学学位论文,2009年。

学校根据自身情况,确定自我发展的目标、教育的战略目标,学校管理者要高度重视,做到身体力行;一线教师要理解学校价值观,将学校价值观贯彻到教学当中,通过长期培养、逐步深入,将学校价值观传授给学生,成为全体师生共可认同的思想信仰、日常行为规范的标准,也将体现学校的办学理念,成为学校文化的核心和实质,成为学校立身之本、成功的关键。

高等职业院校价值观不是一个空口号,它的形成需要管理者到一线教师都身体力行,在管理者和一线教师的认可和践行中得到完善。有些学校的价值观不是基于学校师生为主体而提的,内容空泛、夸大,不能渗透到学校成员的思想观念中,不能用于实践,最后只能弃之不顾、束之高阁。通过实践活动,凝练一句句能够闪耀学校价值观的文字,塑造一个个能够代表学校价值观的典型形象,流传一个个能够体现学校价值观的故事,学校价值观才能真正成为激励全校师生、凝聚校园力量、传播学校文化的实质力量。

宋晔教授认为:“共同体是由于自然的意愿而结合的,并对共享的理念和理想负有义务的个人的集合体,这种团结和约束足以把每个人从一种‘我’的集合体改造成为一种集体的‘我们’。”①学校价值观是学校这个共同体必须遵循的价值观,学校价值观是学校全体成员都必须遵循的价值原则,学校整体是作为价值主体而存在的,所以学校价值观要得到全体成员的认可,才有被践行的可能性。而这个从“我”到“我们”的过程需要的不是强制推行、不同利益诱惑,而是通过民主的讨论,达到共同的认可,发自内心的遵从。作为管理者来说,高职院校的价值观不是领导拍脑门想出来的,也不是一句口号喊出来的,而是管理者在通过对本校历史情况的分析,对区域经济、区域文化的了解,对社会主义核心价值观的学习,组织全校师生共同讨论的基础上才能确定。管理者还要组织学习价值观,鼓励全校师生及相关人员在学习与工作中贯彻学校价值观,才能推动学校价值观的形成与发展。作为教师来说,他在进入高职院校工作之前受到他学习过的学校价值观教育,还有自己丰富的人生经验,受到其他客观环境以及其他人思想的影响,拥有自己独立、完整的价值观;在进入高职院校之后,每个教师对于教学会有自己不同的看法,对于学校的教学模式会有自己独特的见解,对高职院校的管理会有不同的意见。作为学生来说,在进入高职院校学习之前,他们首先接受的是普通学校教育,这跟高职院校的学校环境、教学模式、培养目标、办学定位有很大不同,在他们已形成的价值观上,再接受、践行高职院校的价值观,就需要不断地学习和实践,才能内化成个体的价值观。面对个体价值观的不同,群体价值观各有各的特点,高职院校共同价值观的建立需要全体师生共同讨论、共同参

---

① 宋晔:《和谐校园的伦理学思考》,《教育研究》,2007 年第 9 期。

与、共同建设,在讨论中理解学校价值观是什么,在践行中创建共享型的高职院校价值观。

第二节　高等职业院校价值观体系

倘若没有对某种崇高理想的信念为我们的一切活动注入热情与欢乐,我们便不可能获得生活的巨大成功。

——鲁道夫·奥伊肯

在上一节中,笔者论述了高等职业院校价值观的内涵、构建原则,以及建设要求。高等职业院校价值观是针对高等职业院校这一主体的价值观,是全校师生共享的价值观。而一所学校作为一个整体也有其层次、部分划分,学校内有不同的群体、不同的个体,其价值观也是不同的。作为一个整体,学校有核心价值观,这是全体师生都必须认可和践行的,而每个群体的价值观是怎样形成、发展的? 这是这一节探讨的内容。

一、高等职业院校价值观体系的核心:社会主流价值观

党的十六届六中全会通过的《中共中央关于构建社会主义和谐社会若干重要问题的决定》(以下简称《决定》),明确提出了建设社会主义和谐文化的战略任务,并指出"社会主义核心价值体系是建设和谐文化的根本"①。《决定》中的内容从根本上解释了社会主义核心价值观体系在我国社会主义文化建设中至关重要的地位以及作用,我国社会主流价值观的核心就是社会主义核心价值体系。学校文化是整体社会文化的一部分,是社会文化的亚文化。学校文化由物质层面、精神层面、制度层面等共同构成,其核心层面是精神层面的价值观文化。学校文化作为社会的亚文化,与社会主流文化有着不可忽视的关系,两者之间有着一致的地方,同时也有着不一样的地方。"高等职业院校价值观作为整个社会价值观体系的一部分,从根本上说,也是应该既反映社会文化变迁乃至整个社会变迁,又能够很好地继承已有的学校价值传统。"②社会主流价值观是指有中国特色的核心价值观,是社会主义社会的政府和人民共同为之奋斗的价值取向,是社会主义社会要实现的共同理想。高等职业院校作为培养社会主义社会中流砥

---

① 中共十六届六中全会:《中共中央关于构建社会主义和谐社会若干重大问题的决定》,人民出版社2006年版,第22页。

② 石中英:《学校文化的核心:价值观建设》,《教育科学研究》,2005年第8期。

柱的特定组织，其学校价值观必须切合社会主流价值观，才能培养出能够为社会发展做出贡献的建设者。同时，高校校园文化建设是社会文化建设的前沿阵地，在高职院校价值观建设中融入社会主义核心价值观，以社会主义核心价值观引领高职院校校园价值观建设，能够更好地推进校园文化的建设，并且使高校校园文化成为和谐社会文化建设的示范与辐射点，从而对社会主义和谐文化的发展产生深远的影响。

1. 社会主义核心价值观的内涵

党的十八大报告中强调："倡导富强、民主、文明、和谐，倡导自由、平等、公正、法治，倡导爱国、敬业、诚信、友善，积极培育和践行社会主义核心价值观。"从这一论述中看出社会主义核心价值观的基本内容是：富强、民主、文明、和谐、自由、平等、公正、法治、爱国、敬业、诚信、友善。这 24 个字是社会主义核心价值观的基本内容。据 2013 年 12 月 23 日新华社电中央办公厅印发《关于培育和践行社会主义核心价值观的意见》，将 24 个字的核心价值观分成 3 个层面：富强、民主、文明、和谐，是国家层面的价值目标；自由、平等、公正、法治，是社会层面的价值取向；爱国、敬业、诚信、友善，是公民个人层面的价值准则。

社会主义核心价值观融入了我国优秀的历史传统文化，同时紧扣了时代发展的脉搏。社会主义核心价值观是以社会主义思想体系和我国发展的历史经验为依据，总结中国特色社会主义事业的经验，总结我国自改革开放以来的历史成就和教训，把握中国长期以来的深刻变革和发展变化而形成的宝贵精神财富。

2. 将社会主义核心价值观融入高职院校价值观体系建设中

高职院校学生作为我国现代化建设的重要力量，是我国优秀传统文化的继承者和弘扬者，是我国社会主义核心价值观、优秀精神文化的传承者与发扬者。同时高职院校学生价值观的发展、精神文化的建设也影响社会主义和谐社会的建设，影响我国现代化发展的进程。高职院校的学生正处于价值观形成与发展的关键时期，通过将社会核心价值观融入高职院校价值观建设，通过各种专题讲座、实践活动、校园氛围的熏陶，将我国传统文化的精髓、我国推崇的社会价值观传给高职学生，促使他们树立正确的价值观，使他们的思想发展不会偏离社会主流价值观的轨道。将社会主义核心价值观融入高职院校价值观体系当中，可以促进个体价值观健康、积极地发展，同时也可以推进社会主义和谐文化建设，使高职院校学生在迈入社会后更加适应社会生活，成为发展社会主义和谐社会的主力军。

浙江农业商贸职业学院在学校价值观建设过程中以社会主义核心价值观为学校价值观建设的核心，在学校思想建设过程中以社会主义核心价值观的学习为重点。学院把学习和宣传党的十八大精神作为首要政治任务，积极成立学院党委理论学习中心组,从领导班子到系部党小组都把十八大精神作为学习重点。通过举办十八大读书班,以及专题辅导、理论研讨等活动,充分利用校报、校园网、广播站、宣讲团等多种形式宣传报道关于十八大的有关内容,营造良好的学习气氛和舆论氛围。

在积极开展学习社会主义核心价值观的同时,浙江农业商贸职业学院积极将社会主义核心价值观贯彻到学院的工作、活动当中,组织"邓读会"的学习活动,积极解读十八大精神,让全校师生加深对社会主义核心价值观的理解;将志愿活动深入社会,在行动中贯彻社会主义核心价值观,使其成为做人、做事的准则;发挥系、部力量开展社会服务活动,发扬"小红帽"服务精神,在技能服务中领悟社会主义核心价值观的意义;在团委的倡议下开展星际寝室活动,创建和谐、文明寝室,在生活中营造社会主义核心价值观的学习气氛。社会主义核心价值观是学院价值观建设的源泉和核心,需要时时谨记、事事贯彻、次次践行。

二、 高等职业院校价值观的导向:管理者的价值观

1. 管理者基于价值观的领导

管理者不仅自身应该树立正确的价值观,同时也应该基于正确的价值观进行管理和领导,改变全体成员对于工作以及管理层的看法,提高自我效能,认识到通过价值观管理而达到自我发展的必要性以及可行性。菲利浦·塞尔日利克说:"一个组织的建立,是靠决策者对价值观念的执着,也就是决策者在决定企业的性质、特殊目标、经营方式和角色时所做的选择。通常这些价值观并没有形成文字,也可能不是有意形成的。不论如何,组织中的领导者,必须善于推动、保护这些价值观,若是只注意守成,那是会失败的。总之,组织的生存,其实就是价值观的维系,以及大家对价值观的认同。"首先我们应认识基于价值观的领导管理理论与传统的通过行政命令以及权威达到的管理理论有什么样的区别,见表 2-1。

表 2-1　从动机因素来看传统领导过程与基于价值观领导过程的区别①

动机因素	传统领导过程	基于价值观领导过程
行为的内在价值	在工作内容丰富的同时,使任务更加有趣、更多样化、更吸引人和更富有挑战性	把行为与追随者的自我概念、内在价值观以及怀有的认同感联系起来

---

① 富萍萍、刘军:《基于价值观的领导》,经济科学出版社,2002 年版,第 12 页。

续表

动机因素	传统领导过程	基于价值观领导过程
行为完成的期盼	教导、培训，提供物质和感情支持，阐明目标，提供一些支持手段，如协调、咨询和其他方面的协助	提高总的自我功效（通过提高自我价值、增强自信心的交流以及提高期望），强调集体的功效
内在价值目标的实现	设定目标，提高任务的一致性，提供反馈	把目标与过去、现在以及使命框架中的价值观联系起来，以此作为认同的基础，唤醒动机
完成后的奖励期盼	建立一个清晰的绩效评价制度，对绩效状况进行奖惩	通过把行为和目标与对美好未来的梦想和乌托邦式的愿景联系起来，从而建立信念
额外奖励的效价	考虑对绩效进行奖励	还未涉及

从此表我们可以看出，基于价值观的领导管理更强调使被管理成员从内在认识行为的价值，强调被管理成员与整体价值观的同一性，从而调动成员的自我效能，从被迫接受管理转变到自我认可管理。而从管理者的角度来说，基于价值观的领导管理模式也是现代组织的要求，基于核心价值观的愿景，管理者与组织其他成员之间互相沟通，确定发展目标，使之成为大家共同奋斗的目标。基于核心价值观的领导能够使成员之间达成共识，形成共同的愿景，各个成员对管理者也会有更强的信心与追随的信念，从而形成凝聚力。

在确立学校价值观时，校长应该是历史学家、人类学侦探、幻想家、诗人。作为领导者，在价值观建设当中要担任历史学家，认识学校的发展历史以及发展传统，了解地方传统文化的发展成果；又要担任人类学侦探，探索并分析当前文化的规范、价值观的发展成果、现行的道德行为模式；又要担任诗人，能够凝练语言，提炼精神，用具体语言提炼出价值观的内涵，去倡导价值观，塑造学校价值观；又要担任幻想家，能够开拓创新，能够基于学校的发展历史，为学校的未来大胆下预言，确立发展目标，为学校文化建设确立理想人文主义情怀，使学校价值观建设能够有理想而美好的目标；还要有清醒的角色意识，深入了解学校的发展历史，认真研究能够体现学校价值观的历史线索以及发展迹象，要明确学校的办学定位、未来发展方向，确定共同发展愿景，为大家描绘一幅充满理想主义色彩的图画。同时，要能够用简洁、明了、生动、形象的语言描述学校的价值观。

2. 高职院校管理者树立正确学校价值观的要求

高职学院精神的灵魂、引路人和前进的舵手是学院的决策者和管理者，高等职业院校的党委、行政管理部门对学校的精神、文化风格的形成有着巨大的影响，他们是推动高职发展和前进的直接驱动力。高等职业院校是高等教育系统的一部分,有责任、有义务承担起传承文化、创造文化的历史使命。因此,必须加强学校文化建设,坚持以文化铸就学校的灵魂,以文化为学校发展的基石,形成有文化、有历史、有内涵、有特色的高职校园文化。而这在很大程度上依赖于高职院校决策者和管理者自身价值观的建设,只有拥有正确、科学价值观的领导者,才能带领学校朝着正确的方向发展。

高职院校的决策者和管理者是校园文化建设的领航者,高职院校的管理者要深刻认识学校的发展定位,形成自己的办学理念,理解学校文化建设对学校发展跨越的意义,掌握科学的管理方式,把握时代变化的脉搏,抓住社会发展变革的机遇,凝聚全校师生员工的力量共同建设高职院校的校园文化,引领高职院校实现跨越式发展。

管理层的价值观与行为体系是学校其他成员的参考体系,对其他人的行为方式具有榜样示范作用。学校领导以身作则的作风建设直接决定了学校校风、班风、学风、教风的建设,领导的价值观与行为规范传达出的信息对于全校的师生会产生导向作用,具有模范性。如果学校领导的价值观不正确,不仅会影响学校的整个价值观走向,也会影响全校师生对价值观的认同感与践行意识,学校的精神就得不到支持与信任,学校价值观就得不到有效的整合和传播。所以,学校领导者在价值观建设当中起着先行者的角色,价值观的形成需要领导者去推动、发展,价值观的宣传需要领导者去倡导、落实,价值观的践行需要领导者去监督、实施。学校领导者在价值观的形成过程中,必须与学校成员进行深入的沟通、交流,听取他们全校成员的意见和建议,并评估其可行性。

浙江农业商贸职业学院不断加强干部队伍建设,发挥管理者在高等职业院校中的枢纽作用,提升政策的传达者和执行者的落实力,强化行动指挥者和组织实施者的执行力,让学院的管理者成为学院发展的中坚力量。浙江农业商贸职业学院在管理者的价值观建设中强调三句话:传承一种精神,强化三个意识,提高五项能力。

传承一种精神——“卧薪尝胆、励精图治”的自强精神。以史为鉴,两千多年前的古越大地上,越王勾践为一雪国耻,夜卧柴草,食前尝胆,励精图治,终于实现“三千越甲可吞吴”。这种“卧薪尝胆”的自强精神深深地烙印在越州大地上。处于越州大地上的农商院,在面临高职学校建设的困难与挑战时,学院坚持倡导“卧薪尝胆、励精图治”的自强精神。

强化三个意识——责任意识、服务意识、合作意识。强化责任意识:对学院干部最基本的要求是爱岗敬业,要想干事、会干事、干好事,认真完成工作任务,履行岗位职责。强化服务意识:学院干部要端正服务态度,真诚热情、高质高效地完成学院工作,做到讲技巧、讲效率、讲质量地完成学院工作,让教职工、学生能够安心工作、学习。强化合作意识:学校作为一个培养人才的特殊组织,要创建和谐、良好的环境,提高学院的工作效率,需要学院各部门团结共事、和谐相处、通力合作,建立互相信任、互相理解、共同进步的人际关系和协作关系,营造良好的工作氛围。

提高五种能力——学习力、执行力、创新力、凝聚力、反腐力。提高学习力:作为学院价值观建设领导者,首先应该具有学习力,具备学习的自觉性,认真学习高等职业教育理论,把握其发展规律,及时发现工作中的问题,利用网络等现代媒体进行自学,参与专业培训,主动到对口部门岗位挂职培训,到企业锻炼学习,能够学以致用,拓宽工作思路。提高执行力:强调有计划、有责任、有考核、有奖惩,将工作分解落实到岗位和人员。要能够明确目标,协调关系,落实流程,注重细节。提高创新力:作为高等职业院校的管理者,应该具备创新意识、进取意识,勇于探索,敢于实践。加强凝聚力:管理者应该从高等职业院校发展的角度出发,顾全大局,讲团结,坚持民主管理方式,执行民主决策程序,全校一盘棋,分工不分家,要提高管理者的综合素质以及能力水平。增强反腐力:学院坚持反腐倡廉的领导体制和工作体制,健全基础建设、后勤、招生、物资采购、经费管理等方面的制度建设,加强制度监督,领导干部要严于律己,做到自重、自警、自省、自励。

三、 高等职业院校价值观的关键：师生的价值观

1. 高职教师的价值观建设

哈佛大学前校长科南特曾讲过这样一句话:“一个学校要站得住,教师一定要出名。”①学校价值观不是通过权威或者行政指示直接设定的,学校价值观是多重因素通过长时间的碰撞、融合、交流、沟通的结晶。高职院校的师生在高职院校价值观的塑造过程中起到了非常关键的作用。

高职院校教师自身价值观建设、自身文化素养的发展对于高职院校价值观的塑造、学校校园文化的完善有着举足轻重的作用。高职院校教师通过自身大学生涯的沉淀,对于大学历史、大学文化、大学发展模式都有了稳定的认识,甚至稳定的情感体验,高职院校教师不仅仅是高职院校文化的塑造者、价值观的践行者,同时也是学校内涵文化的表现者、价值观的体现者,是学校价值观的直接化身。所以,高职院校教师自身价值观建设以及文化素养的高低直接影响到高职院校价值观的确立,以及高职院校学生价值观的培养和文化素养的提高。因此,我们要以大学价值观建设为主线、为依托,加强高职教师文化素养的提升以及价值观的培养,加强高职教师的文化素养、职业素养以及思想素养,使高职教师不

---

① 约翰·S. 布鲁贝克:《高等教育哲学》,王承绪等译,浙江教育出版社,1987 年版,第 30 页。

仅仅成为学校价值观发展的受益者,同时成为高职院校价值观的推广者、文化的传播者。

从高职教师的实践来看,他们主要有三种社会角色,从这三个社会角度来说高职教师须要具有不同的价值理念,这三种价值理念的综合就形成了高职教师的整体价值观。

首先是作为教育者的高职教师。为师者,传道授业解惑也。作为高职教师,首先应该能够热爱学生、关心学生,能够从学生的角度出发,关注学生身心发展的特点,传授职业技能,提高学生技术实践能力。关注学生心理发展特点,注重学生职业心理的塑造、职业素养的提高、职业理想的树立。高职教师不仅仅要能够教授给学生前沿的学科知识以及学科知识学习方法,同时还要引导学生自我学习能力的培养,让学生懂得自我建构、自我认知、自我发展,提升自我发展能力。

其次是作为研究者的高职教师。作为一个研究者,高职教师必须能够开展对于职业教育以及相关领域的研究活动,能够有志于探寻职业教育的发展规律,寻找改进教学的方式。在学术研究方面,积极学习职业教育理论,关注高等职业院校发展中的问题,多探究、深挖掘、勤调研,总结自己的科研认识。在专业研究方面,勤动手、多实践,加强自己的专业技能,参加专业培训,到企业去锻炼,接触一线生产,了解专业的最新技术、资讯,积极向“双师型”靠拢。

再次是作为引路人的高职教师。高职教师要站在学生亲友的立场为大学生提供不断发展的建议,引导学生素质全面发展,成为受社会青睐的人才。党的十八大报告指出,“把立德树人作为教育的根本任务,培养德智体美全面发展的社会主义建设者和接班人”。作为教师应以德为先,以生为本。同时,教师应具有强烈的职业精神,热爱本职岗位,自己要做真人、做真学问、有真本事,也要教学生做真人、求真知、掌握真功夫。

浙江农业商贸职业学院高度重视教师价值观建设,着力提高“双师型”教师的队伍建设,提升教师的专业素养与人格魅力。学院重视高职教师学历水平的提高、专业能力的发展,学院积极与企业合作、与其他院校合作,甚至开展国际合作,积极为教师提供到企业工作、锻炼的机会,为教师提供科研工作的平台。学院通过科研评定制度、评课制度、优秀教师评定制度,激励全校教师认真教学,提升专业素养,发展科研创新能力。

2. 高职学生的价值观建设

《教育部关于全面提高高等职业教育教学质量的若干意见》(教高〔2006〕16号)提出:高等职业院校要坚持育人为本,德育为先,把立德树人作为根本任务。要以《中共中央国务院关于进一步加强和改进大学生思想政治教育的意见》(中发〔2004〕16号）为指导，进一步加强思想政治教育，把社会主义核心价值体系融入高等职业教育人才培养的全过程。要高度重视学生的职业道德教育和法制教育，重视培养学生的诚信品质、敬业精神和责任意识、遵纪守法意识，培养出一批高素质的技能性人才。要加强辅导员和班主任队伍建设，倡导选聘劳动模范、技术能手作为德育辅导员；加强高等职业院校党团组织建设，积极发展学生党团员。要针对高等职业院校学生的特点，培养学生的社会适应性，教育学生树立终身学习的理念，提高学习能力，学会交流沟通和团队协作，提高学生的实践能力、创造能力、就业能力和创业能力，使其成为德智体美全面发展的社会主义建设者和接班人。在此，培养高职学生的价值观是关键，而作为大学校园文化主题之一的大学生对自我价值的认识、履行实际上是校园价值观衍生、外化的过程，高职学生不仅仅是校园文化的受益者，同时也是校园文化的创造者。必须加强大学生主体素质的建设，特别是学生人文价值观以及职业价值观的教育，以此来引导大学生确定正确的人生观、价值观、世界观。

当今社会处于发展变革时期，社会经济飞速发展，文化呈现多元化发展趋势。而在这个趋势下，学生容易受到社会物质主义的冲击，具有正确的价值观可以抵制外界的不良诱惑。同时现代社会竞争压力日益加大，高职院校学生的价值观受到功利主义、工具主义价值观的冲击，如何让高职院校学生树立正确的价值观，从而推动校园文化的建设，这是一个须要重点关注的问题。要使学生建立正确的价值观，要从学生的思想道德教育抓起，塑造高职学生高尚的道德品质。但丁说："道德常常能填补智慧的缺陷，而智慧却永远填补不了道德的缺陷。"高职院校学生的价值观建设分为两个部分：人文价值观与职业价值观。

首先，我们来看看学生的人文价值观建设。对于在高等职业院校学习的学生来说，在高职学习的几年时光是他们世界观、人生观、价值观形成的重要时期，作为一名学生，要学习的并不仅仅是做事，更重要的是做人。高等职业院校培养的人才是须要具备职业知识、职业技能、职业道德的高素质人才。强调培养高职院校学生的人文价值观就是强调要把社会核心价值观融入学生的价值观建设当中。在内容上，要强调以中国特色社会主义共同理想指引学生树立目标，通过理想教育，引导学生树立理想信念、明确人生目标、认准前进的方向，将个人理想和社会理想有机结合。作为一名高职学生，他学习的目的不仅仅是为了获得最好的技能、最丰富的知识，而是学会做一个人。"千教万教教人学真，千学万学学做真人。"先学会做人，学会保持积极进取的人生态度、昂扬向上的精神状态、不屈不挠的坚强意志、与人为善与人为信的做人品质，是一个高职学生在学校里最应该学到的事情，这样他在以后的工作岗位上才能积极奋斗，在技术岗位上才能精益求精。

浙江农业商贸职业学院积极开展各项志愿服务活动、科研活动、文娱活动等,锻炼学生坚忍的意志,增强学生踏实的学风,加强学生奉献的意识,提升学生创新的精神。从高职学生一入学参加军训活动,在训练场上挥洒汗水、锻炼意志,便是为以后走向工作岗位锻造强健的体魄、坚忍的意志;开设人文讲座,讲述古今风情,点拨学习迷雾,是为学生未来的发展积蓄文化力量;参加体育竞技比赛,体会更高、更快、更强的体育精神,是为学生以后的拼搏积蓄奋斗的激情;开展评定星级寝室,打造文明、卫生、和谐的文化寝室,是为学生学习营造良好的空间,为生活增添和谐、鲜活的色彩。

其次,我们再来看看学生的职业价值观建设。职业价值观教育是人们衡量社会职业的内心价值尺度,同时也是个体对待职业的意识态度,是个体选择某种职业的指标,影响个体从事职业时的职业道德与职业态度。国外学者易里哲认为,职业价值观就是个体认为某种工作结果的重要性程度。① 厦门大学廖泉文教授认为,职业价值观是人们在人生道路、职业定向与选择、职业工作态度方面的根本性的观念,一般意义上,职业价值观是人们在从业问题上,或者在以职业为谋生经济来源、发挥才能、为社会做贡献这三项因素的不同比重上所表现出来的社会态度。② 职业价值观是个体衡量职业的认识与看法,是个体对职业的评价与态度,是个体衡量职业能否满足自身物质、精神、发展需求的内在尺度。职业价值观不仅包括个体对职业这个概念的整体认识,同时也包含了个体对具体职业的认识、评价与选择。培养个体正确的职业价值观,有利于个体更好地认识职业、了解职业,选择能够满足自己要求以及兴趣的职业。

高等职业院校在对高职学生进行培养的过程中首先应该让学生对职业以及职业价值有一个整体的认识,这是高职学生形成正确职业价值观的首要内容。目前来说,很多高职学生是由于高考失利,迫不得已进入高职院校,自信心不足,失落感较强,对职业院校以及入学后所学专业、专业对应的职业的认识程度较低,对自身的职业前途比较迷茫,学习缺乏明确的目标,这不利于学生职业技能的学习与职业素养的形成。所以职业教育观的内容不仅仅是职业的价值、职业的认知、职业的评价以及职业的选择。

对于价值观教育的研究,其中重要一步是如何对学生进行价值观教育,关键是如何将价值观教育的内容融入职业技能教育当中,从而在培养职业技能的同时培养价值观,达到“树人成德,行知达材”的效果。卢德斯·R. 奎苏姆宾和卓依·德·利澳在《价值观教与学的途径》中写道:“传统的价值观教育模式注重灌输给受教育者价值观的内容和技能,忽视了发展受教育者的价值观与信仰,以

---

① 倪陈明、马剑虹:《企业职工的工作价值观与组织行为关系分析》,《人类工效学》,2000 年第 12 期。

② 黄垦榕:《当代大学生职业价值观及其引导》,《福建工程学院学报》,2005 年第 10 期。

及进行抉择和行动的能力。传统模式大多以教师为中心,教育者被视为知识和技能的所有者(专家),同时也是价值观的模范(偶像)。学习者处于被动状态,只是学习手头现成的材料。”①我们不可忽视教师的引导以及模范作用,但同时应该重视学生的主体地位,要注重学生为中心的价值观培养模式,让学生能够在认知阶段获得价值观,在情感阶段能够认可价值观,在行动阶段践行价值观。

在高职院校培养学生价值观的过程中可以采用体验价值观教学模式。联合国教科文组织职业教育中心(UNWCOV)协助国际教育和价值观教育亚太地区网络编辑出版的《学会做事》一书中提出的价值观教学法,将价值观分为核心价值和具体价值,以培训模块的方式通过确定学习目标—选择学习内容—设计学习活动程序—情感层面即价值观的提炼—行动层面的践行这五个层次的递进,使学习者从知晓—理解—评估—行动这四个步骤当中认识到具体价值,深刻理解具体价值,体验和反省具体价值,实践落实具体价值。

浙江农业商贸职业学院积极在教学过程中有效渗透价值观教育,例如学院的烹饪旅游系在烹饪的教学过程中强调激发学生创新性、自主性,教师作为指导员给予指导,让学生通过自己的思想结构、专业知识去学习新知识、掌握新技能、形成职业价值观。在中餐烹饪的原料切配技术的教学过程中,教师先让学生明确培训要求,通过本模块让学生明确饮食健康的价值,掌握中国烹饪原料基础知识,掌握原料的操作技术知识。在明确教学所要达到的情感目标以及技术目标后,教师作为学习活动的设计者、指导者,选择适用的原料,设计学习活动过程,让学生自由运用原料,练习刀工以及配菜技术,发挥创造力,在行动实践中掌握原料切配技能,感受食品营养、健康的价值观念,掌握“健康”这一核心价值观。

四、 高等职业院校价值观的助力:企业价值观

与普通本科院校相比,高职院校的价值观建设具有职业特色。高职院校价值观建设必须依据高职教育特点和规律,按照高职教育的办学理念,突出“职”的特点,在高职院校价值观建设中融入企业价值观。

有学者谈道:“职业教育是一种具有强烈经济行为和企业行为的教育形式,没有企业的参与将是一种不成功的教育。”②职业学校培养的人才不仅仅是要能够学知识,同时也要能够适应企业。国务院《关于大力发展职业教育的决定》(国发〔2005〕35 号)第十条明确规定:“大力发展工学结合、校企合作的培养模

① 卢德斯·R. 奎苏姆宾、卓依·德·利澳:《价值观教与学的途径》,余祖光译,《中国德育》,2006 年第 12 期。

② 陶敏:《价值观的碰撞与对接——校企合作的困惑与出路》,《当代职业教育》,2012 年第 1 期。

式。”根据教学计划,高职学生要参与实训教学,在学习的最后半年要在企业参加顶岗实习。但是要真正做到校企合作,不仅仅是要学生进企业进行顶岗实习,更是要将企业文化引入学校。亚龙科技集团董事长陈继权认为:“企业文化与学校文化的融合对接,不仅仅是符号和形式的对接,更本质的应该是价值观层面的对接,如何把企业里价值观的东西导入到校园文化里面来,我认为这是最关键的。”校企合作分为四个层次:“独自办学”、“人员交流”、“文化共建”、“文化融通”。高职院校的文化建设中融入企业文化,使校企双方打开门户,构建多元化的、能够互惠互利的价值观和文化,有利于提高学生实践技能,形成良好的职业态度,解决学校专业设置与企业岗位需求之间的对接问题。

企业价值观引入学校文化当中,通过课程开发、实训教学、联合办学、订单培养、就业指导、对话交流、技能大赛、证书考核等方式,不仅仅让学生做中学,同时学中做,从实践中锻炼技能,在企业文化的熏陶与锻炼中充分领会企业价值观的内涵,为成为一名优秀的“职业人”做好准备。

浙江农业商贸职业学院汽车技术系积极引入企业“7S 管理模式”,贯彻“7S 价值观”。“7S”是整理(Seiri)、整顿(Seiton)、清扫(Seiso)、清洁(Seiketsu)、素养(Shitsuke)、安全(Safety)和节约(Save)这七个单词的首字母缩写,将汽修企业的价值观融入汽车技术系的价值观建设中,学生在走向社会的过程中,能够更快、更好地接受企业价值观文化,适应企业管理理念,融入企业生产活动当中。

浙江农业商贸职业学院成立外婆家绿色食品学院,继实训基地、顶岗实习后开发新形式的校企合作方式,外婆家绿色食品学院由学校和企业共同进行课程开发,优化专业设置。教师在授课的同时指导学生做项目,学生在实战中上课,开创全新的高校课程模式和人才培养模式,充分利用企业的资金、实训平台和就业支持。学院烹饪系邀请浙江知名企业咸亨集团为学生介绍企业文化、企业愿景等内容,开设企业专场讲座,让学生深入了解企业,感受企业文化。

学校个体具有各自的价值取向,个体由于相同的价值取向而形成群体价值取向,而学校群体价值观是多元化、多角色、分化的价值观,要将多样的、分散的群体价值观整合成统一的、共同的、核心的学校价值观,才能形成学校价值观的整体推动力和凝聚力。这就是要在个体价值取向和群体价值取向的基础上高度整合,形成学校价值取向。将个体价值观发展融合成群体价值观,再将群体价值观发展、融合成学校价值观,完成这个自下而上的过程,才能形成整体价值观。这种共同价值观的构建过程,不是出于约束人的行为、思想的目的,而是为了让人的行为有更大的自由、人的思想处于民主氛围中,是出于发展人的目的,把个体价值的发展放在首要地位。

个体和群体之间的差异是客观存在的,形成共同价值观并不是要磨灭这个差异性,而是要在这个差异中寻找共性。多元性是学校价值观活力的源泉,共同性是学校价值观存在的基础。在学校价值观构建的过程中,要将个体价值取向和群体价值取向之间的差异看作一种再生性资源,要充分利用这个资源,让他们之间沟通、融合、对话,从而推动学校价值观的形成与发展。在这个过程当中,贯穿着沟通与交流、讨论与共享。只有从管理层到师生,再到其他相关人员共同分享、沟通、对话才能顺利完成这个价值观整合的过程,才能使学校价值观契合学校所有成员的内在需求,满足个体或者群体的价值取向。

第三节　浙江农业商贸职业学院价值观教育的实践探索

组织的生存,其实就是价值观的维系,以及大家对价值观的认同。

——彼得·德鲁克《从资本主义到知识社会》

塑造学校价值观应该分为两个层面——整合与践行,真理的形成不仅仅是科学的探索与发现,同时需要实践的考察与检验,想破脑袋得出的学校价值观,放到现实中人人做不到,那也只是空中楼阁、纸上谈兵。塑造学校价值观不仅仅需要科学的评估、民主的讨论,同时还需要理论的学习、实践的贯彻,让学校成员共同学习、共同讨论才能够让价值观得到凝练、升华,成为体现学校文化精神、代表学校整体价值取向的学校价值观。

浙江农业商贸职业学院在学校价值观建设的过程当中,不仅仅承接历史,挖掘地方特色文化,同时注重通过各种方式以及活动形式贯通管理层、教师、学生之间的沟通渠道,共同创设学校共同愿景,塑造学校价值观,共同描绘浙江农商人的文化宏图。

一、塑造高等职业院校价值观的思路

1. 紧扣时代精神,融入社会主流价值观

将社会主流价值观融入高职院校价值观当中,不是简单地生搬硬套,不是简单地行政命令,而是贴近地方区域文化,把握学校校情特色,做到自然流畅地融合。中共中央在谈到如何培养社会主义核心价值观时主张,“培育和践行社会主义核心价值观要坚持以下原则:坚持以人为本,尊重群众主体地位,关注人们利益诉求和价值愿望,促进人的全面发展;坚持以理想信念为核心,抓住世界观、人生观、价值观这个总开关,在全社会牢固树立中国特色社会主义共同理想,着力铸牢人们的精神支柱;坚持联系实际,区分层次和对象,加强分类指导,找准与

人们思想的共鸣点、与群众利益的交汇点，做到贴近性、对象化、接地气；坚持改进创新，善于运用群众喜闻乐见的方式，搭建群众便于参与的平台，开辟群众乐于参与的渠道，积极推进理念创新、手段创新和基层工作创新，增强工作的吸引力、感染力"①。在此之前要把握高职院校的办学目标是培养能够适应地方和社会经济发展需要的高素质技能人才，高职院校的服务定位是地方经济，人才培养的目的是为了使学生能够适应地方需要，高职院校的价值观建设是为了使学生能够具有正确的价值观，从而更好地融入地方经济建设当中。

"务实、守信、崇学、向善"是 2012 年 2 月以来浙江省以"我们的价值观"大讨论为载体，全省 1 000 万人次积极参与讨论，凝结提炼出的浙江人的共同价值观。这八个字不仅融入了社会主义核心价值观，同时融入了浙江当地文化的精髓。新时期的浙江共同价值观强调"务实、守信、崇学、向善"，这不仅仅是社会主流价值观的应有之义，同时也是地域文化、地域价值观的题中要义，恰当地体现了现代社会群体的价值诉求。1979 年 9 月，浙江农业商贸职业学院的前身——浙江供销技校在海涂开始了筹建工作，在几间多种经营实验场迎来了第一批技工学生。从当初既无校舍也无师资，到现在在凤凰江畔建起崭新宏大的袍江校区，从当初的 200 多学生到现在全日制在校生 5 000 人、教职工 340 多人，浙江农业商贸职业学院始终坚持以培养适应地方经济的高素质人才为目标，将浙江共同价值观融入教学中，培养具有"讲诚信，善合作，会融通"的农商人。从浙江农业商贸职业学院走出去的学子活跃在社会各行各业，通过自我的努力取得卓越的成就，传递属于农商人的精神风貌。

校训是与学校的精神气质同根同源、共生共荣的，校训成为学生的耳边钟、心中鼓，是学生的价值尺度以及行为标准，也映现了现代价值取向。好的学校校训是对学校核心精神的深入解读，同时也是对社会文化发展方向的精准把握，甚至反映和诠释了社会核心价值观的内在要求。从这个方面来说，学校校训是培养学生树立社会核心价值观的重要手段之一。浙江农业商贸职业学院在建设学校价值观的过程中，紧扣当代浙江人文精神的新发展，其校训中重"德"、"行"、"知"，这三个方面是我国大学教育的重要任务，也是培养学生社会核心价值观的重要渠道。"德"是我国大学精神的灵魂，也是我国社会主义核心价值观建设的重要内容，学校教育在使人明明德，社会需要的人才在于有德行，这体现了学校价值观建设与社会主流价值观的高度契合。这种契合度使得浙江农业商贸职业学院培养的学生价值观能够切合社会主流价值观，从而将这种精神动力转化为建设中国特色社会主义的实践力量。

---

① 中共中央办公厅.《关于培育和践行社会主义核心价值观的意见》,《新华网》,2013 年 12 月。

2. 不忘学校历史,传承学校精神

构建学校核心价值观过程就是在一个学校构建出价值的共同体。共同体是德国现代社会学大师滕尼斯提出的一个社会学概念。他在《共同体与社会》一书中谈到,在共同体中,社会关系的基础是某种自然意愿,这种自然意愿包括感情、传统和人们的共同联系,其特点是人们之间有着强烈的认同感,对社区其他成员有着全面的概念。共同体应该被理解为一种生机勃勃的集体,而不是一种机械的聚合体和人工制品。我们要塑造学校价值观,就是要打造学校的价值共同体,让学校这一组织中成员能够形成共同的、核心的价值观,能从他人的价值需求考虑问题,能够将自我的价值目标融入学校的整体目标中。

打造价值共同体最重要的方法是形成强烈的情感共鸣,激发共同的认同感。挖掘学校历史对于建设高职院校价值观有着重要的作用。虽然很多高职院校是由中职升格而来,高职院校本身的历史较短,但是翻看学校历史,挖掘学校流传的精神,可以增加高职院校的历史感,增强学生的归属感、荣誉感。

十一届三中全会后,为了响应国家号召,浙江供销技校经浙江省革命委员会批准诞生。1979 年 9 月,浙江供销技校在既无校舍也无师资的情况下,为了尽快上马,在远离绍兴的海涂的几间多种经营实验场的房子里开始迎来了第一批"供技人"。没有校舍,就自己建,校暗房、无线电、烹饪实验室等都是教职工自己动手设计布置的;没有操场,就自己造,师生们在老校长谢荣庆的带领下,一锄一锄地填出了近万平方米的操场;没有桌凳、教学器械,就自己搬,教职工一起坐着四个小时的机动船进城,把一件件器械从码头肩扛手提地搬回来……大家不分昼夜地工作,建起了浙江农业商贸学院稳固的发展地基,成就了让所有农商人都无法忘记的"海涂精神"。这种精神是学校发展的精神动力,也是学校价值观建设的源泉。

从海涂时代走来,1981 年 9 月,浙江供销技校入驻绍兴市中心地带的新校区。新校区布局严谨,树木辉映,给绍兴古城增添了一道亮丽的风景线。但在计划经济时代,物质匮乏和计划不足给学校基建带来巨大困难。为了保证新校舍早日建成,教职工不但自己担任采购员、施工员,而且自己充当搬运工、勤杂工。为了节约有限的经费,弥补计划拨给物资的不足,大家齐心协力、献计献策,共同解决困难。同时,广大师生掀起了义务建校劳动的热潮,光平整场地、搬运杂物、清除建筑垃圾等就达两万余工时。大家齐心协力,近万平方米的校舍建设仅花了 10 个月的时间,保证了第二届学生顺利进入新校舍学习。在物质建设的保证下,学校进入迅速发展的快车道。

1982 年,学校成为浙江省供销社干部学校绍兴分校、中华全国供销总社师资培养基地。1994 年,学校成为浙江省唯一有资格接受外国留学生的中等学校，荣获“全国家电培训先进集体”荣誉称号。1988 年，学校率先办起职高班、成人中专班，1994 年开始招收普通中专班，走多层次市场化的办学之路，建立“浙江供销技校实验饭店”，大力发展校办企业。1998 年，学校被中华全国供销总社批准为“省部级重点技校”，同年，经浙江省教委、浙江省计经委审核提前批准为“合格中等专业学校”。2009 年，经浙江省政府正式批准学校筹建浙江农业商贸职业学院，在袍江经济技术开发新区揭开了新的历史。

回顾历史，我们会看到辉煌、看到艰难、看到希望，更会看到源远流长的精神文化。浙江农业商贸职业学院的历史反映了绍兴越人坚忍不拔、一往无前的精神，同时也反映了高职院校建设者不怕艰难、无私奉献的精神。回顾历史，能让人看到自己的不足，激励自己的信心，高职院校的发展需要一种敢于开拓、敢于创新的劲头，需要高职院校教职工共同努力，面对社会的机遇和挑战。

3. 传承文化历史，弘扬地域文明

学校从产生之日开始就流淌着文化的血液，学校文化是地域文化的一部分，地域特征影响着学校的精神文化的建设，制约着学校群体成员的活动方式、思想活动和文化素养。“地域文化是一个地区历史传统、精神情感、风俗习惯等方面的积淀和传承，是人们认同归属的精神家园和沟通交流的桥梁纽带，它深深熔铸在经济发展、社会进步的每一个历程，渗透到各个领域、各个环节，有强大的辐射力、影响力。从文化产生的角度审视，有什么样的环境就会产生什么样的文化。”①地方源远流长的历史是学校文化的源泉，一所学校的历史建构在地方历史的基础之上。地域文化会影响到在这个地域生存的个体，深刻地影响地域群体性格、精神的形成。要建设好学校文化，形成正确的学校价值观，就必须对本地域的文化有所了解，对本地文化的发展历程有所认知，并且能够把握到地域文化的发展未来，只有在这个基础上才能对地域文化有所创新。

从四千多年来流传的大禹治水的义举，到越王勾践卧薪尝胆的励志，书法大家王羲之挥毫写就的《兰亭集序》，一代巨擘鲁迅笔下的孔乙己，绍兴从来不缺少历史，也不缺少名人。从大禹、勾践到秋瑾、鲁迅、蔡元培、周恩来，从“苦心人、天不负，卧薪尝胆，三千越甲可吞吴”的“胆剑”精神，到“死生一事付鸿毛，人生到此方英杰”的秋瑾文化，他们传承着绍兴精神，积淀着越地文化。绍兴市委在一次全会上把绍兴这座城市的内在精神概括为“胆剑”精神，“胆剑”精神概括为“卧薪尝胆、奋发图强、敢作敢为、创新创业”，其内涵体现在三方面：一是坚定不移、坚韧不拔的意志；二是敢作敢为、敢创大业的气魄；三是善借外力、科学创

① 张熙：《学校文化的地域性格——兼析北京地域文化对学校文化地域性格的影响》，《教育发展研究》，2012 年第 8 期。

新的策略。① 作为坐落在绍兴的浙江农业商贸职业学院充分挖掘绍兴地域文化,开设“袍江人文大讲堂”,传越地文化,兴“胆剑”精神;开设志愿者之校,传志愿之火,兴历史传统;建立社团联合会,走出校园,服务社会,让浙江精神源远流长。

学院校舍设在绍兴市袍江新区,学院的建筑风格融入了绍兴的人文特色,每一栋楼的名称都是以一位历史名人的名字命名,将名士风骨、学者风流镌刻在校园的每一处。学院布置数件名人雕塑,激励农商院以前人为楷模,励精图治,自强不息。作为高职院校的学生,关键要掌握做事的知识和本领,应当勤奋好学,突出职业性,强化技能训练,掌握专业技能,而要做到这点,就必须具备不怕吃苦、不怕受累的毅力,千锤百炼的精神。

浙江农业商贸职业学院为宣传、弘扬绍兴文化,延请名师名士进校内讲课,开办社团文化节,将绍兴地域文化融入活动当中,让学生更深入地了解地域文化,让越人精神在现代焕发新的光彩。这不仅仅推动了地域文化建设,同时能够推动高职院校精神文化的建设,形成校园特色的文化传统与文化精神,对教师与学生的思想观念与价值取向产生深刻的影响,促进校园价值观内核的形成以及体系的建立,进而影响高职院校所有成员价值观念的形成与发展。

学院举办“亚洲食学国际论坛”,请来法国、美国、日本等国的美食品鉴家以及烹饪大师,以越地饮食文化为基础,凭借学校烹饪系的专业影响力,通过国际高端交流平台,不仅提升了学校烹饪系的整体实力,同时弘扬了浙菜文化,让越地风俗在学校,甚至在国内外得到传播与发展。

浙江农业商贸职业学院积极宣传绍兴文化,继承和发扬本地区宝贵的物质与精神文化,让学生更深入地了解地域文化,让传统文化、“胆剑”精神在现代焕发新的光彩。这同样能够推动高职院校精神文化的建设,促进校园价值观内核的形成以及体系的建立,进而影响高职院校所有成员价值观念的形成与发展。

4. 贴近学校发展思路,贯穿校本特色

高职院校价值观传承了学校历史文化、传统习惯和发展思路,是学校全体成员通过长期实践活动形成发展的宝贵精神财富,体现了学校的办学宗旨、目标、理念、道德等,影响了职业学校成员价值观念的形成和发展。学校价值观建设只能从自身的教育实践、从师生员工的实践中提炼出来,应该更多地与自己学校本身的特色相联系,而不能简单地从书本或者其他学校照搬照抄。

高等职业院校价值观建设必须紧扣学校的职业特色,发挥高等职业院

① 顾春、丁建萍:《“胆剑”精神——魅力绍兴的城市之魂》(系列报道)。http://www.people.com.cn/GB/paper40/15745/1392718.html.

校的专业优势,挖掘地域文明,遵循社会主义核心价值观,精心培育,形成具有学校主导意识的学校价值观,影响学校师生员工价值观的形成与发展。同时,借助学校师生员工的行为表现出学校价值观的内涵,从而形成学校强大的“文化效应场”,稳定地影响学校的发展。学校价值观如果不能准确地反映学校的现实发展水平,体现学校的个性,为所有人所接受的话,就发挥不了作用。

浙江农业商贸职业学院在建设学校价值观的过程中,发扬农商特色文化,努力实现“把浙江农业商贸职业学院建成一所以农为本、以商为重,省内知名、系统领先,特色鲜明的高职学院”。学院在价值观建设中把握“以农为本”的方向,体现了学院服务“三农”、服务行业、服务地方的精神。学院设置涉农类专业,在非农类专业中开设农类课程,在学院学生中开展“三农”情怀教育,积极培养学生“以农为本”的精神。依靠绍兴丰富的农业资源、优厚的地理条件,建立以电子商务、绿色食品生产与经营、茶叶加工与贸易专业为支撑的专业群,积极探索与政府、企业的合作模式,先后成立绍兴市农民学院、咸亨学院,建立绍兴市农民实训基地等校外专业实训基地70多个。在袍江新校区,学院开辟了一片农业种植园,分区种植果树、茶树,开辟鱼塘养殖区,形成生态化绿色种植区,充分利用学校土地资源服务专业建设活动,为教学提供实践生产、体验场所,强调让学生“勤动手,学技能”,让学生在实践中感受高职学校文化特色,对学院价值观有深入的了解。

“以商为重”体现了学院的办学定位,学院属于供销行业办学,服务供销行业是学院的责任,学院规划建设“供销文化一条街”,设置供销文化展示厅,用以宣传供销文化,提升学生对于供销历史、学院供销教育发展历史的了解。当年的供销人流传下来的“供销”精神不能成为历史,而是要在时代的润泽下成为学校精神塑造之源和发展力量之源。学院积极继承与发扬“扁担精神”、“民本”精神,发扬货真价实、童叟无欺的“诚信”精神,不求奢华的“俭朴”精神,弘扬奋发图强、攻坚克难的“创业”精神,将新时期的供销文化融入学院的文化建设当中。经济贸易系与绍兴市供销社开展“院社合作”项日等,参与“中国柯桥国际纺织品面料辅料博览会”的志愿者活动,充分发挥自身的专业优势,在志愿服务中提升自己的专业能力,为学校文化建设增添特色和风采。学院充分利用专业的教学以及场地资源,结合学校的办学特色,举行“农民职业技能比武大赛”、“亚洲食学国际论坛”等活动,让学生在活动中学习,在参与中领悟学校价值观的内涵。通过承办“农民职业技能比武大赛”等,学院融入“以农为本”的办学定位,使学生更深入地了解农业技术、农商文化。

二、 塑造高等职业院校价值观的策略

1. 加强理论学习,内化价值观

(1) 开设理论课堂,全校师生学习社会主义核心价值观

培养和践行社会主义核心价值观不是一蹴而就的事情,需要从管理者抓起、从教师抓起、从学生抓起、从学校抓起。要将社会主义核心价值观融入学校价值观建设中,通过思想政治理论课以及思想道德课来系统讲授,只有通过系统的理论知识课程,学生才能深入地理解社会主义核心价值观的内容,才能为认同和践行社会主义核心价值观打下基础。

高等职业院校价值观的形成与发展依赖于学校领导班子的组织与规划,全校师生的学习与贯彻。高等职业院校实行的是党委领导下的校长负责制,高等职业院校价值观的普及首先要求学院领导班子学习,要对领导班子进行学校价值观的宣传。浙江农业商贸职业学院积极进行干部队伍的社会主义核心价值观的培训工作,制定党委理论学习中心组学习制度,加强理论学习,提升干部理论素养。

理论是指导实践活动的行动指南。浙江农业商贸职业学院已形成了初级党校(党总支负责)和入党积极分子提高班(学院负责)两级党校。由各总支负责开办的初级党校重点培训关于社会主义和谐社会建设以及《党章》方面的基础知识,同时,各党总支根据自身情况,开展学习社会主义核心价值观、十八大精神,等等。入党积极分子提高班重点从入党动机、组织建设、文明礼仪、服务意识、创新能力等角度来拓展他们的知识面和能力,从讲课人的精选到讲课题材的选取,都坚持一个"严"字,力求使课程能够高效、务实,努力提升师生员工对社会主义核心价值观的认识。

高等职业院校的师生是学校价值观的传播者,担负着学校价值观的宣传与践行工作,所以高职院校师生应该明确学校价值观、了解学校价值观,能够将学校价值观融入工作、学习当中。浙江农业商贸职业学院坚持以"党建为抓手,党建促团建"的工作方针,做好团员的思想政治教育,加强党员理论知识、社会主义核心价值观以及主流思想的学习工作。在教师、学生骨干中开展党的十八大精神的学习工作,组织党员、团员青年认真学习省第十三次党代会关于建设"两富"浙江精神,把理论学习和工作、学习实践结合起来。通过学习,切实提升师生的政治素质,为弘扬社会主义核心价值和培养全校师生的良好道德情操提供思想保证。

浙江农业商贸职业学院自 2009 年 12 月成立首届邓小平理论读书会,至今已有五年的岁月。从开始的 21 人组成,到现在慢慢扩大到各系各班的同学当中,"邓读会"积极开展社会主义理论的学习活动,通过提供较为系统的马列主义、毛泽东思想、邓小平理论、"三个代表"重要思想和科学发展观等理论学习,

提高会员的马克思主义理论水平，培养会员运用马克思主义的观点、方法分析解决问题的能力，帮助会员树立正确的世界观、人生观、价值观，并引导他们应用到自己的学习、工作和生活中，带动了全院师生学习社会主义思想，加强了全院师生的思想政治教育。经过五年的岁月，“邓读会”不断增加新成员，壮大了理论学习和宣传队伍，紧跟时代发展步伐，对师生不断提出新的要求，加强对新理论、新思想、新政策的学习与研读，加强社会实践，做到知行统一、关注社会、关注学院，为建设学校价值观营造了浓厚的文化氛围，打下了坚实的思想基础。

（2）凝练文字，提炼价值观的内容

语言文字是民族心理、思维、风俗习惯以及民族文化历史的外化形式以及符号表现形式。高等职业院校的历史、价值观、精神以及文化习俗都通过文字得以长久保存、快速传播。简洁、深刻的语言文字能够最直接、最有力、最迅速地呈现高等职业院校价值观的内涵，同时也更能保存、宣传高等职业院校价值观的内容。

高等职业院校价值观的形成须要通过合适的途径提炼出来，经由具体的文字表现，文字内容如何转化为全校师生的价值原则，须要通过一些场合去阐释它的内涵和精神，并在深刻理解的基础上实践，最终由一个学校价值观转变为组织成员的内在价值观和行动原则。浙江农业商贸职业学院价值观的形成过程可以用“博学之，审问之，慎思之，明辨之，笃行之”来说明，只有通过广泛学习、反复拷问、缜密思考、充分论证、切实实践，才能够真正完成价值观体系的建设。

在高等职业院校价值观文字表达的推敲过程中要广开言路，全校参与。核心价值观的意见征集过程也是学校价值观的全面宣传过程，形成文化氛围，有助于深化全校师生员工以及学校领导班子对于核心价值观的理解，为将来的践行打好基础。浙江农业商贸职业学院秉承社会主义核心价值观的基本内容，结合高等职业院校发展历史，融入学院精神内涵，将学校价值观表达为，“突出职业性、手上有功夫”、“学习好技能，掌握硬通货，实现中国梦”等，用押韵、流畅的文字来表现学校价值观。

浙江农业商贸职业学院提炼学院价值观，进行现代教育思想大讨论，加强学院内涵建设，确定学院的校训、办学宗旨、办学定位、办学思路、办学理念、人才培养理念、人才培养素质目标、教风、学风等，这些是学院价值观的高度浓缩，也是学院价值观的集中体现。

校训：树人成德　行知达材

办学宗旨：服务“三农”　服务行业　服务地方

办学定位：办成一所以农为本、以商为重，省内知名、系统领先，特色鲜明的高职院校。

办学思路:以育人为本,以专业建设为龙头,以人才队伍建设为关键,以课程建设为抓手,以深化教育教学改革和校内管理体制改革为支撑,以党建和校园文化建设为保障,积极探索校企合作、工学结合和国际化办学新路子。

办学理念:四业贯通　四方满意

人才培养理念:心中有"三农"　肩上有责任　手头有功夫

人才培养素质目标:讲诚信　善合作　会融通

教风:尚德　爱生　敬业　求真

学风:明理　尊师　敏学　强技

2. 积极开展互动讨论,传播价值观

(1) 师生参与,开展价值观大讨论

美国埃德加·沙因教授在描述DEC的文化范式中说道:"DEC的工作团体认为离开辩论就不能发现'真理',没有专门的方法可以找出真理,除非你能够征服辩论中的每一个想法。因此,人们在采取行动前必须取得其他人的同意。"①在形成一个价值观的过程中,需要师生共同参与,共同讨论,在相互讨论中进行双向的传播、思考,使抽象的价值观更加具体、形象,同时也能协调学校整体价值观与个体价值观之间的关系,使之达到和谐状态,使学校价值观深入人心。

在文字凝练的基础上,浙江农业商贸学院全院统一思想,共同学习,从管理到教学,各部门、系部及教研室重视内涵建设顶层设计的学习,宣传学校价值观。学院利用学院研讨会、学院表彰大会、技能大赛开幕仪式、系部学生活动等活动平台,微博、官网、贴吧等新闻信息平台,利用院刊、系报、学校的展示牌展示学校价值观的内容,让每位师生都有机会对学校价值观的内容提意见,改进学校价值观的文字内容,提炼学校价值观的精神内涵。

在浙江省委、省政府号召全省广大团员青年开展"我们的价值观"大讨论活动之时,浙江农业商贸职业学院团委紧紧围绕省社团工委和学院党委部署,结合三月学雷锋活动月,开展了学习绍兴籍消防烈士田思嘉英勇壮举及"我们的价值观"大讨论座谈会,同时院团委又围绕价值观教育主题,开展了"我们的价值观"主题征文比赛、"我们的价值观"主题辩论赛、"祖国在我心中"班班有歌声活动、"庆祝建党91周年"大合唱比赛。通过学习、讨论和主题活动的开展,让大学生了解、认清、领会和弘扬"务实、守信、崇学、向善"的社会主流价值,确定为

① 埃德加·沙因:《组织文化与领导力》,马红宇、王斌译,中国人民大学出版社,2011年版,第32页。

建设“物质富裕、精神富有”的现代化浙江而努力的奋斗目标,从而深刻领悟学院价值观的意义与内涵。

(2) 开发信息媒体,开拓价值观宣传的新平台

通过报刊、网络等新闻传媒平台,不仅仅能够传递学院的资讯信息,加强师生对学院最新动态的了解,同时也能记录学院的发展轨迹,增添学院的历史感。通过创建学院内部刊物,发行系部宣传报纸,汇编学院风云,凝聚学院精神,提升学院的媒体影响力,加强学院的整体合力。浙江农业商贸职业学院定期发行院刊,各个系组织人力物力创办系报,农业经济管理系创办《农·经》,刊物为双月刊,下设系部新闻、名师风采、明星学员、热闹校园、心灵相约、十八般武艺、生活风向标和读编俱乐部板块,主要宣传系部最新动态、先进典型事迹等。通过院系内部刊物、报纸的发行,主导主流思想传播,增进师生之间的互动交流,营造积极向上的工作、学习氛围,成为推动专业文化、专业价值观建设的辅助平台。

数字媒体是现代教育的新平台,通过网站、贴吧、微博、微信等网络互动平台,将学院的最新资讯、最新思想、最新动态以及常规性机制制度建设内容公开化、透明化,增强信息的共享性,扩大师生员工之间的沟通渠道。浙江农业商贸职业学院注册了官方网站,网站首页包含了学院的主要信息以及校训,从各方面展示学院的情况,展现学院发展特色。同时,学院的链接网站上有中国供销合作社、中国教育信息网,充分体现了高职发展的特色与学校历史的特点。学院同时开设了浙江农业商贸职业学院吧,学生在贴吧里畅谈、交流,丰富了校园文化,宣传了校园文化。

微博作为一种新的交流手段,越来越多地应用于高校学生工作,其灵活性、直接性、方便性使得高校学生工作更迅速、更高效成为可能。学院党委高度重视本院团学组织微博建设,一年来,学院各级团学组织微博从无到有,不断壮大。学院各系团总支、院学生会各部门、各班级团支部共开设微博账号 80 余个,加上教师个人微博、学生微博不完全统计已突破 3 000 个。通过建立迅速、快捷的微博交流网络平台,扩大学院管理者、教师以及学生之间的交流途径,打造现代化的价值观宣传平台。

学院充分利用微博传播的快捷性、时效性,促成各个部门及时转发、分享系部的最新资讯,并通过微博宣传学院最新动态,开展社会核心价值观的网上学习活动,开展爱心募捐活动,组织“微言论学”座谈会,开展“我们的价值观”大讨论活动,师生及时了解学校的新闻动态,提升对学校价值观的了解,积极发言,共同参与学院价值观的建设。

3. 积极倡导文化活动,巩固价值观

(1) 以讲座为媒介

一场好的讲座,犹如一次人生的启蒙,会开拓你思维的新大陆,让你看到不

一样的人生。通过讲座能大范围地普及知识、传播文化,达到价值观启蒙与引导的作用。浙江农业商贸职业学院通过讲座的形式,延请名师,针对核心价值观、社会文化建设、现代职业教育发展和改革、中国宏观经济发展趋势分析等开设专题讲座。一场“关于绍兴文化魅力”的讲座,让全院师生了解到绍兴文化中智慧、坚韧、务实的独特魅力;一次关于“成长与心态”的讲座,让全院师生感受到高职学生成长的微妙与快乐;一段“中国梦与高等教育发展”的讲座,让全院师生意识到高职发展的困境与使命。这一系列的专题讲座,开阔了学生知识视野,让师生接触名家,了解专家学者的研究成果,聆听他们的观点见解,领略名家风采,了解他们人生的平凡和伟大,激发师生的奋斗激情,形成良好的生活态度。在学院中开设讲座,让全校师生受到文化浸染,传播价值观、新思想,激发思维,引领学校价值观的建设,推动学院良好文化氛围的形成。

学院不仅开设“袍江人文大讲堂”,同时充分发挥系部的力量,根据系部特色、高职学生身心发展阶段的特点,开展系列讲座活动。例如,农业经济管理系在心理学专业老师的主持下,开设了从高职学生的身心发展特点角度,探讨高职学生成长的系列讲座,提升了学生的自信心,为他们将来成为“现代职业人”打下基础。经济贸易系的老师们邀请资深人力资源师为学生作职业生涯规划专题讲座,邀请创业精英,举办创新创业的系列讲座,加深学生对创业创新的认知,提高学生创业的兴趣。

(2)以社团活动为环节

在高等职业院校价值观建设过程中,积极开展丰富的社团活动是关键环节,通过健康、积极的社团文体活动、志愿者活动,培养学生良好的群体意识和正确的价值观念,通过具体的实践活动,构筑对价值观的正确认识。学生社团作为高校校园文化的重要载体,在丰富学生第二课堂、增长学生知识、丰富校园生活、提升学生能力以及构筑良好价值观方面起到了重要的作用。浙江农业商贸职业学院在社团实践活动中以学校价值观为指导思想,正确引导学校社团活动的发展方向,不仅有利于学生形成良好的群体意识和正确的价值观念,形成价值观的传播、共享效应,从而培养高尚的道德情操、良好的生活方式和行为规范;还有利于学生形成健康积极的理想、信念、态度、情感、习惯、兴趣等。

截至目前,学院共有院级社团 17 个、系部社团 37 个,学院社团组织共获省部级奖项 21 项、地级市奖项 29 项,院级社团“弹指之间吉他社”被团省委评为优秀学生社团。丰富的社团活动不仅提高了学生的综合素质,同时增强了学生的集体荣誉感与归属感,推动学校价值观建设和校园和谐文化的形成。同时,学院积极与绍兴市旅游集团合作,共建校外德育教育基地,开发高职学校德育教育的“第二课堂”,充分利用绍兴鲁迅纪念馆、绍兴博物馆、绍兴名人故居等丰富的历史文化教育资源，让学生在课余时间进行社会实践和志愿服务，培养学生的爱国主义、社会主义、集体主义精神，加强学生社会责任意识，提升学生的实践能力与创新能力，让学生秉承“树人成德，行知达材”的校训，充分利用德育基地的平台，加强世界观、人生观、价值观的建设，提升自身综合素养，更好地投入到社会主义现代化建设的浪潮中，打造属于自己的“中国梦”。

（3）用榜样来带动

文字的内容体现着学校价值观的内涵，树典型、讲示范是将内涵转化为具体的行动，这些践行者的行为更能唤起其他成员的情感共鸣，通过他们的一个个小故事，学校价值观在个体身上所体现的品格和精神风范得以呈现，从而以具体行动典范带动学校价值观的宣传、学习。通过梳理典型榜样，进行先进表彰，将学校价值观“人格化”，引领全校师生向榜样看齐，以求将学校价值观内化为全校师生员工个体的价值观，推动价值观“习俗化”，真正发挥学校价值观对师生员工的思想引领、行为规范的作用。

浙江农业商贸职业学院开展“文明礼仪宣传月”活动，评选“感动校园人物”。共青团组织开展了以科学发展观为指导，发挥共青团组织特点和优势的系列活动，遴选了在和谐校园、文明校园建设中做出积极贡献的“优秀团支部”、“优秀团干”、“优秀学生会干部”等，通过榜样带动学院文化建设的发展，通过榜样感染推动其他师生价值观的塑造。文明礼仪不仅仅是中华民族的传统美德，同时也是学校德育的重要组成部分，更是一个人的思想道德水平的体现。文明礼仪的提升不仅仅是塑造一个人的外在精神风貌，同时也是塑造一个人的内在道德品质。评选“感动校园人物”、“优秀团干”、“优秀学生会干部”等活动可以体现学院精神文明建设的成果，体现学院风貌、学生风采，同时也可以凸显学院推崇的精神文明特色，让全校师生了解学院提倡的价值观是什么、行为模式是什么，可以在整个学院起到示范作用。价值观变得具体化、形象化，有利于推动学院价值观的建设，明确全校认知的新导向，帮助学院和个人形成正确的价值观念。评选“感动校园人物”的活动能够调动学校师生的情感共鸣、道德认知，同时能够引导行为规范，强化学校的核心价值观，这也体现了学校的行为秩序与人文情怀，让校园的所有成员受到一次精神洗礼。

学院举办各类专题讲座，开拓师生思维、点亮师生心灵，为价值观的传播创设良好的文化环境；通过社团活动，贯彻学校价值观，让学校价值观融入生活，让师生成为践行价值观的主体；通过榜样引领，使学校价值观具体化、人格化，成为师生能够看齐、努力的目标。

第三章

高等职业院校中的物质文化

第一节 高等职业院校物质文化概述

自然是物质的，而人却具有精神。

——泰戈尔

人类学家格尔茨认为，“我们悬挂在我们自己编织的意义之网中”。文化是人类创造出来的，但一经生产或再生产出来，就对人类发挥影响，其力量逐渐取代了大自然，并且越来越强大。文化对个人、群体和社会都起着重要的作用。就个人而言，文化起着塑造个人人格，实现社会化的功能；就群体而言，文化起着目标、规范、意见和行为整合的作用；对于整个社会，文化起着社会整合和社会导向的作用。① 由此可见，文化对于人类的生存以及发展而言，其重要性不言而喻。

一、 高等职业院校物质文化的内涵

物质文化又被称为载体文化，作为一种物化的外在表现形式，在高等职业院校文化建设中具有特定的内涵，是高等职业院校文化建设水平的重要标志。物质文化作为一种可感知的物质实体文化，是校园文化的物质载体，构成了整个校园文化建设的基础。物质文化作为校园文化的一种硬件，与其他类型的校园文化相比，更具体、更直接，是一种看得见、摸得着的文化，是在高校发展过程中不断积累的，以物化形式存在着的一种文化，是衡量一个学校文化建设状况的重要硬性评价指标。

① 刘玉照、张敦福、李友梅：《社会转型与结构变迁》，上海人民出版社，2007 年版，第 112 页。

尽管高等职业院校在学校规模、教学水平、专业设置等方面存在一定的差异，但高等职业院校要想实现长远发展，都必须有一定的物质基础作为保障。这些物质基础所蕴含的文化理念正是物质文化的主要来源。高等职业院校的物质文化能够在潜移默化之中起到滋润师生心灵的作用。与普通本科院校相比，高等职业院校的物质文化具有自身独特的内涵与特点。高等职业院校的物质文化是以培养高级技术人才为目标而在校园中设计和建造的各种具有高等职业院校特色的建筑、景观、设施和标识的总称。

二、高等职业院校物质文化的特点

教育部部长袁贵仁认为："文化是一个大学赖以生存、发展的重要根基和血脉，也是大学间相互区别的重要标志和特征。"①在校园物质文化方面，高等职业院校具有一般大学校园物质文化所具有的一些特征，但高等职业院校具有不同于普通本科院校的独特校园物质文化特征。正是这些独特的校园物质文化特征，将高等职业院校与普通本科院校区别开来。

首先，高等职业院校中的物质文化更具有职业特色。高职院校主要为各行各业培养第一线需要的技术技能人才，走的是校企合作、产学研结合的办学道路，这个定位决定了高职院校的校园文化建设必须突出职业特色。② 从高等职业院校的名称来看，可以发现它有两个特性：一是姓"高"，表明它是高等教育的组成部分；二是姓"职"，即它是职业教育的组成部分。如果说高等职业教育中的"高"体现的是它作为高等教育组成部分具有的共性，那么"职"则体现了高等职业教育独有的"职业"特色。高等职业院校之所以不同于普通本科教育，就在于它的职业特色。"职业"作为一个社会学概念，指向的是社会分工。具体到高等职业院校的物质文化建设，典型的代表就是各种各样的具有鲜明"职业"特色的专业。浙江农业商贸职业学院的专业建设就具有自身鲜明的"职业"特色。在专业设置方面，学院以就业为导向，立足于为社会生产、建设、管理、服务第一线培养所需技术技能人才。学院以农商科专业为主，设有烹饪旅游系、汽车技术系、财会金融系、经济贸易系、艺术设计系、农业经济管理系、基础教学部、继续教育部等 8 个教学部门，开设有电子商务（农产品信息管理方向）、投资与理财（农村合作金融方向）、酒店管理（"农家乐"经营管理方向）、合作社经营管理、国际贸易实务（纺织品方向）、商务经纪与代理、会计、应用英语、计算机技术与应用（环境艺术设计方向）、会展策划与管理（广告与会展方向）、产品造型设计、烹饪工艺与营养、休闲服务与管理、汽车技术服务与营销、汽车整形技术、绿色食品生

---

① 袁贵仁：《加强大学文化研究　推进大学文化建设》，《中国大学教学》，2002 年第 10 期。
② 刘登明：《构建有职业特色的高职校园文化》，《无锡职业技术学院学报》，2007 年第 2 期。

产与经营等16个专业，其中涉农类专业7个。在具有职业特色的专业培养之下，经过三年的学习，学生的职业素养以及能力普遍得到一个质的提升，也为自己的职业生涯奠定了一个良好的基础。

其次，高等职业院校中的物质文化更具有企业特色。与普通本科院校相比，高等职业院校与企业的联系更加紧密。校企合作作为沟通高等职业院校与企业之间的重要平台，在高等职业教育中发挥着至关重要的作用。与此相应，高等职业院校的物质文化也具有鲜明的企业特色。由于高等职业院校的环境与真实的企业环境还是存在差异的，所以为了让学生更好地适应企业的要求，达到企业的标准，在高等职业院校物质文化建设中，企业元素的注入就成为一个“重头戏”。高等职业院校致力于通过物质文化的塑造，营造一种浓厚的企业文化氛围。为了进一步发展高等职业院校的校园文化，越来越多的高等职业院校愈加重视企业文化的建设。在校企合作理念指导下，浙江农业商贸职业学院汽车技术系，将“7S”管理理念引入汽车技术教学之中，开展以整理、整顿、清扫、清洁、素养、安全和节约为内容的“7S”活动。以7S管理理念提升学生职业素养，其实质是对接用人要求，引入企业标准，建立由行业、企业、学校和有关社会组织等多方参与的育人机制，促进学生形成“遵规守纪、爱岗敬业、吃苦耐劳”的职业精神和职业素养。教室走廊上挂满了各种醒目的企业标语，彰显出鲜明的企业特色。正是通过这种对企业文化的模仿与学习，让学生在潜移默化之中养成良好的职业素养与职业习惯。

再次，高等职业院校中的物质文化更具有实用特色。根据学校职业教育和职业培训在一个国家或地区的职业教育体系中所占的比重不同，我们可以把职教模式分为学校本位的职教模式、企业本位的职教模式、社会本位的职教模式以及学校－企业综合模式。① 我国高等职业院校是典型的学校本位职教模式。由于与其他模式相比，学校本位的职教模式的社会适应性相对较差，实用性也相对较弱，所以高等职业院校在发展过程中特别重视实践实训基地的建设，也特别重视提高学生的动手操作能力，强调“学以致用”，强调培养实用型高技术人才，相应地也就形成了具有实用特色的高等职业院校物质文化。众所周知，对于高职院校的学生而言，只通过单一的理论教学，是无法培养出社会所需要的高技能人才的，要大力加强学生的实践技能培养。从浙江农业商贸职业学院实训室的配备来看，可以明显看出，学院特别强调将理论运用到实践中去，培养德才兼备、知行合一的实用型高技能人才。比如，为了更好地培养广告设计专业的学生，在配备有国产写真机的基础上，学院特地从国外进口了功能先进的写真机。对于学

① 石伟平:《比较职业技术教育》，华东师范大学出版社，2001年版，第328页。

生的成长成才来说,写真机特别实用,这也是高等职业院校物质文化实用特色的重要体现。

最后,高等职业院校中的物质文化更具有地域特色。钱穆先生曾经说:"各地文化精神之不同,穷其根源,最先还是由于自然环境之分别而影响其生活方式,再由生活方式影响到文化精神。"①高等职业院校一般都是依托一定的地理环境建立的,在不同的地域环境中,存在不同的文化氛围,高等职业院校的物质文化就不可避免地带上了一定的地域特色。同时,由于高等职业院校一般是以就业为导向的,培养的人才也多数输送到当地的各种企业之中,所以,地方经济体的状况,包括发达程度、辐射范围、龙头产业、区域项目等就对高等职业院校中的专业设置产生重要的影响。比如浙江农业商贸职业学院就坐落在历史文化名城绍兴,学院位于国家级经济技术开发区——"绍兴袍江新区"风景秀丽的凤凰江畔。学校北门面临袍江中心街道世纪街,袍江主要的办事机构、学校、社区毗邻街道两边,区位优势明显。在学院附近有中国最大的轻纺城,还有汽车城。为了适应当地经济发展需要和社会需求,浙江农业商贸职业学院开设了国际贸易实务(纺织品方向)、汽车技术服务与营销、汽车整形技术等具有地域特色的专业。绍兴作为一个历史文化名城,人杰地灵,英才辈出,诞生了鲁迅、蔡元培、陶行知、范文澜等名人。教学楼就以当地的文化名人来命名,包括树人楼、元培楼、行知楼、文澜楼等。由此可见,以上这些高等职业院校中的物质文化,无不体现着当地的地域特色。正是这种地域性特色文化的存在,形成了风格迥异的高等职业院校。

三、 高等职业院校物质文化的功能

在高等职业院校文化建设中,物质文化的建设至关重要。与其他文化形式相比,物质文化尽管只是校园文化的表层,甚至是"表面文章",却可以反映一个学校师生的世界观、人生观和价值观,体现一个学校的精神面貌、文化积淀以及校园形象。加拿大教授斯蒂芬·考利克在《我见之牛津》中深有感触地说:"对大学生真正有价值的东西,是他周围的生活环境。"②原清华大学校长梅贻琦认为:"所谓大学者,非谓有大楼之谓也,有大师之谓也。"肖兆飞认为:"校园物质文化作为校园环境文化的显性载体,在学生的日常生活中具有感性、直观、具体的效果,对学生的教育具有直接的影响。"③在笔者看来,精神层面的文化对大学发展固然重要,但是如果没有一定的物质层面文化的支撑,大学也是无法全面发

① 钱穆:《中国文化史导论》,上海三联书店,1988 年版,第 2 页。

② 肖谦:《多视野下的大学文化》,西南大学出版社,2009 年版,第 112 页。

③ 肖兆飞:《高职院校校园物质文化创新性建设的思考》,《消费导刊》,2009 年第 1 期。

展的。在高等职业院校中，物质文化会在潜移默化之中对学生和教师的成长产生重要影响，同时物质文化在高等职业院校可持续发展中也扮演着重要的角色。优美的校园物质文化有利于培养学生积极好学、奋发向上的学习精神，有利于培养学生知行合一、学做合一的工作作风，有利于培养学生热爱学校、热爱祖国的思想情感。综合来看，高等职业院校物质文化主要有以下几个方面的功能。

首先，物质文化具有育人的功能。同高等职业院校中进行的各种教育教学活动一样，物质文化也在无形之中发挥着育人的功能。物质文化的功能是通过物质内容发挥精神作用，通过实体构成的空间保证教育活动和教育过程的顺利展开，它的设计和构造体现了人们的价值目标和审美意向，同时创造出一种境界和氛围，对置身于其中的学生起着“环境育人”的作用。① 无论高等职业院校怎样开展物质文化建设，它都是以育人为核心的。通过文化建设，培养出德才兼备的高技术人才是高等职业院校的终极目标，同时也是高等职业院校应该长期坚持的宗旨和原则。可以说，在育人这个层面上，高等职业院校具有与普通本科院校相同的宗旨。在现代高等职业院校中，物质文化的内涵比较丰富，种类也非常繁多。高等职业院校物质文化育人功能实现的形式也是多种多样的。比如，图书馆的外形、馆藏书目、内部标语等都会对学生的身心发展产生影响。再如，高等职业院校与大多数普通本科院校很大的不同是实训基地的设置，所以，实训基地中各种常规的教学活动以及各种实备设施等都以独特的形式发挥着特定的育人功能。浙江农业商贸职业学院的文澜楼文化走廊就具有独特的育人功能。文化走廊是同学们最常见、最容易接触的一种宣传形式，它以宣传面广、易于接受等特点深受学生欢迎。文澜楼中的文化走廊在取得良好的宣传效果的同时，也发挥着重要的育人作用。走廊上贴满了各种企业标语以及名人名言，还建有毕业生风采墙激励学生奋发向上，会在潜移默化之中对学生完善品格的形成和良好习惯的养成起到正面引导的作用。

其次，物质文化具有规范的功能。在高等职业院校之中，物质文化会通过各种形式来规范学生的行为，指导学生采用正确的行为方式做事和做人。正如荀子在《劝学》中所讲的那样：“蓬生麻中，不扶自直；白沙在涅，与之俱黑。”在高等职业院校发展过程中，物质文化会在无形之中对学生的行为产生约束和规范。这种约束和规范虽然不是有形的，但是长此以往，会对学生良好习惯和素养的养成起到潜移默化的促进作用。优秀的校园物质文化可以通过发挥其规范功能促进学生养成良好的行为习惯和严谨的工作作风。同时，高等职业院校中的各种规范也会对学生起到良好的导向作用，这种规范落到实际之后，就会对学生的价

① 刘刚、王文鹏、陆俊杰等：《多维大学校园文化研究》，中国书籍出版社，2012 年版，第 43 页。

值观、思想品德和行为方式等产生重要的影响，随着时间的推移，无疑具有水滴石穿的作用，从而取得良好的效果。在浙江农业商贸职业学院的校园之中，经常会看到诸如“小草在睡觉，请勿打扰”、“你爱湖水，湖水也会爱你”、“岸上不知防患早，水下方知溺水迟”、“水深危险，请勿嬉水”、“绕行三五步，留得芳草绿”、“保护环境、人人有责”、“公寓是我家，爱护靠大家”之类的标语牌。虽然这种标语是十分常见的，但或多或少还是会对学生起到一种警示作用，提醒同学们要注意自己的行为规范。又如，在实训楼随处可见“7S”标语牌，意在通过这种规范性的标语，使学生在动手实习过程中养成良好的行为习惯。

再次，物质文化具有标识的功能。物质文化作为一种外在的文化形式，与其他形态的文化相比，更能将不同类型的院校区别开来，可以体现一所高等职业院校的特色。著名大学一般都有标志性的物质文化。大学的标志性文化可以说是大学的具体化、形象化，是一所大学的缩影，使得大学更加具有自己的风格和特色。看到一所大学特有的标志性文化建筑或景观，往往很快就能联想到这所大学。同时，通过特有的大学标志，可以看出大学的内在精神风貌。清华大学的水木清华，北京大学的未名湖、博雅塔，复旦大学的光华楼，武汉大学的珞珈山、樱花，河南大学的贡院碑，南京师范大学的金陵女子学院遗址，山东师范大学的毛泽东像，等等，这些都是比较有特色的文化标志，蕴藏着丰富的文化韵味，体现出深厚的历史文化底蕴。一些高等职业院校往往也拥有自己的标志性建筑。举例来说，南京工业职业技术学院的黄炎培雕塑，浙江金融职业学院的大算盘、大方鼎，青岛职业技术学院的火车雕塑、齿轮和鲁班像等。浙江农业商贸职业学院的校园内屹立着的雕塑也颇具特色，在每座教学楼前面都放置有名人雕塑，如鲁迅、范文澜、马寅初、蔡元培等绍兴地方名人的雕塑；在宿舍楼旁的樱花林建有秋瑾雕塑；在餐厅与篮球场之间的绿化带建有名人长廊，长廊中精心布置了陶行知、范蠡、吴觉农、孙越崎、王羲之等人的雕塑。随着时间的推移，这种独特的地方名人雕塑文化俨然已经成为农商院的文化标识。高等职业院校之中的各种文化标识，可以让学生对自己的母校更有认同感。

第二节　高等职业院校物质文化的种类

在他周围——在学生走廊的墙壁上，在教室里，在活动室里——经常看到的一切，对于他的精神面貌的形成具有重大意义。

——苏霍姆林斯基

物质文化不仅是一种载体文化，而且是一种显性文化，它是构建高等职业院校校园文化的重要物质基础，同时也是高等职业院校校园文化的重要表现形式。西方发达国家一般比较重视校园物质文化的构建工作，也就拥有种类多样的校园物质文化。在我国，物质文化的表现形式也是多种多样的，主要包括基础设施、校园景观、文化设施和文化标识等几个大类。为了更好地加强高等职业院校物质文化建设，我们有必要深入了解物质文化的种类。

一、 基础设施：高等职业院校的文化平台

众所周知，高等职业院校要想生存与发展，必然需要一定的物质基础做保障，而所谓的物质基础主要就是指高等职业院校中的基础设施。凡是比较优秀的高等院校，一般都有比较完善的基础设施。有了完善的基础设施做保障，才能保证学校教育教学活动的有序进行，才能为学校的长远发展提供一个可以倚靠的平台。在笔者看来，高等职业院校中的基础设施主要包括教学楼、实训楼、宿舍楼和餐厅等。

1. 教学楼

在高等职业院校中，教学楼主要是传授专业理论知识的地方，在高等职业院校人才培养方面扮演着重要的角色，同时发挥着基础性的作用。与普通本科院校相比，高等职业院校也许更加注重实践技能的传授与训练，但是如果没有一定的理论知识作支撑，要想培养出真正有实力的高技术人才是不可能的，因为任何先进的技术都离不开理论的指导与支持。在此背景下，高等职业院校中的理论知识传授也就变得尤为重要。教学楼作为传授理论知识的主要场所，就承担起了这个重要的任务。在教学楼之中，各种物质文化也是随处可见的。为了更好地在教学楼中开展教育教学活动，现代高等职业院校也是日益重视教学楼的建设。以浙江农业商贸职业学院为例，为了适应农商院教学的需要，考虑到招生规模，学院精心打造了具有特色的教学楼。学院的树人楼、文澜楼等，名字都起得比较有地方气息和文化气息，与绍兴丰富的历史文化资源有着千丝万缕的关系，意在号召同学们不忘先知，向前辈学习，努力营造奋发向上的学习与教学氛围。在教学楼内部，随处可见各种规章制度以及文明标语，意在通过这种形式规范和约束同学们的行为，以促进学生养成良好的行为习惯，遵守学校的各项规章制度。即使在洗手间里，也可以体会到农商院深深的文化气息，“请节约用水”、“来也匆匆，去请冲冲”之类的标志遍布整个教学楼的洗手间。另外，在教学楼内部教室的布置上，也比较有农商院自身的特色，不同专业的教室会根据专业的风格，建设美化墙，将专业的特色所在凸显无遗。

2. 实训楼

实训是职业技能实际训练的简称,是指在学校能控制状态下,按照人才培养规律与目标,对学生进行职业技术应用能力训练的教学过程。① 一般来说,实训楼在高等职业院校中占有重要的地位,甚至可以说,实训楼是高等职业院校发展的命脉和根基所在。一个高等职业院校可以没有漂亮的环境,但一定要有一所像样的实训楼,其质量如何直接关乎院校发展的命脉。在前面我们已经讲到,高等职业院校的一大特色就是职业,职业特色最鲜明的体现就是实训楼各方面设施的"职业"与否。只有在实训楼的"职业"上下大功夫,才能为学生的实习实践提供一个舒适实用的场所,学生也才能练出真功夫,掌握真正的技术技能。一个高等职业院校实训楼的建设情况,是衡量该学校职业教育发展状况的重要指标。浙江农业商贸职业学院的实训楼以"行知楼"命名,取自绍兴名人陶行知的名字。陶行知曾经用过陶知行的名字,后来意识到,没有行,就不会有知,于是才改名行知。农商院实训楼以"行知"命名,也是意在强调实践的重要性,强调培养学生的动手操作能力。整个"行知楼"功能十分齐全,可以供艺术设计系、烹饪旅游系和汽车技术系等院系共同使用,在节约整合资源的同时,发挥出实训楼最大的功效。在实训楼内部硬件建设上,学院投入巨大,积极引进先进的技术设备。同时,学院也没有忽视实训基地的软件建设。在实训中,学院引进了企业的"7S"管理标准。在各方力量的共同努力下,实训楼具备了一定的规模和水平,充分发挥了特有的功能。

3. 宿舍楼

宿舍楼是高等职业院校学生休息的地方,良好的宿舍生活条件是学生正常学习和生活的保障。一个温馨舒适的宿舍楼不仅仅需要比较完善的硬件,而且须要保持良好的环境卫生状况。如果拥有良好的硬件设施,学生不去自觉维护,那么硬件设施很快就会老化甚至损坏。如果对于生活的宿舍环境,学生都不注意去爱护,不积极地打扫卫生,那么宿舍生活就很难谈得上舒适。没有良好的宿舍生活环境作保障,学生很难有精力投入到学习中去,进而也会影响学生和学院的长远发展。因此,建立有效的宿舍规章制度,并宣传爱护环境的方式方法就变得尤为重要。良好宿舍环境的维护,需要全院师生的共同努力。为了给学生提供良好的生活环境,高等职业学院也日益重视宿舍楼的建设工作。浙江农业商贸职业学院为了进一步推进校园文化建设,特别是寝室文化建设,促进大学生综合素质的全面提高,让寝室成为学生心灵的栖息地、温暖的避风港,真正把寝室打造成学生学习生活中最为重要的阵地,因此十分

① 李坚利:《高职教育实训基地建设的探索与实践》,《职业技术教育》,2003 年第 22 期。

重视宿舍物质文化的建设。寝室文化走廊建设得十分有特点,在走廊里随处可见各种醒目的保护环境的标语,宿舍各种规章制度也都贴在显眼的位置,保证每个同学都能看到。为了促进同学们养成良好的生活习惯,除了常规的每周检查卫生制度外,学院还会定期举行宿舍文化节活动,并制定了严格完善的宿舍奖惩措施。为了营造整洁、健康、向上的寝室文化氛围,推进学生文明道德习惯的养成,形成"讲卫生,讲文明,讲道德"的文明氛围,农商院特地举办了"寝室文化节"活动。在"寝室文化节"期间,开展了一系列的寝室文化活动,比如文明寝室、星级寝室评比,"我的寝室我的家"演讲比赛,摄像比赛,才艺特色寝室评选活动等。正是宿舍楼中的各种物质文化,为学生更好地进行学习提供了生活保障。

4. 餐厅

俗话说"民以食为天"。这句经典古话道出了吃饭这个再简单不过的事情对于人的重要性。高职学生主要的就餐地点是校园食堂,学生要想有充足的精力去学习,就必须每天通过吃饭补充必要的能量。所以,餐厅就成为学生在校期间每天不得不去的场所。可以毫不夸张地讲,通过一所学校餐厅的状况,可以直接看出学校对学生的关爱程度。随着时代的发展、社会的进步,人们的生活水平也在不断提高,现在的餐厅已经不能仅仅满足学生吃饱的要求,还应该满足学生吃好的要求。对高等职业院校而言,餐厅的状况如何,无疑也成为重要的评估标准。因此,越来越多的高等职业院校在建设过程中,也加大了对餐厅建设的投资力度。浙江农业商贸职业学院的餐厅坐落在校内河的一侧,位于教学楼与宿舍楼之间,方便同学们就近就餐。餐厅共设有三层,一层、二层是学生就餐处,三层是教师就餐处。每一层的餐厅都宽敞明亮、干净卫生、桌椅整齐。餐厅聘请了高级厨师,并制定有严格的卫生标准,最大限度地保证了同学们的饭菜质量。为了体现企业特色,餐桌上都贴有企业广告,在无形之中培养学生的"职业"意识。餐厅之中随处可见各种温情的标语,如"你的工作你照顾,你的营养我照顾"、"小心地滑"等。同时,为了使学生养成勤俭节约的好习惯,餐厅贴有各种节约标语,如"有一种节约叫光盘,有一种公益叫光盘,有一种习惯叫光盘"、"一颗粮食,一千金,千金难换千颗米"、"拒绝舌尖上的浪费,从这里做起"、"不浪费每一颗粮食,按需取饭",等等。而且,餐厅每天都有志愿者值班,号召大家主动收拾自己的餐盘放到指定回收处,这样不仅节省了餐厅人力,更重要的是帮助同学们养成了良好的饮食习惯。

二、 校园景观:高等职业院校的文化印迹

校园环境是影响高校校园品质的重要因素,从东方古国的学堂,到现代西方

的大学校园,都有着多姿多彩的校园景观与文化渊源。① 校园是学生户外活动的重要场所,校园景观是学生在日常生活中经常见到的事物,同时也是高等院校的重要标志。校园景观的内涵是长期积淀形成的,校园景观的内容是需要不断更新的。在高等职业院校中,校园景观的建设也是相当重要的,其成为校园环境构成的主要部分。人们常讲,当我们走进北大的时候,就能闻到浓浓的北大味儿。北大中的校园景观正是这种北大味的主要来源之一。著名教育家苏霍姆林斯基曾经讲到,要让学校里的每一面墙壁都会说话。他认为:“用环境,用学生自己创造的周围情景进行教育,这是教育过程中最微妙的领域之一。”②而作为构成校园环境主体的校园景观,在教育过程中自然也发挥着不可忽视的熏陶感染作用。在高等职业院校中,校园景观主要包括自然景观和人文景观两个方面。

1. 自然景观

对于高等职业院校而言,自然景观主要是指学校的山、河流、树木、花草等,这些都是学校宝贵的自然财富,如果能够有效地发挥作用,不但能产生良好的视觉效应,而且能产生良好的环境效应。陶行知先生曾经讲过:“一草一木皆关情。”在时代的呼唤之下,高等职业院校日益重视对自然景观的营造,而且是风格各异,各有特色。在高等职业院校校园环境设计中,回归自然逐渐成为一种趋势。这种趋势既能满足师生生理和心理上的要求,促进其身心和个性全面发展,又能有利于实现学校的可持续发展。毋庸置疑,校园自然景观体现的是一种自然美。如果自然景观十分优美,无疑会给人一种美的感受,而且能起到陶冶情操和愉悦心情的作用。在校园之中,对于自然景观须要精心地去布置,只有经过精心设计和布置,校园自然景观才会变得活灵活现,给人留下深刻的印象。浙江农业商贸职业学院拥有丰富而漂亮的自然景观,在自然景观的设计上可谓是独具匠心,在交通流线的设计上贯彻“可达性、便捷性、观赏性”的原则。纵贯学院内部的是一条大河,还有一系列精致的石桥,如星辰桥、禾木桥、日月桥点缀其间,每年都会有很多鸟儿来栖息,呈现出江南水乡之景。此外,道路和草坪的设计也是独具风格。学院道路有自由、曲线的方式,也有规整、直线的方式,形成两种不同的江南园林风格。校园主干道路的设计比较规整,而所有园林道路都自然地融入环境中去,这种设计方式不仅给人以错落有致的美感,同时也满足学生们晨读和休憩的需要。学院选择适合当地生长的各种植物进行绿化,同时各个季节都配置有不同类型的植物,总体力求体现“春有花、夏有荫、秋有果、冬有绿”的景致,提高了校园环境的整体视觉效果。

---

① 马雪梅、孙振帮、刘叶青等:《对高校校园景观设计的思考》,《沈阳建筑大学学报》,2005 年第 4 期。

② 转引自周运来:《高校校园文化传承与发展》,岳麓书社,2009 年版,第 155 页。

2. 人文景观

在高等院校中,大多数学校不但拥有自然景观,还拥有人文景观。与自然景观相比,人文景观多了点"人情味",或者是人文气息,可以反映一个学校的历史轨迹。同时,人文景观还可以对师生的心灵起到陶冶的作用。与自然景观体现自然美不同的是,人文景观更多体现的是一种社会美。人文景观主要是指一些人工建设的雕塑、建筑、园林,等等。由于历史传统、地域特色等方面的不同,不同学校往往拥有不同的人文景观。在高等院校之中,一个学校人文景观的数量以及质量,往往反映了这个学校的历史状况、文化传统以及地域特色等。一般来说,比较悠久的学校都拥有比较丰富的人文景观。与普通本科院校相比,高等职业院校作为中国的一个特色时代产物,历史相对较短。由于高等职业院校大多数由中等职业学校发展而来,所以其历史一般可以追溯到它的中等职业学校时期。由于发展历史较短,高等职业院校要想建造比较有特色的人文景观,其职业定位和文化品位就变得尤为重要。优美而富有文化气息的人文景观,能够在潜移默化之中对教师和学生的行为产生影响,从而起到其应该具有的育人作用。浙江农业商贸职业学院就是这样一个注重职业定位和文化品位的高等职业院校。对于浙江农业商贸职业学院而言,最有特色的人文景观无疑就是"卧薪尝胆"石碑。2 500 多年前,在苍茫的古越大地上,越王勾践为一雪国耻,苦身焦思,夜卧柴草,置胆于座,食前尝胆,励精图治,自强不息,终于是"苦心人,天不负,卧薪尝胆,三千越甲可吞吴",实现了复国的愿望。这种"卧薪尝胆"的自强不息精神深深地烙印在越州大地上。而今,处在越州大地上的农商院,面对眼前的困难与挑战,更须要传承这种"卧薪尝胆、励精图治"的自强精神。在这种理念的指导下,农商院特地设计了这个具有丰富历史文化内涵的人文景观。

三、 文化设施:高等职业院校的文化韵味

在高等职业院校中,文化设施主要是指一些带有文化特征、象征性、特殊含义或内涵的设施。与一般的基础设施不同的是,文化设施更加强调它的"文化性",更加富有文化的韵味和感觉,也具有历史的气息。这种文化的韵味和感觉,并不一定要求高等职业院校具有悠久的历史,而是要有自身的文化特色。在全力开展高等职业院校文化建设过程中,对于文化设施的建设也是其中一个重要的内容,而且是文化建设之中必不可少的一个重头戏。无论何时,都不能够忽视文化设施在高等职业院校校园文化建设中的重要作用。不同的学校在文化设施的数量上、种类上可能有所不同,但总体来说主要有图书馆、校史馆、艺术馆和校园网等几大类别。

1. 图书馆

随着人类社会的发展,逐渐产生了文字,而记录文字的重要载体之一图书也就应运而生。自古以来,书在人们心目中的地位一直很高,书被称为人类的精神食粮,被看作是人类进步的阶梯。还有人说,书中自有黄金屋,书中自有颜如玉。而图书馆作为一所大学藏书的主要场所,蕴含着大量的文化信息资源,就成为一个格外神圣的地方。著名教育家苏霍姆林斯基曾经讲过这样的话:"一所学校可能什么都充裕,但如果没有为人的全面发展和为其丰富的精神生活所需要的书籍,那就还不算是学校;反之,一所学校可能是什么东西都缺,许多方面都是微不足道的、简陋的,但如果有永远为我们打开知识之窗的书籍,那就是学校了。"①由此可以看出,书籍对于学校的重要性是如此之大。在我国,优秀的大学一般都有比较古老而有文化气息的图书馆,北京大学图书馆、南京大学图书馆和南京师范大学图书馆等都拥有比较悠久的历史,而且这些图书馆多已成为国家文物重点保护单位。对于高等职业院校而言,图书馆的重要性也不言而喻。由于高等职业院校的学生须要锻炼自己的技能,同时也需要一定的理论作支撑,但是课本上和课堂上学到的知识毕竟是有限的,鉴于此,图书馆就成为一个很好的拓展课外理论知识的地方,能够很好地开拓学生的视野。浙江农业商贸职业学院的图书馆也是独具特色的,除了配备常规的图书阅览室和电子阅览室之外,还配备有先进的心理咨询室。心理咨询室不仅配备了先进的硬件设备,而且在软件建设方面也是不遗余力,配备有多名专业的心理咨询师,同时为学院学生和教师提供心理咨询服务。另外,不得不提的是,图书馆也是"农商院 · 袍江人文大讲堂"所在地,这就更加凸显其浓厚的文化气息。

2. 校史馆

"以铜为鉴,可以正衣冠;以古为鉴,可以知兴替;以人为鉴,可以明得失。"对于一所学校而言,历史的记载和留存也同样重要。全世界几乎所有优秀的大学都有自己的校史馆,记录着学校从建立到发展强大的整个历史,同时也是学校传统与校园文化集中表现的重要舞台,将学校的优良传统与校园文化精粹充分展现出来。此外,校史馆还是学校办学思想不断发展的源泉,是实施学校素质教育和思想道德教育的重要场所。通过对历史的观察与体悟,我们可以看到不一样的世界。通过对大学历史的研究,我们也可以看到大学不一样的一面。而对于大学历史的研究,就需要我们借助于校史馆,去校史馆中探索大学的本来面貌,感受大学独特的历史情怀,也还原一个最具说服力的历史真相。通过参观校史馆,我们不仅可以对一个学校的历史发展轨迹和事实有一个清晰的了解,而且

---

① 转引自刘刚、王文鹏、陆俊杰等:《多维大学校园文化研究》,中国书籍出版社,2012 年版,第 45 页。

可以更深入地感受学校历史浓厚的文化气息。对于高等职业院校而言,校史馆的建设也同样的重要。在我国,高等职业院校的发展历史还很短,许多是由中等职业学校发展而来的,所以它由中等职业学校升为高等职业院校变化的过程就需要历史来记载下来,这样我们才能更清晰地了解,高等职业院校为什么是我国职业教育发展过程中的一个特色产物,历史会告诉我们答案。而且,通过对校史馆的探索,我们还可以发现高等职业院校发展的一些规律以及脉络轨迹。在成立校友会、建立校友樱花林、开辟校友专题网站、编印《校友》的基础上,浙江农业商贸职业学院也加快推进校史馆建设工程。迄今为止,已经建成了一个馆藏丰富的校史馆,详细记录下了这所高等职业院校在三十多年的发展过程中走过的每一步路。三十年来,在全体教职工的奋力拼搏下,在各级领导的关心支持下,学院从无到有、从小到大、从弱到强,在改革春风中茁壮成长。正是校史馆的存在,使学校更加具有历史感、沧桑感和厚重感。此外,校史馆还陈列着农商院教师和学子在各项赛事中获得的奖杯和奖状等,见证了这所学校在发展道路上取得的重大成就。

3. 艺术馆

艺术并不是高不可及的东西,它就存在于我们的生活之中,是一种人类情感的自然外露,也是一种人类情绪的宣泄或是外在的表达方式。西方一位哲人曾经讲过,一个不懂艺术的人,不可以称得上是有文化品位的人,很容易在自我陶醉的过程中陷入低级趣味当中。还有人曾经讲过,人生如果没有艺术的参与,将变得索然无味。在我国,很多人对艺术存在偏见,或者将艺术理解得很狭隘,认为艺术只是一些艺人或者艺术院校的事情,跟自己的生活毫不相关。但事实上,艺术与我们的生活存在密切的联系,没有了艺术,我们的生活可能就没有了灵魂或者乐趣。正是因为有了艺术,我们的生活才变得有滋有味。如果说父母给了我们第一生命,那么艺术则给了我们又一次生命。也许任何华丽的词汇都不能表达出艺术对我们的重要性,用再多的词汇去描述艺术都难以表达出艺术的神圣所在。艺术不仅存在于我们的生活之中,而且流淌在我们的生命之中。对于艺术的追求,是生命本身强烈的诉求。一般来说,我国艺术类的院校会设有比较庞大的艺术馆。对于高等职业院校而言,艺术馆也并不是可有可无的。由于很多高等职业院校开设有广告设计、媒体制作等与艺术相关的专业,所以艺术馆的建设就变得尤为重要。艺术馆并不是简单的艺术品陈列或者展览,而更多地体现一种文化的品位。艺术馆存在于学校之中,注定就具有教育的特质。同时,艺术馆本身与艺术密切相关,因此也具有艺术的特质。浙江农业商贸职业学院的艺术馆注重软硬件建设,在馆中的每个角度都能感受到浓重的艺术气息,十分有特点。艺术馆中的作品全是由学生设计而成,充分发挥了学生的主人翁作用,同时也是对学生的一种督促与鼓励,也彰显了农商学子的聪明与智慧,是农商院人文精神的重要体现。

4. 校园网

如果说在21世纪之前,校园网在高等院校中发展的速度还没有那么快。那么,进入21世纪以后,世界范围内的信息化趋势呈现一股不可阻挡的态势,任何人都不能忽视网络在生活中的重要作用,校园网在高等院校中的发展速度日益加快,已经成为校园生活的基本文化设施。现在,很多大学生甚至感叹,没有网络的大学生活,可以说是不完整的大学生活,校园网已经越来越成为大学生生活的一部分,成为学生学习和娱乐的重要工具和手段。在我国,几乎所有的高等院校都有自己的校园网络。无论是普通本科院校,还是高等职业院校,都越来越重视校园网的建设。所谓校园网就是把分布在校园不同地点的多台电脑连接,按照网络协议相互通信,以共享软件、硬件和数据资源为目标的网络系统。① 校园网具有传输速度快、信息针对性强等优点,可以帮助我们获得丰富的教育信息和电子资源。校园网的飞速发展,也给高等职业院校的教育教学、生活学习等带来广泛的影响。高等职业院校的校园网具有一般本科院校的一些特点,同时也具有自己的特色。比如,浙江农业商贸职业学院的校园网就有一套完整的网络体系,主要供在校的老师和同学使用,不但可以满足同学们日常学习生活的需要,而且学校还可以通过校园网下发一些重要通知。另外,校园网也是学生和学校进行有效沟通交流的一个良好平台,可以通过校园网把学生的内心呼声更多地传递给学校领导,以更好地促进良性师生关系的形成。同时,校园网还可以发挥共享信息平台的作用,比如校园网可以成为一个二手物品交易市场。有了校园网的参与,同学们的日常生活也变得多姿多彩起来。

四、文化标识:高等职业院校的文化情怀

在高等职业院校中,文化标识是指一所院校具有的区别于其他院校的文化记号或者象征符号。正是这种文化标识,将不同的高职院校区别开来。一所高等职业院校的文化标识可以反映出这所学校特有的文化气息与文化情怀,体现学校的发展历史与文化精神。因此,从这个层面上讲,高等职业院校的文化标识也是学校物质文化的重要组成部分。深入思考和理解一所院校的文化标识,是了解高等职业院校物质文化发展状况的重要标志。近些年来,随着高等职业院校的快速发展,越来越多的高等职业院校开始重视文化标识方面的文化建设。具体来说,文化标识包括校训、校徽和校歌等比较有特色的文化载体。

---

① 刘刚、王文鹏、陆俊杰等:《多维大学校园文化研究》,中国书籍出版社,2012年版,第45页。

1. 校训

《辞海》对校训的解释是："学校为训育之便利，选若干德目制成匾额，悬之校中公见之地，是为校训，其目的在使个人随时注意而实践之。"①在我国，几乎所有的学校都有自己的校训。校训作为校园文化建设的重要组成部分，是一所学校师生共同遵守的文化准则与行为规范，体现着一所学校的办学精神与理念，也体现一所学校的精神面貌与风气。校训往往在显眼的位置就能看到，对学生的行为可以起到良好的导向和规范作用。校训可以说是一所学校的灵魂，作为一个标尺，激励着学校中的师生不断前进，即使在离校多年以后，学生也会记得学校的校训。不同地区或类型的学校，因为各方面的原因，校训也往往具有不同的风格。比如，清华大学的校训是"自强不息，厚德载物"，南京大学的校训是"诚朴雄伟，励学敦行"，南开大学的校训是"允公允能，日新月异"，山东大学的校训是"学无止境，气有浩然"，斯坦福大学的校训是"让自由之风吹拂"，剑桥大学的校训是"我与世界相遇，我自与世界相蚀，我自不辱使命，使我与众生相聚"，北京师范大学的校训是"学为人师，行为世范"，南京师范大学的校训是"正德厚生，笃学敏行"，山东师范大学的校训是"弘德明志，博学笃行"，曲阜师范大学的校训是"学无止境，诲人不倦"。与普通本科院校不同，高等职业院校的校训具有自己的特色。比如，海南职业技术学院的校训是"用双手改变命运"，天津交通职业学院的校训是"每天都是代表作"，无锡旅游商贸职业学院的校训是"求学求职求成功，做人做事做强者"，四川电力职业技术学院的校训是"植根电力，与光明同行"，浙江农业商贸职业学院的校训是"树人成德，行知达材"。"树人"出自《管子·权修第三》："十年之计，莫如树木；终身之计，莫如树人。""树人"既是鲁迅先生的原名，又是学院教学楼的名称。"成德"出自王守仁《王文成公全书》："学校之中，惟以成德为事，而才能之异，或有长于礼乐，长于政教，长于水土播植者，则就其成德，而因使益精其能于学校之中。"意为成为有道德、有修养的人。"行知"即为"行知合一"，就是"理论与实践"的统一，理论就是"知"，实践就是"行"。做到知中有行，行中有知，重在提高学生的专业技能，体现职业教育的办学特点。"行知"既是指绍兴籍著名教育家陶行知先生，又是学院实训楼的名称。"达材"出自《孟子·尽心上》："君子之所以教者五：有如时雨化之者，有成德者，有达财（通材）者……"意为成为社会的有用之才。② 与普通本科院校相比，高等职业院校的校训比较有实用特色，体现高等职业院校的职业特性，强调培养学生的动手操作能力，以及适应社会的能力。

---

① 《辞海》，中华书局，1999年版，第1493页。

② 浙江农业商贸职业学院官网：《校训：树人成德，行知达材》。http://www.znszy.com/list-36-1.html.

2. 校徽

与校训一样，校徽作为一种文化标识，也可以体现一所学校的特色。从外形上看，校徽一般简洁直观，造型优美，但同时也寓意深远，有着丰富的内涵。只是与校训用文字传情达意不同，校徽更多的是通过图形、图案来表达意思。不同的图形或者图案代表着不同的意思。与校训相比，校徽更加具体化、形象化和感性化。同校训一样，校徽也是一所学校办学理念和治学精神的体现，可以体现一所学校的精神面貌和气质，也可以起到增加纪律约束、规范学生行为的作用。同时，校徽具有代表学校的意义，还可以增强学生对母校的归属感。由于不同的文化背景、不同的时代和不同的学校类型，校徽的种类和样式等也是不一样的，都有自己特定的含义。比如，北京大学的校徽是由鲁迅先生亲自设计的，校徽中央的图形是一个直立的人的形状，表明北大以人为本的办学宗旨。清华大学的校徽由三个同心圆构成，外面一环是清华大学英文名称，中间一环是“自强不息”与“厚德载物”两个词，体现了对君子人格的追求。南京大学的校徽由中英文校名、神兽辟邪、雪松等图案组成，配以紫色调，采用盾形的设计风格，雪松和辟邪都代表南京，雪松是南京的市树，同时雪松又寓意坚忍不拔的精神。南京师范大学的校徽主色调是绿色，同时配有花草，给人一种积极向上的感觉，校徽上的时间和房子表明了这所学校悠久的历史。与普通本科院校相比，高等职业院校的校徽一般都会体现其“职业”的特色。比如十堰职业技术学院的校徽由太极图阴阳鱼与两只手组成的飞翔鸽子以及齿轮组成。校徽以蓝色和绿色为主调，象征科技和工业，代表青春与活力。双手的图形构成大树状，象征为国家培养栋梁之材。浙江农业商贸职业学院的校徽具有自身独特的内涵。校徽整个形状是圆形的，表明农商学院追求圆润和谐的人文精神。外围是浙江农业商贸职业学院的中英文名称，以绿色为主色调象征着农业和生机勃勃、奋发向上的精神等。校徽中央以蓝色和白色为主。蓝色象征着商贸、农商人的宽广胸怀等。白色有“1979”、“A”和“B”三个造型元素，其中“1979”表明学院的建立时间和悠久历史；“A”是英文 Agriculture 的首字母，表示农业；“B”是英文 Business 的首字母，表示“商业”。二者构成了一个鼓足动力、乘风破浪的帆船造型，又好像是破土而出的嫩芽，在农商院茁壮成长。

3. 校歌

在当今时代，歌曲已经成为我们日常生活中不可缺少的一部分。对于一个学校而言，歌曲也同样重要。从孔子创办私学起，“诗与乐”就是教育的重要内容。到了近代，中国新式学校出现之后，依然有校歌的存在，而且这一传统一直延续到当代。校歌作为一种学校特有的文化标识，除了发挥标识的作用外，还可以起到激励、督促和约束学生的作用。一首振奋人心的校歌，可以反映学校积极向上的精神风貌,对于良好学风、教风的形成也具有积极的促进作用。校歌可以说是一所学校的精神图腾,与校徽和校训交相呼应,在学校校园文化建设过程中发挥着重要的作用。我们这里所讲的校歌,同生活中的校园歌曲有明显的区别,它是指一所学校特有的标志性的歌曲。同前面所讲的校训、校徽一样,由于学校所处的地理位置不同、年代不同以及学校类型不同,不同学校都具有自己独特的校歌。一般来说,校歌都具有既严肃又活泼的特点。严肃的特点是指学校治学、求学的风气和踏实、认真的学术态度,活泼的特点是指学校朝气蓬勃的学生和学习的氛围。比如,原西南联大校歌创作于战乱时期,歌词体现了那个年代知识分子的爱国情怀,以及渴望打败日寇、恢复国土的愿望。复旦大学的校歌歌词"复旦复旦旦复旦,日月光华同灿烂;复旦复旦旦复旦,师生一德精神贯"具有独特的复旦特色,又象征着复旦大学拥有美好的明天。山东大学校歌开篇即"东临黄海,南望泰山,这里是我们追求真理的乐园",突出了校园的地理位置,又表明山东大学是注重学术、追求真理的大学。与普通本科院校相比,高等职业院校的校歌一般也具有自身的特点。比如,四川工程职业技术学院的校歌歌词有"开放办学,校企互动,精技尚能重实践。肩负时代的期望,高职教育谱新篇",可以看出这所学校的高职特色,以及办学的方式、精神理念和注重实践、崇尚技术的办学宗旨。浙江农业商贸职业学院的校歌也是一首有着鲜明特色的歌曲,这首以"爱我农商"为歌名的校歌深情地写道:"记住钱江滔滔,稽山巍巍;记住世纪群贤,梦想追随;记住人文讲堂,青春风采;记住供销精神,'三农'情怀。啊……修学立德,志堪栋材;啊……爱我农商,继往开来。啊……树人成德,行知达材;啊……爱我农商,开创未来,开创未来!"这首具有农商院鲜明特色的校歌,既展现出农商人的时代风貌,也体现了高等职业院校的特点,以及其鲜明的职业院校特色。

第三节　高等职业院校物质文化建设的要求

精神必寄于物质。尽有烈火般之精神,而无油及灯带之助燃,烈火亦将熄灭。

——吴稚晖

在当今时代,大学之间的竞争不再只是各种硬件设备的比拼,同时也是学校之间文化内涵的比拼。高等职业院校作为我国职业教育发展的一个特色产物,本来就在文化建设方面相对薄弱。高等职业院校要想在残酷的竞争中立于不败之地，必须重视校园物质文化建设。因此，在高等职业院校中开展具有内涵的物质文化建设就显得格外重要。对于高等职业院校而言，物质文化建设是一项系统的工程，须要考虑多方面的因素，在具体的建设过程中，还应该注意调动各方力量，发挥各个单位和主体的积极性。要构建出有内涵的物质文化并不是一件简单的事情，它并不是奢华的物质设施的堆积，也不是简单的起个名字的问题。在高等职业院校中开展物质文化建设，须要遵循一定的设计原则，讲究命名的艺术，并切实制定具体可行的物质文化建设策略。

一、 高等职业院校物质文化设计的原则

所谓原则，就是在做事时要遵循的规则、要遵守的行为规范等。对于文化建设而言，切不可忽视对于原则的把握和应用。同样对于高等职业院校中的物质文化进行建设时，少不了遵循一定的设计原则。在特定原则的指导下，才能打造出更加具有高等职业院校特色的物质文化。而且，在高等职业院校物质文化建设过程中，要紧紧遵循这些设计的原则，只有这样，才能更好地发挥出设计原则的价值以及实效。高等职业院校在进行物质文化建设时，应该把握天人合一、与众不同、经济实用和美观大方等四项基本原则。对于这四项原则的把握和应用，是高等职业院校开展校园物质文化建设的重要参照标准。

1. 天人合一原则

在高等职业院校物质文化建设中，首先要遵循的就是天人合一原则。天人合一是指人与自然之间要建立一种生态和谐的关系，人要遵循大自然的规律，这样才能实现人与自然的和谐统一，以及可持续发展。具体来说，在高等职业院校物质文化建设中要进行科学的规划设计，同时还要以人为本，务必使高等职业院校通过校园物质文化建设实现人与自然的和谐相处。具体来说，在高等职业院校物质文化建设中，应该根据学校的类别、层次、地理位置、周边环境等，合理地去对整个学校进行科学规划。通过规划设计可以体现出校园的功能分区、群体组合等，同时彰显院校的特色。具体来说，高等职业院校一般要建在有一定经济基础的地区，一方面有利于校企合作、培养人才，另一方面方便同学们就近解决就业问题。在校园内物质文化建设过程中，要充分利用当地的自然地理条件。比如，在武汉，很多大学都是依山而建的，实现了人与自然的和谐统一，华中师范大学坐拥桂子山，武汉大学坐拥珞珈山，等等。华中科技大学坐拥喻家山，建设得尤为漂亮，绿化率达 90% 以上，所以它也被誉为“森林中的大学”。以上这些大学的建设都很好地实现了人与自然的合一，在这样的环境中学习，学生总会身心愉悦、劲头十足。在科学合理规划的同时，还要处处体现人格化特性，使校园之中充满人文气息，这样学生才能感受到学校对于人性的尊重，对于人的价值的

尊重。在天人合一原则指导下去发展高等职业院校中的物质文化，势必会起到事半功倍的效果。因此，在高等职业院校物质文化建设中，必须要遵循天人合一的原则。

2. 与众不同原则

与众不同是指高等职业院校在物质文化构建过程中要设计和建设出具有自身特色的物质文化，绝对不能够千篇一律，缺乏创新性和独特性。如果缺乏自身的独特性，高等职业院校的发展也不会一帆风顺。鉴于此，高等职业院校加强物质文化建设，必须要把握好与众不同的原则。我们这里所讲的与众不同主要包含三个方面的意思：一是从类型上看，高等职业院校中的物质文化是区别于普通本科院校的、具有鲜明高职特色的物质文化；二是从层次上看，高等职业院校中的物质文化是区别于中等职业院校的高职特色物质文化；三是从独特性上看，某所高等职业院校中的物质文化是区别于其他高等职业院校的标志性的物质文化。如果做好以上三点，高等职业院校中的物质文化建设无疑会登上一个新的台阶。具体来说，高等职业院校在物质文化建设过程中要时刻体现自身的职业特色、企业特色等，加强与企业之间的合作。建设具有企业特色的物质文化环境，从而更好地帮助同学们适应社会的要求。同时，在企业物质文化建设过程中，可以形成良好的高职院校氛围。这些都是普通本科院校所不具有的特点。与中等职业院校相比，高等职业院校的不同就在于“高”字，表明它培养的是高层次的技术人才。所以，在物质文化建设过程中，就不能停留在“中”的层次上，而应该与“高”紧密结合，在校园物质文化建设过程中处处体现高的特色。一所高等职业院校要想与同类型的院校区别开来，或者从众多高等职业院校之中脱颖而出，就必须具有自己独特的标志性物质文化，从而彰显自身的与众不同。综合考虑以上因素，在具体的高等职业院校物质文化设计与建设过程中要紧紧遵循与众不同的原则。只有这样，才能建设独具一格的高等职业院校物质文化。

3. 经济实用原则

在高等职业院校物质文化建设过程中还要遵循经济实用的原则，不可以搞形式主义的表面文章、形象工程。在物质文化建设过程中，如果过于追求奢侈，建设得过于豪华，不但违背了经济实用的原则，而且会显得很庸俗。比如，中国东部某大学斥巨资建造了所谓的中国最大的校门，只是为了追求“最大”大学校门的名号，反而背离了大学物质文化建设的宗旨。这样做无疑会增加人们的感叹，却不会对这所大学的文化内涵有所提升。高等职业院校由于其不同于普通本科院校所具有的实用特色，因此在物质文化建设过程中理应更加遵循经济实用的原则。具体来说，在高等职业院校物质文化建设过程中，经济实用的原则主要是涉及一些基础设施、实训基地和设备等方面的物质文化。比如，教学楼没有必要过于富丽堂皇,宽敞明亮就好。在设备上,实训基地也没有必要非得引进世界一流的昂贵设备,只要满足日常教学以及实训的需要即可。由此可见,在物质设施的配套上,关键是遵循实用性的原则,使得各种物质设施发挥其应有的作用。就像中国有句老话所讲的那样,价格昂贵的鞋不一定是适合自己的鞋,只有合脚的鞋才是最适合自己的鞋,而鞋子是否合脚,只有脚知道。高等职业院校的物质文化建设,也是如此。如果过于追求标新立异,过于追求奢华富丽,可能就会背离高等职业院校文化建设的宗旨。在物质文化建设过程中,做到简单而实用,不但会节省大量的人力、物力、财力,而且会更加有利于高等职业院校的可持续发展。因此,在高等职业院校物质文化设计和建设的过程中,务必要追求经济实用的原则。

4. 美观大方原则

在高等职业院校物质文化的设计过程中,还要遵循美观大方的原则。在这个物欲横流的时代,人们很容易被各种物质利益所诱惑,纯洁的灵魂也很容易受到污染。学校作为教书育人的地方,理应成为一方净土。现在的学校,大楼建设得越来越多,却并不见得美观大方。有的教学楼建造得特别高,却给人一种俗气的感觉,没有任何高雅文化之感。在普通人的眼中,可能认为高等职业院校就是培养各种技术工人的地方,所以校园没有必要建设得那么美丽,只要技术设备先进,培养出懂技术、会技术的人才就可以了。但事实上,良好的环境对于人的成长有重要的熏陶作用。高等职业院校的学生学习各种技术的同时,也须要逐步完善自身的人格,促进自身的全面发展。而这种健全人格的培养又离不开周围环境的熏陶。所以,高等职业院校也要向普通本科院校一样建设美观大方的校园物质文化。具体来讲,所谓美观,就是指校园物质文化在视觉上给人一种赏心悦目的感觉,让人无论是身处其中,还是置身其外都能感受到它美丽的一面。所谓大方,就是指无论从整体上看,还是从细节上看,高等职业院校的物质文化都会给人一种大大方方的感觉,不会让人觉得扭扭捏捏,或是十分的别扭。比如,有"东方最美丽的校园之一"称号的南京师范大学随园校区,它的建筑设置就十分美丽大方。校园规划得十分整齐美观,置身其中就好像回到民国时代,到处是雕梁画栋,亭台楼阁,富有浓郁的中国特色。细微之处不失典雅,远远望去又不失大方。高等职业院校中的物质文化建设如果也能遵循这种美观大方的原则,定会大大提升其内涵。

二、 高等职业院校物质文化命名的艺术

高职职业院校要想建设有内涵的物质文化,也少不了命名的艺术。中国有句老话,"名不正,则言不顺"。在高等职业院校物质文化建设中,也会涉及给

很多物质文化设施命名的问题。但是,名字并不是随便起一个就可以的,而是需要慎重地思考。给学院的物质文化设施起一些合适的名字,就相当于为学院树立一个个标志牌,使其明显区别于其他同类型的高等职业院校,势必会为整个校园的物质文化建设增添光彩。具体来说,在给高等职业院校中的物质文化命名的过程中须要综合考虑各种因素,主要有以下几个方面。

1. 命名应该突出体现职校特色

前面已经讲到,高等职业院校与普通本科院校相比,具有自身的特色,包括职业特色、企业特色和实用特色等。所以,在高等职业院校物质文化建设中所涉及的命名问题上须要体现其自身所具有的特色。当我们谈到某所高等职业院校之时,首先涉及的是这所院校本身的命名问题。在我国,高等职业院校在命名时,一般都会在名字的后半部分缀上“职业技术学院”或者“职业学院”之类的文字,以表示与普通本科院校之间的区别。比如“青岛职业技术学院”、“无锡职业技术学院”、“山东商务职业学院”和“浙江农业商贸职业学院”等名字都体现了高等职业院校的职校特色。另外,高等职业院校内部的一些物质文化设施也应该体现职校特色。其中,最具有代表性的就是实训楼。比如,在浙江农业商贸职业学院,实训楼的名字是“行知楼”。“行知楼”这一名称源于绍兴地方名人陶行知。“行知”的本意是对于一件事情,要亲身去做,去实践,才能获得对于事物更加清晰的认识。浙江农业商贸职业学院为实训楼起这样一个名字,也是表明实践的重要性,意在呼吁同学们加强动手操作能力,增强自身的实践技能,早日锻炼出自己的实践本领。在高等职业院校中,也有很多以企业名称直接命名某个学院或者教学楼。比如青岛职业技术学院的“海尔学院”,徐州建筑职业技术学院的“龙信学院”和“中南学院”。无锡职业技术学院直接以合作企业的名称命名主干道和大学生文化广场。在浙江农业商贸职业学院中也有这样的一所学院——外婆家绿色食品学院。外婆家绿色食品学院是与绍兴外婆家食品股份有限公司合作创办的以“外婆家”命名的学院。外婆家绿色食品学院主要面向农业经济管理系和艺术设计系的学生开放,由学校和企业共同进行专业设置和课程开发。在这种培养模式下,教师在授课的同时也是指导学生做项目,学生能够有机会在实战中上课。通过这种订单式培养,可以实现企业和学校的双赢。

2. 命名应该紧密结合专业特点

对于高等职业院校来说,名字就是它最显眼的招牌。在当今社会,随着时代的发展,竞争日益激烈,就业形势也越来越严峻。对于高等职业院校的学生来说,与普通本科院校相比,它有自己的劣势,当然也有自己的优势。高等职业院校毕业的学生要想找到好的工作必须具有比较好的专业。可以说,专业是高等职业院校向前发展的命脉之一。对高等职业院校而言,一般都有自己的特色专业,而这种特色专业一般会被当作是学校的专业品牌来打造。所以很多高等职业院校在命名的时候都会在名称中体现出特色专业。比如,北京交通运输职业学院以交通运输相关专业为特色,常州机电职业技术学院以机电相关专业为特色,扬州环境资源职业技术学院以环境资源相关专业为特色。而浙江农业商贸职业学院以农学和商贸专业为主,并在此基础上带动其他专业的发展,实现以点带面的作用。除了在学院名称上体现专业的特点之外,在学校内部的一些物质文化设施上的命名上也应该体现专业的特点。比如,一些高等职业技术学院为了体现鲜明的专业特点,直接以专业的名字来命名教学楼,比如"汽车楼"、"纺织楼"、"会计楼"和"烹饪楼"等。在高等职业院校中,通过命名来体现专业特色,表明高等职业院校对专业的重视程度,同时也可以培养同学们的专业意识和专业归属感。所以,在高等职业院校中进行命名,理应结合专业的特点。形成具有专业特色的名称文化对于打造高等职业院校的专业品牌、提高高等职业院校的影响力无疑具有至关重要的作用,理应引起重视。

3. 命名应该深入挖掘地方文化

一方沃土孕育一方文化,不同的地方都具有各自独特的文化形式与特征。各具特色的地方文化是一个地区文化内涵的重要展现,也是文化传承与发展的重要载体。对高等职业院校本身以及高等职业院校内部的物质文化进行命名时,还应该充分考虑当地的地方文化,将地方比较有特色的一些文化元素,加入到名字之中,以此来增加命名的文化内涵。在对高等职业院校进行命名时一般都会在前面加上它所属的城市,以表明它的地理方位。比如,当我们看到"济宁职业技术学院"、"常州信息职业技术学院"、"北京工业职业技术学院"、"广州民航职业技术学院"和"上海工艺美术职业学院"之类的名称时,就能够清楚地了解到该高等职业院校所处的地理方位。同时,在学校内部的文化设施以及景观上也应该充分考虑利用地方特色文化。在前文的论述中,我们已经谈到,浙江农业商贸职业学院一些教学楼的名字是以当地文化名人的名字来命名的。学院还以绍兴籍的诗人或者讴歌绍兴的诗句进行命名。比如以毛泽东的"鉴湖越台名士乡"来对宿舍楼命名。此外,浙江农业商贸职业学院烹饪旅游系着力打造"越菜"品牌,弘扬"越菜"文化。另外,浙江农业商贸职业学院还设置有"农商院袍江人文大讲堂","袍江"的命名与浙江农业商贸职业学院地处绍兴市袍江经济开发区是分不开的。以上这些事例表明,我们在对高等职业院校以及其内部的物质文化进行命名时,不得不考虑结合地方的特色文化,这不仅是对于地方文化的一种弘扬,也是对于学校品牌的一种弘扬,同时是提升自身知名度的一种有效方式。这种对地方文化的挖掘不能是浅层次的,应该是深入进行的,只有深入挖掘,才能找到适合高等职业院校命名的地方特色传统文化。

4. 命名应该大力弘扬传统美德

中华民族是一个具有五千年历史的民族,随着历史的积淀,形成了无数的传统美德,并深深地影响着一代又一代的中华儿女,指引着中华民族向着正确的方向踏实前进。教育作为一种育人的事业,承担着培育人的思想品德的任务。对于高等职业院校的教育而言同样如此。除了常规的文化课教学活动之外,还应该充分发挥物质文化的作用。而物质文化要想充分发挥作用,就必须在命名问题上做好文章。在命名过程中,注意弘扬中华民族的传统美德,久而久之就会对学生起到熏陶的作用,使得学生在潜移默化之中受到传统美德的影响,并自觉规范和约束自己的行为,甚至积极地去弘扬中华民族的传统美德。一些高等职业院校在给道路进行命名时,就充分考虑到了弘扬中华民族的传统美德。"勤俭路"、"奋斗路"、"仁爱路"和"诚信路"之类的名称就是一种对中华民族传统美德进行弘扬的很好方式。浙江农业商贸职业学院在对物质文化进行命名时,也充分考虑到了这一点。比如它的校训是"树人成德,行知达材",表明学院要培养的是德才兼备、知行合一的高技术人才。再比如,在浙江农业商贸职业学院有一座刻着"卧薪尝胆"的巨石,看到"卧薪尝胆",人们立刻会想到"有志者,事竟成,破釜沉舟,百二秦关终属楚;苦心人,天不负,卧薪尝胆,三千越甲可吞吴"。宿舍楼的名字也富有传统文化内涵,比如"贤士居"、"学士轩"、"沁心阁"等。卧薪尝胆寓意奋发图强,刻苦自励。当学生看到这样的标志时,自然也会受到这种积极向上精神的鼓舞。因此,在命名时注重弘扬中华民族的传统美德,不仅可以增强高等职业院校的文化气息,而且有利于培养德才兼备的高素质人才。

第四节　浙江农业商贸职业学院物质文化建设的实践探索

> 没有健全的教育环境而能培养成真正可贵品质的例子,我连一个也没见过,或者反过来看,有了正确的教育工作而会产生堕落的个性,也是不会有的。
>
> ——马卡连柯

在进行高等职业院校物质文化建设时,只是掌握了一定的设计的原则和命名的艺术,显然是远远不够的。为了切实可行地推进高等职业院校物质文化建设,还须要制定具体的建设策略。如果说设计的原则和命名的艺术是从宏观上对高等职业院校物质文化建设进行指导的话,那么具体的建设策略就是从微观上对高等职业院校物质文化建设进行细节的处理。细节决定成败,细节决定命运,无论是做什么事情,细节都相当的重要,在高等职业院校开展物质文化建设更是如此。接下来,我们将继续以浙江农业商贸职业学院为例,探索在高等职业院校进行物质文化建设的具体策略。

一、 合理进行功能分区,着力打造校园景观,建设生态化校园

当我们走近一所学校时,首先感受到的就是这所学校的整体形象。而当我们真正走进一所学校之时,就会逐渐了解这所学校基本的功能分区。一所学校的外形是否有整体感,功能分区是否有序合理,关乎学校的外在形象。为了更好地开展高等职业院校物质文化建设,必须合理进行功能分区,推进校园的整体化建设。当功能分区变得有序合理之后,校园的整体感自然也会随之加强。所谓合理的功能分区,就是要让各功能区最大限度地发挥各自的作用。具体来说,就是教学区要发挥教学的作用,实训基地要发挥实训的作用,生活区要发挥生活的作用,绿化区要发挥绿化的作用,服务区要发挥服务的作用。在高等职业院校,打造校园景观,须要综合考虑各方面的因素。在打造校园景观的过程中,生态化校园的建设才能逐步完成。浙江农业商贸职业学院在建校之初,从长远出发,立足全局,十分重视整个校园的功能分区,校园内功能分区有序合理,使得各功能区都能最大限度地发挥自身的作用,除了具有整体感之外,还会给人一种和谐统一的感觉。各种功能区充分发挥了各自的作用,使得农商院呈现出整体化的效果。浙江农业商贸职业学院十分重视校园景观的建设,使得校园景观看起来浑然天成,可以说每一处景观都是学院精心布置的,在各方努力下,逐渐打造出具有生态化特色的校园文化。学院在保证一定面积的绿化区的同时,注重将平面绿化与立体绿化结合起来。农商院的校园景观不仅反映了一定的时代特色和地方特色,而且反映着浙江人或者农商人共有的价值观。而且,在校园景观的建设方面,浙江农业商贸职业学院十分重视细节的打造,从细微之处可以看到学院的用心之深。在学院领导和全院师生的共同努力下,浙江农业商贸职业学院的生态化建设迈上了一个新的台阶。

二、 深入挖掘文化传统,彰显农商文化气息,建设人文化校园

高等职业院校中的校园文化一般都比较有地域特色,这就要求在高等职业院校文化建设中必须深入挖掘地方文化传统,大力推进学校的人文化建设。如何把人文元素与校园环境结合在一起,是现在高等职业院校须要做好的工作。在推进人文化建设的过程中,大力弘扬文化传统,可以使得这种人文化建设更加有内涵,更加富有历史气息。文化传统彰显一所学校的历史印记,每个学校在发展的过程中,都会或多或少地留下一定的历史印记,形成一定的文化传统。在高

等职业院校中，它所具有的文化传统，明显不同于普通本科院校。与普通本科院校相比，由于高等职业院校对地方的依托性更强，因此它的文化传统一般来说更加具有地方文化特色。如果高等职业院校能够把地方文化传统与高等职业院校的职校特色联系起来，就会打造出更加有特色的高等职业院校校园文化，而且会取得意想不到的效果。这种文化传统不仅可以让学生在潜移默化之中养成良好的行为习惯，还可以使学校形成良好的道德风气，从而促进学校整体的人文化建设。浙江农业商贸职业学院比较注重学校的人文化建设，在校园文化建设中也是不断挖掘文化传统，并形成了具有一定特色的高等职业院校校园文化，大大提升了学院校园文化的内涵。比如，学院设有绍兴市越地饮食文化研究所以及浙江省非物质文化遗产（绍兴市烹饪技艺）传承基地，烹饪旅游系结合地方文化特色，充分发扬“越菜文化”，在培养出高水平厨师的同时，发扬了地方传统文化。学院还承办了第七届全国烹饪技能比赛（浙江赛区），受到社会各界的一致好评。本次大赛具有“创新浙菜厨艺交流展示”的亮点，把“继承创新、节约实用、美味健康”作为主题。在这次技能大赛上，全省高职院校的师生和餐饮业从业人员同场竞技，用他们的巧手匠心发掘浙菜文化传统，弘扬浙菜文化，创新浙江菜式，充分展现了浙菜经典的文化特色与传统，旨在通过这次比赛促进浙菜文化的传承弘扬和烹饪技艺的创新发展。

三、充分利用网络工具，打造信息沟通平台，建设数字化校园

高等职业院校在教育教学、科研和实训中，应该充分利用网络工具，发挥各种网络资源的作用，开展更加高效化的教育和实训教学，着力推进信息化建设。高等职业院校要想充分发挥网络平台的作用，就应该大力加强校园网建设，精心设计校园网，及时更新网页内容，丰富校园信息，形成一个及时有效的信息沟通平台。同时，还应该发挥网络平台沟通几个主体的作用。高等职业院校应该充分利用网络这个平台，在社会、学校、学生和家长之间建立一个有效的沟通机制，使得信息之间的交流能够更加通畅，学生的在校学习情况能够及时有效地反馈，使得学生的身心健康得到有效保护，专业能力也能够得到有效拓展，学校也能够实现可持续发展。同时，充分利用好网络平台，还可以加强学校的管理，提高管理水平，形成科学化的信息管理机制。在浙江农业商贸职业学院，学院拥有完善的计算机网络系统，并配有技术过硬的计算机网络管理人员，坚持做好网络平台的搭建工作，推进信息化建设，并取得了一定的成效。由于很多网络内容鱼龙混杂，夹杂着色情、暴力等危害青少年身心健康的内容，对此学院加强监管力度，力求为学生提供一个安全健康的网络环境。另外，学院学生通过 QQ 群、博客、论坛、贴吧等网络媒体也可以与同学和老师实现沟通交流，拉近了彼此之间的距

离。同时,学院也积极通过网络进行实时课堂和远程教学等,进一步提高了学习的效率。除了校园网,图书馆也建立起了一个完善的网络服务平台,为同学们提供了数据库、文献检索、借书、还书等服务。在各方努力下,浙江农业商贸职业学院的信息化建设得到大幅度提升,数字化校园建设已经取得了一定的成果。

四、不断深化校企合作,大力弘扬企业精神,建设企业化校园

为了在高等职业院校发展有内涵、有特色的校园文化,还应该不断深化校企合作,在校园中大力推进企业化建设。在前面我们已经讲到,高等职业院校的物质文化具有企业化的特色,这就要求在学校物质文化建设中适当地融入企业元素。这种企业元素的融入可以是全方位的,大到教学楼的命名、道路的命名、文化广场的命名,小到实习基地的标语、人文景观的命名、企业品牌的赞助,都可以加入一定的企业元素。高等职业院校中的学生大多数在毕业后都要走向企业,所以在学校中深化校企合作,可以营造出一种比较浓厚的企业文化氛围,帮助学生更好地适应职场,同时也更加有利于学生职业生涯的发展。在企业化建设过程中,难免会遇到一系列的困难,但相关学院领导一定要迎难而上,既要树立开展校企合作的信心,又要拥有深化校企合作的决心。短期来看,可能会遇到各种各样的困难,但从长期来看,必将会取得不错的效果。浙江农业商贸职业学院为了深化校企合作,制定了各方面的保障设施,通过多种路径、多种渠道、多种方式同企业开展合作。在实训基地建设方面,学院同企业开展了密切的合作,并取得了不错的效果。学院不断深化和拓展"政校行企合作,产学研创结合的人才培养模式",先后与绍兴市委农办、绍兴咸亨集团、绍兴外婆家食品股份有限公司、浙江物产元通绍兴分公司、绍兴市新纪元展览有限公司等合作成立了绍兴市农民学院、咸亨学院、外婆家绿色食品学院等,同时与新昌丰岛控股集团有限公司、浙江诸氏方圆服饰有限公司等知名企业进行战略合作,建立"绍兴市现代农业人才培训基地"等校外专业实训基地 80 多个。此外,浙江农业商贸职业学院也十分重视职业培训。浙江农业商贸职业学院注重开展职业培训、职业技能鉴定等社会服务工作,是全国首批"中华全国供销合作社培训基地"、"省供销合作社教育培训基地"。近年来,积极拓展培训项目 60 余个(含涉农项目 30 余个),培训学员总数达 19 000 多人(含涉农人员 3 200 多人)。其中,农产品(食品)检测技术鉴定培训和合作经济师培训均为全省首创。[①] 农商院校企合作的快速发展,不仅提升了农商院学子的技术能力,而且提升了学院的文化内涵。

---

① 浙江农业商贸职业学院官网:《学院简介》。http://www.znszy.com/list-2-1.html.

第四章

高等职业院校中的制度文化

学校的制度文化是学校文化建设的重要组成部分，属于学校文化建设中的机制建设部分，它是维持学校正常秩序不可缺少的保障机制，具有规范、约束和导向作用。在了解制度文化之前，我们首先要了解组织结构以及制度的概念。职业学校是为了培养某种规格的人才而特地设置的正式的社会组织，为了维系学校这一社会组织的内部运作，维持学校长期发展，需要形成正式的制度或者非正式的制度，引导学校成员的行为模式，规范学校事务的运行流程。

制度文化的发展受到学校发展历史、办学定位、人才培养模式的制约，同时也受到社会经济发展、职业教育发展规律、当地经济以及文化传统等外部因素的影响。学校制度文化会随着时代的发展而变化、丰富，但在一定阶段内具有一定的稳定性，所以学校制度文化同时也是一个历史范畴。在说明如何建设高职院校制度文化之前，要把握制度文化的概念，了解组织结构、制度文化的内涵以及制度文化的类型，从而对于如何发展制度文化有一个深刻的认识。

教育部《全面推进依法治校实施纲要》明确要求："到 2015 年，全面形成一校一章程的格局，经过核准的章程，应当成为学校改革发展、实现依法治校的基本依据。"为此，研究、编制章程已成为当前高等职业院校制度文化建设极其重要的一项工作。

第一节　组织结构与制度

制度影响人类选择是通过影响信息和资源的可获得性，通过塑造动力，以及通过建立社会交易的规则而实现的。

——奥斯特罗姆

一、组织结构的基本概述

1. 组织的内涵

组织是个体存在于活动的基本形式,组织的建立与维系依赖于组织成员价值取向的一致性,而组织能够持续性地发展不仅仅需要价值观的积淀,同时需要一个规则来管理全体成员。如同罗宾斯所说:“根据定义,文化是一种无形的、虚无缥缈的、不可捉摸的,同时又被视为理所当然的东西。但每个组织都发展出一套核心的假设、理念以及隐含的规则来管理工作环境中员工的日常行为……组织的新成员直到学会按这些规则做事,他才能算彻底成为组织的一员了。”①在此,罗宾斯认为组织需要一个核心的理念作支撑,按隐含的规则进行管理,才能形成一个组织。而组织的新成员只有接受这个核心理念,适应这些规则,才能成为这个组织的成员。巴纳德对组织的定义是:“组织是一个相互协调的人的活动的系统,每一部分是以有意义的方式相会联系在一起的。”②在巴纳德看来,组织作为一个整体,必须具备三个条件:能够互相进行信息交流的人们、协作的愿望、实现一个共同的目的。依佐尼对组织的定义是:“组织是社会的单元(或人类群体),组织被有意建构和重构起来,以达成特定的目的。”说明组织的构建需要一个价值目标的驱动,使人们具有进行信息交往的条件,而这个条件的创建也就是制度。

从上述对组织内涵的描述,我们可以知道组织是多个社会成员结合起来,在一定的规则指导下,共同协调、沟通、合作,从而达到共同的目的。形成组织需要有几个条件:1) 多个社会成员。组织不是单个个体就能够形成的,需要多个成员以及群体共同组成,为了达到一定的目标,需要多个成员以及群体相互配合。2) 共同的目标。共同的目标是组织存在的基础,是组织内部形成整合力、成员能够协调合作的前提。3) 共同的组织制度。任何组织都需要一定的制度以及相应的规范,用来规范、调节组织内部成员的行为,使成员能够和谐相处,同时协调组织与外部环境或者其他组织的关系。

组织是复杂的、多样的,关于组织的基本要素问题,在此借鉴的是利维特的钻石结构,以组织模型中的组织五要素来进行说明。利维特曾通过一个组织模型来阐述组织的基本要素,他认为组织主要包括五种要素:社会结构、参与者、目标、技术和环境。

---

① 罗宾斯:《组织行为学》,孙健敏等译,中国人民大学出版社,2005 年版,第 576 页。

② Barnard, C. I: *The Function of the Executive*. Harvard: Harvard University Press, 1938.

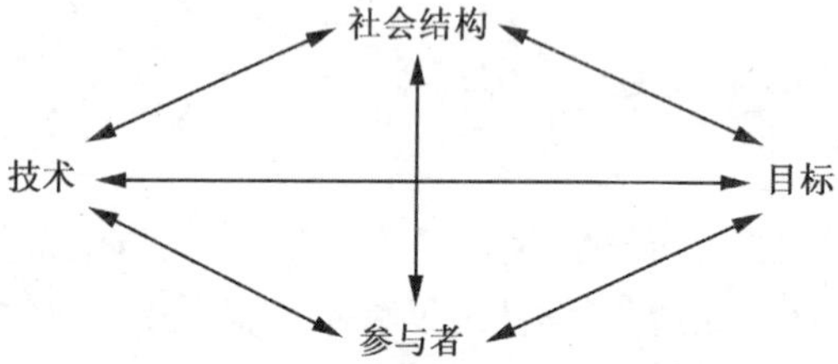

图 4-1　利维特的钻石结构:组织模型

(1) 社会结构

社会结构是指组织参与者之间关系的模式化和规范化,社会结构又可以分为规范结构和行为结构。规范结构包括三个方面:价值观、规章制度、角色期待。价值观影响行为标准的选择,规章制度是组织普遍认同和遵从的规则,用来规范行为。角色期待是指具体社会地位的人的行为所采用的评判标准或者期望。行为结构是指组织中实际的行为。

(2) 参与者

参与者是指组织中为了实现组织的目标而做出的努力的成员。参与者是组织必不可少的要素,也是组织运行的前提。

(3) 目标

共同的目标是组织存在的前提和基础,是参与者能够协调、沟通的前提。

(4) 技术

组织的目的是为了达到某个目标,强调组织的技术就意味着把组织当作是一个完成某类工作的地方,一个利用能量处理物质的地方,一种通过输入能够实现输出的机制。每个组织在进行某类工作、处理物质或者实现输出的过程中,也须要用到技术。

(5) 环境

组织不是孤立存在的,每个组织都存在于一定的空间和时间环境之中,须要适应特定的社会背景、文化背景以及物质环境。

2. 组织结构的内涵

组织是一个整体,组织结构是为了实现组织的目标,组织成员设计出的相应组织结构。不同的组织结构会起到不同的效果,这就类似于化学分子的排列,相同的元素通过不同的排列顺序会形成不同的物质。在组织中,不同的组织结构会发挥不同的作用。组织结构就是组织中的资源相互配合,形成一个有机的整体,从而使整体功能大于个体功能之和。

组织结构的主要目的是通过组织劳动分工,协调一系列变量来组织和安排,从而实现组织目标。而组织结构是对于组织内部的各个部分联结、协作、沟通和安排，一旦组织结构加以固定化、制度化，就成为一种类型。为了达到组织的目标，组织结构须要根据外界环境、组织发展程度，不断加以设计、完善，才能顺利达到组织目标。在历史上，管理者根据不同的组织设计出不同的组织结构，这些组织结构形式不断被总结、归纳，形成了组织结构理论。

具备上述特征的组织结构，可以使组织依照规章制度运行，行动条例分明，可预测性强，便于管理。在学校组织结构中，将学校组织内每个部门的分工，部门职责，每个职位的工作内容、工作程序、工作要求，都以一定的结构固定下来，依据一定的专业能力筛选程序，将组织成员安排到各个岗位，从而使学校的组织结构能够稳定，学校的各项工作有法可依、有章可循。《中国共产党普通高等学校基层组织工作条例》第三条规定："高等学校实行党委领导下的校长负责制。校党委统一领导学校工作，支持校长按照《中华人民共和国教育法》的规定积极主动、独立负责地开展工作，保证教学、科研、行政管理等各项任务的完成。"第七条规定："党的委员会应本着精干、高效和有利于加强党的建设的原则，设立办公室、组织部、宣传部等工作机构，配备必要的工作人员，包括配备一定数量的组织员。（本法所称高等学校是指大学、独立设置的学院和高等专科学校，其中包括高等职业学校和成人高等学校。）"在此，我们通过浙江农业商贸职业学院的组织结构图来了解高等职业学校的组织结构。

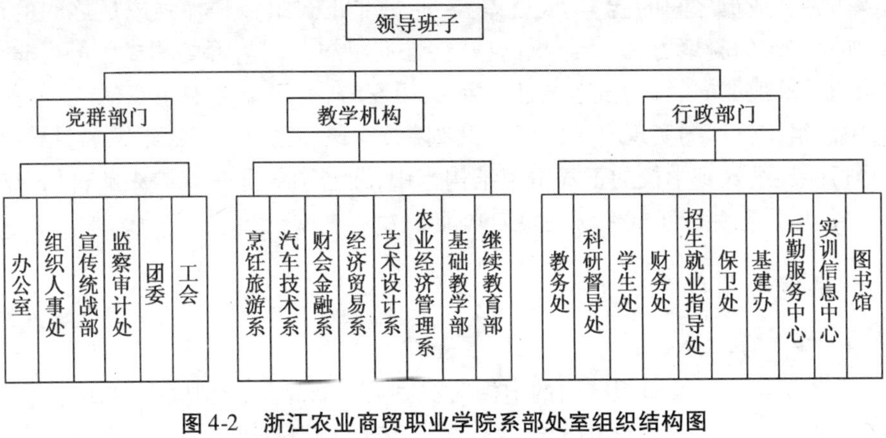

图 4-2　浙江农业商贸职业学院系部处室组织结构图

浙江农业商贸职业学院通过组织结构设计，各个部门、岗位承担学校管理职能，确保学校各项工作有固定的人员进行管理，同时设立专门的入岗工作标准、工作程序、管理办法等，有利于保证上下管理层次之间的沟通，提高专业效率。学院建立的组织结构具有以下特点：

① 学院的组织结构是按照管理线、教学线、行政线三条线路设立党群部门、教学机构、行政部门，每个部门根据工作内容、专业能力设立岗位，明确划分成员

的职责权限,并以法规形式严格固定这种分工。促进组织成员工作技巧、熟练程度的提升,形成专业能力。

② 从学院领导班子到三个部门,到部门下设各个科室系统,建立层级制的等级体系,级别分明,上下有别,形成上级管理下级,下级向上级负责的垂直成员关系,有利于提高组织工作效率。

③ 规章制度、工作规则清晰明确,每个职位都有固定的权利和义务,员工按章办事,并依此为准则协调彼此之间的关系。

④ 职业评级与奖惩。员工依据职位享受固定的报酬,依据能力确定升迁,根据标准确定奖励与惩罚。

⑤ 纯粹人事关系。组织成员在工作中要遵守职责规定,受纪律制约,要公事公办,不能感情用事,保证工作效率。

高等职业院校内部形成的组织除了外显的正式组织之外,还存在一些自然形成的非正式组织,其形成原因可能是基于感情因素。比如非正式的学生组织。学生由于有共同的心理特征,相互沟通、相互影响下形成共同的价值取向,学生成员之间相互关爱、相互依赖,从而形成共同价值观、共同的目标、共同行动规范。对于正式组织来说,非正式组织有正向功能,也有负向功能。当非正式组织的价值取向、行为规范与正式组织相一致时,正式组织的管理者可以通过非正式组织来弥补成员之间的能力、成就差异,通过非正式组织来加强成员之间的沟通,加强组织的凝聚力,保持组织的稳定,推动组织共同目标的达成。但当非正式组织的价值取向、行为规范与正式组织相悖时,就可能影响组织的气氛与稳定,阻碍组织目标的实现。所以高等职业院校应该加强对非正式组织的引导,将之尽可能地纳入到学校的正式组织结构当中,或者引导非正式组织的价值取向的形成,尽量避免非正式组织的负向功能。

二、 制度与制度文化

1. 制度的内涵

在了解组织以及组织结构的内涵时提到利维特钻石结构模型,利维特在五要素中提到一个要素是规范结构,它包括价值观、规章制度以及角色期待三个方面,其中规章制度具体是什么? 制度如何成为一种文化,须要深入探究。而在了解制度文化之前我们首先了解什么是制度。制度在我国古代是礼俗的名称,《辞源》中称:“节以制度,不伤才,不害民。”制度的目的是为了节制以及保护稳定的社会秩序。在英文中,“制度”含有建立、设立、制定、风俗惯例、公共机构等意思。从中西方对制度的不同定义可知,制度不单单指具体的文字规章,同时也包含制定制度、执行制度的机构。在此,制度是为了保证人们的生活,制度不仅仅指公共机构的制度同时也指社会风俗惯例，由公共制度与社会风俗交织在一起，共同维持着公共生活的秩序。

社会学家伊恩·罗伯逊对制度下定义时如是说："制度是稳定地组合在一起的一套价值标准、规范、地位、角色和群体，它是围绕着一种基本的社会需要而形成的，它提供了一种固定的思想和行动范型，提出了解决反复出现的问题和满足社会生活需要的方法。"①罗伯逊在此对制度的定义是为了满足一种社会需要，能够提供一种固定的思维和行动范式，能够反复解决社会生活中遇到的问题。比如教育制度是为了能够更好地将文化知识传授给下一代；经济制度是为了商品交易与流通；政治制度是为了分配权力，维护秩序。制度是为了解决社会中所出现的问题，满足社会需求，制度具有发展性、变化性，随着社会的变化而变化。

美国学者斯考特在论及制度时说道："社会制度，指的是社会的全体成员都赞同的社会行为中带有某种规律性的东西，这种规律性具体表现在各种特定的往复的情景之中，并且能够自行实行或由某个外在权威实行之。"在他的论述中，制度根植于全体成员的行为习惯或传统风俗中，它为人类的活动划定了界线并且能够反复解决某种特定问题。

依据《辞海》中的解释，制度是在一定的历史条件下形成的政治、经济、文化等各方面的体系，或者说是要求成员共同遵守的、按一定程序办事的规程。制度一旦形成，在一定时期内会保持相对的稳定性，甚至在相当长的时期难以改变。② 也就是说制度产生于一定的社会历史文化条件下，建立在社会物质和精神文明基础之上，一旦形成便要求成员共同遵守。

从以上的定义我们可以总结出，制度就是基于某种目标需要，根据共同成员的价值取向，要求所有成员遵守的规则。制度包含三个要点：制度是一种规则、规章、行为模式；制度是为了满足人类需要，并且能够为公众认可的；制度是由社会关系所决定的，反映了社会关系。

不同层次的社会组织，根据不同的目标、针对不同的人群，须要解决不同的问题，所以须要制定不同的制度。制度可以分为不同的层次，比如针对社会形态的有社会主义制度、资本主义制度，等等；针对各种具体的社会领域，有经济制度、政治制度、教育制度，等等。社会组织制定的规章制度有考勤制度、奖惩制度，等等。学校制度是社会特殊组织——学校，针对学校活动，为了满足学校发展的需要而制定出的规章制度。

2. 制度文化的内涵

制度文化涉及两个方面的概念，即"制度"和"文化"，制度产生于一定的社

---

① 伊恩·罗伯逊：《社会学》，黄育馥译，商务印书馆，1994 年，第 110 页。

② 申作青：《当代大学文化论》，浙江大学出版社，2006 年版，第 95 页。

会文化环境，根植于物质文化和精神文明的土壤。制度的发展与践行离不开文化的熏陶与浸染，只有成员对制度有一定文化认识以及思想认可，才能推动制度的持续发展。同时，很多制度是从社会习俗、文化传统中演变而来的，长期的共同生活使成员有了共同的行为模式，行为模式被固定下来，转化成言语文字的形式，就形成了制度。所以，制度文化不仅仅包含制度规范，同时也包含社会风俗、习惯、道德等社会规范。制度文化是文化系统中独特的不可缺少的一个组成部分，是建立在社会物质生活的基础之上，同时也是社会精神文化的重要构成部分。所以制度文化是制度意识形态以及与之相适应的社会制度、社会规范、组织机构以及设施等的总和。

制度文化在构建过程中不仅仅要注重制度的科学制定，同时要考虑赋予制度的文化内涵，在制度中渗透文化因子，才能得到成员的共同认同，推动制度的践行与发展。也就是说制度文化强调制度的文化层面与规则层面的内在一致性，强调制度与精神文化的相容性、协调性和互补性。学校作为一个特殊的社会组织，学校制度文化必然要充分体现学校的历史文化传统，学校师生的价值取向，符合全校成员的共同需求。学校制度通过长期执行，受到全校师生的认可，逐渐成为一种学校制度文化。

三、组织结构与制度的关系

组织要建立起固定的结构，一方面要通过形成共同的价值观来保证成员关系的和谐发展，另一方面通过规章制度、奖惩体系、控制程序等来保证结构的稳定。组织一产生就与相应的制度密切联系，组织是制度的载体；反过来，组织也要依靠制度来支撑和维持。价值观如同组织的大脑，组织结构的设计是组织的骨架，而制度就如同组织的神经中枢，其贯彻才能保证组织能够良好运作。由此可见，组织结构与制度存在着密切的联系，制度的“控制性”与“稳定性”能够保证组织的结构稳定与持续发展，制度的“利益性”与“主体性”则维护组织在与其他社会组织交往过程中能够保持自身价值体系和特色路线。就如同下一盘象棋，组织结构犹如把棋盘和棋子都准备好，摆好位置，但是棋子如何移动，比赛如何确定输赢呢？没有这些规则，我们就无法移动棋子，也无法确定如何才是输赢，那下棋这个活动也很难进行。制度将组织的各个部分以一定的规则联系在一起，从而产生整体大于个体的效果。

在上文中我们通过浙江农业商贸职业学院的组织结构设置了解了组织结构的基本构成，如何通过制度的制定与实施，使组织结构正常运转，这须要通过一系列的工作部署。浙江农业商贸职业学院为了实现组织工作的效率，第一步，召开组织工作满意度调查动员会，组织人员制定“组织工作满意度评测标准”，全院参与组织工作的满意度调查活动,收集全院成员的意见。第二步,学院科学、深入分析组织工作中须要解决的问题,根据可行性原则和尽力原则,梳理出师生员工反映最强烈、最迫切须要解决的问题,召开不同层面人员的座谈会,科学探索,寻找问题解决方案。第三步,根据学院的实际以及问题,加强制度建设。修订完善选人用人的规章制度,院领导与学院师生员工互动交流,制定接待日制度,开展谈话活动,交流工作,创建和谐的沟通平台。第四步,根据交流意见,提高组织工作效率,通过网络、简报、微博等媒体公开学院组织事务工作,汇报组织工作改进步骤,构建公开透明的"阳光组工"文化。第五步,针对前期的修改,按照标准再次进行全员测评,查漏补缺,不断完善组织管理制度。

第二节　高等职业院校制度文化的内涵及类型

没有规则,人们甚至不能在道路上相互通过。

——休谟

在高职院校学校文化中,价值观文化是核心,物质文化是基础,制度文化是保障,活动文化是表现形式,四者相互联系、相互作用、相互影响,共同构成了高职院校学校文化的完整体系。制度文化是基于价值观文化的引导,对学校成员提出规则约束,强化学校成员责任感和使命感。

一、学校制度文化的概念

"学校制度文化是学校的各种规章制度包括师生的价值观、行为理念在内的精神成果,是学校教育管理思想、管理体制及管理模式的凝结形式,反映和体现着校园文化的发展水平。"①在此,学校制度文化是学校文化的重要组成部分,是学校价值观的外在表现,体现了学校教育管理思想。学校制度文化不是僵化不变的、单调刻板的明文条例,它反映了学校价值取向、文化发展水平、管理理念。"学校制度文化是指社会期待学校(包括各类成员)具有文化,包括信念、价值观、态度及行为方式等,它体现着社会对学校在文化方面的要求,并通常以国家或政府所颁布的与学校及其成员直接有关的法律、章程、守则和规定等表现出来。"②在此,学校制度文化体现了社会对学校在文化方面的要求,学校制度文化

---

① 武东晓:《学校文化建设应突出"以人为本"》。http://www.jyb.com.cn/gb/2004/10/01/zy/4-zb/3.htm.

② 陈埼:《学校制度文化·隐性课程·育人功能》,《内蒙古师范大学学报(教科版)》,2003年第4期。

的内在依据是学校的价值观,外在表现是颁布的法律、章程等。

从以上对学校制度文化的定义,我们可以总结出学校制度文化是受社会影响、政府政策导向,以及学校组织内部运转的需要,并受学校长期发展的影响,逐步形成并确定下来的学校成员的行为准则、工作程序、道德规范等,制度文化体现了学校价值观、学校的办学理念以及管理思想,受到了学校全体成员的共同认同并且自觉遵守,是学校文化发展的一部分,也是学校内涵式发展的关键。

从以上对学校制度文化的定义可以看出学校制度并不等同于学校制度文化,学校制度是学校管理层根据国家的政策规定,依据学校的办学需要,制定的明文规定。但这不能称为制度文化,制度文化是制度在长期执行、贯彻后,受到全体成员的认同与内化,成为一种文化形态。制度文化应符合学校全体成员的价值取向,紧跟时代变化的脚步、学校发展的步伐,以文化为引领,以制度为落脚点,使之成为有利于学校发展的文化形态。制度如果是个"外来产物",适应不了学校的管理和氛围,那也只能是一纸空文,而不能成为制度文化。学校制度文化是学校制度受到学校文化氛围的浸染,在学校内部重复实施,能够应对学校所出现的问题,能够被学校全体成员认可和践行,成为学校的行为规范章程,这样才能称为制度文化。

所以在探究校园制度文化时,要研究学校的规章制度,同时也要探究学校全体成员长期以来对制度的价值判断和对待制度的方式。不能将学校制度单独作为一个部分来进行分析,而应该从文化整体的角度着手,将学校制度看成学校文化的一个部分,学校制度是随着学校文化的发展而不断调整的,同时推动着学校文化的发展。学校制度文化既然是学校文化的一部分,它不仅仅是学校组织得以运行及向前发展的前提,同时也是一种激励机制以及利益刺激杠杆。依靠制度的刚性管理以及柔性激励,能够使学校全体师生员工形成共同的价值观念、行为规范。

二、 学校制度文化的特征

1. 规范性

制度文化具有规范性。首先,制度文化的形成过程具有规范性。正式的制度制定过程须要通过相关部门的科学调研评估,总结教学管理中的理论实践经验,经过多个部门交流沟通,共同达成一致的意见,才能确定下来。非正式的制度也需要长期的伦理道德的验证、考验,得到学校成员的共同认可,才能够被践行。其次,制度产生以后,对于全体成员具有规范性。"没有社会秩序,一个社会就不可能正常运转。制度安排或工作规则形成了社会秩序,并使它运转和生存。”①学校制定出各种教育规章，明文规定其成员之间的各种关系，界定成员的权利与义务，规范学校的运作程序。在制度的规范下，人们能够有秩序、有规范地开展教育活动，从而保证教育生活的稳定性、有序性。比如制度中规定“课堂不能吵闹”，这不仅仅是课堂秩序规定的条例，也是约定俗成的教育习惯，这个制度不是为了限制学生在课堂上的自由，而是为了规范学生的课堂行为，使课堂教学具有良好的秩序，提高课堂教学的效率。所以，制度的规范性不是为了限制教育活动的自由，而是为了保证所有成员能够享受到教育活动的自由。

2. 稳定性

制度文化具有稳定性，学校各种规章制度一旦形成，就具有相对的稳定性，不能朝令夕改。诺贝尔经济学奖获得者西蒙教授在谈到制度时曾说道：“我们所有的人，在如何完整地筹划我们的行动上，在复杂的世界里所能达到的理性上，都受到极大的限制。而制度则为我们提供了一个稳定的环境，使我们至少可以达到微弱的理性。例如，我们能可靠地预料到，如果朝某个方向走一程，就可以找到一家食品店，并且它明天还会在那个地方。靠着制度环境的这种稳定性，以及其他许多没有什么疑问的稳定性，我们就可以对自己的行动后果，进行合理而稳定的规划了。因此，我们的制度环境，就像我们的自然环境一样，在我们周围设置了一套可靠的、可感知的模式。”②制度文化给我们创造了一个有规则的、可靠的生存环境。如果说共同价值观是社会个体能够共同生存在一个社会组织中的精神前提，制度文化就是社会个体能够共同生存在一个社会组织中的机制保障。

有制度文化的保证，学校成员可以清晰地感知到生活、工作的需要的信息。这就如同一群人一起玩一个游戏，如果没有一个游戏规则，大家都按着自己的想法来玩，那这个游戏一定不能进行下去。但是如果大家都遵守一个游戏规则，都能遵守这个玩法，才能让这个游戏继续下去。制度文化让我们共享一个共同的教育信息，给每个成员都划定了一个界限，让成员了解到什么样的事情能做，怎么做能让自己得到满意的结果，同时不触及他人的利益。制度文化能够维持组织的稳定性，在组织全体成员都获得共同的信息之后，都能够预期到其他人的行为信息，从而保证互相之间的协调性，保证组织的稳定发展。

3. 强制性

制度文化具有强制性，如果违反学校制度，就会受到惩罚。制度文化的强制性是以其稳定性为前提的，而制度的强制性保证了学校制度文化的持续、稳定发

① 布罗姆利：《经济利益与经济制度》，陈郁等译，上海三联书店，1996 年版，第 55 页。
② 西蒙：《现代决策理论的基石》，杨砾等译，北京经济学院出版社，1989 年版，第 162 页。

展，制度文化不是一时一刻就能形成的，在学校开始制定制度时，通过借鉴他校经验和制度体系制定制度，多次反复宣传制度，使学校成员了解。在学校成员熟悉、了解制度之后，制度逐步得到学校成员的认同，制度的强制性逐步成为一种内在强制、心理定式，使制度成为成员的行为标准、内在行为范式，给予成员内在的约束力、强制力。

4. 人文性

学校制度文化具有人文性。“人”是制度文化的核心，建设制度文化的目的是更好地育人，要通过制度规范人的行为，不是简单机械地将人变成工厂的产物，而是让人在规范的前提下更自由地生活。在制定学校制度的时候要以人为本，考虑人的需要，尊重人的权利与需求。学校在建设学校制度文化时要考虑学校的文化积淀、历史传统，同时要考虑本校教职工的心理、个性特点以及发展需要。制度文化的建设是为了更好地管理组织，而不是成为组织管理的枷锁。

制度文化的人文性还体现在制度是共建的产物，而不是权威命令的产物。学校制度须要得到学校教职工的认同才能形成制度文化。在学校制度建设中，管理层应领导师生员工参与到制度的建设过程中，让师生有表达需要、意见以及利益诉求的机会，使制度能够为全校师生服务，这样才能使制度得到全校成员的认可。

三、学校制度的类型

制度文化有以条例形式出现，有以教育习俗形式出现。以条例形式出现的高职学校制度文化是由专门部门通过特定程序制定的，通过教育法律、行政力量等来保证实施，要求学校成员执行与服从，具有强制性，以教育习俗形式出现的高职学校制度文化是高职院校在长期发展中积累形成的，具有道德上的约束性，依靠伦理道德的力量来约束学校成员的行为。通过对学校制度的划分，了解学校制度文化的内涵，正确认识学校制度文化。

1. 从根据来源来划分

（1）国家以及教育主管单位颁布的规章制度

国家教育部规定的教育规章制度，比如教学计划、教学大纲、教学标准、学生守则、三好学生标准、关于升旗仪式的规范要求、学生日常行为规范等。

（2）地方政府及其教育主管机关颁布的规章制度

学生学籍管理制度、学生奖惩制度、教师聘任细则、教师行为规范与职业道德要求、教育经费管理制度、教师岗位职责等。

（3）学校自行制定的规章制度

学生学籍管理制度、学生奖惩制度、教师聘任细则、教师行为规范与职业道德要求、教育经费管理制度、教师岗位职责等。

国家以及地方制定的规章制度较为宏观，具有很强的普遍性和适应性，而学校制定的规章制度更多的是依据学校的实际情况，具有现实性和针对性。

2. 根据制度功能来划分

（1）学校行政管理规章制度

学校卫生管理制度、学校劳动纪律制度、学校校舍安全管理制度、学校公务接待管理工作规定、档案管理制度、人事管理制度，等等。

（2）学校教学管理规章制度

学生顶岗实习管理暂行办法、学院学科技能竞赛管理办法、特色专业建设管理办法、毕业论文（设计）工作条例、考试工作管理条例、精品课程建设管理办法、教学管理工作职责、教学改革项目管理办法、教师教学工作规范，等等。

（3）学校科研管理规章制度

科研成果奖励办法、科研工作管理条例、科研经费管理办法，等等。

学校针对校内不同的情况、不同的问题制定相应的管理制度，从而保证学校的正常教学实践活动。这些规章制度也体现了学校的办学模式与培养目标。

3. 根据作用对象来划分

（1）学校领导制度

校长任职条件和岗位要求、关于加强领导干部作风建设的意见，等等。

（2）学校教师制度

教师聘任细则、教师行为规范与职业道德要求、教师岗位职责、班主任条例实施细则，等等。

（3）学校学生制度

学生文明礼仪行为规范、学生奖学金评定发放管理办法、助学贷款管理实施细则、资助经济困难学生的实施意见、团员管理制度、学院学生会章程、学生会干部考核制度、学生会部门考核制度，等等。

（4）学校服务人员制度

学校后勤实体岗位聘任管理制度、学校食堂服务人员的管理制度，等等。

（5）学校公共设施管理制度

实训室管理制度、图书馆管理制度、教室管理制度，等等。

根据不同的分类标准，学校制度文化可以划分为不同的类型，这些都是正式的、明文规定的制度，在这些正式制度之外，还有很多非正式制度。非正式制度是学校成员在长期的交往中无意识形成的，对成员具有约束力的价值信念、伦理规则、道德观念，等等。非正式制度可以弥补正式制度的空白，补充正式制度没有涉及的领域，填补正式制度本身存在的不足。正式制度与非正式制度犹如制度文化的显性层面以及隐形层面，两者共同发挥作用。所以，在建设制度文化的过程中，不仅仅要注重正式制度的制定与实施，同时也要注重非正式制度文化的发展，有时非正式制度更能体现制度文化的文化层面意义。

四、高等职业院校制度文化的形成过程

1. 萌芽期

始于学校成立初期，须要制定一定的规章制度，引导学校的各项工作步入正轨。学校在这个时期的制度建设主要是参照国家或地方教育政策方针，以及其他学校规章制度，此时学校领导的主观意志起到了决定性的作用。

2. 成长期

学校的各项工作有了一定的章程，学校领导逐步吸取本校师生员工的意见，逐步改进、完善现有制度，使之适应学校自身特色。

3. 成熟期

在建立了基本的制度保障机制的基础上，学校挖掘自身的历史文化、传统风俗，于已有的制度体系中渗透本校的文化内涵，使学校制度充分体现学校自身的观念、行为特色，最终形成真正的制度文化。这一阶段，文化成为学校制度发展的关键因素。

4. 发扬期

制度文化形成之后还需要学校成员共同践行，制度文化的发展不是故步自封的，而是开放的、动态的，要不断吸收新的文化因子，才能使制度文化不断完善、发扬。

学校制度文化建设需要一个长期的、持续性的过程。关于如何建设制度文化，在制度文化的建设过程中践行以上构建原则，须要采取什么样的策略才能有效推动呢，这些将在下一节具体论述。

第三节　高等职业院校制度文化的功能及构建原则

> 为了创造一个民主社会，我们需要一种教育制度，在这种教育制度中，道德、智力发展的过程，在实践和理论上乃是自由、独立的人从事探究、合作的相互作用的过程，这些人把过去的思想和继承的东西，无论从数量上和质量上，都作为进一步丰富生活的手段和方法，他们运用已获得的良好成就来发现和创造美好的东西。
>
> ——杜威

一、 学校制度文化的功能

学校制度文化作为学校文化的重要组成部分,是学校运行的保障机制,具有不可取代的作用。学校制度文化就如同学校每个成员共享的信息资源,成员获取、认同这个信息资源,并将它内化为个人的行为规则。遵守这些行为规则,就能够保证学校的稳定结构,减少学校中由于个人引发的不确定性。优化学校制度文化,发挥制度文化的规范功能、整合功能、激励功能、社会化功能,能够保证并推动学校的发展。在学校中,制度是文化的语言,制度是文明的标志。制度让学校变得井然有序,让学校文化得到传播、弘扬。例如校内的文明寝室制度让学校拥有一个文明、卫生的生活环境,学校随处可见的安全标语,让学校拥有一个安全、安心的环境。学校的管理制度,让教学工作、学生管理工作有序地进行。学校制度文化规范、引导着学校的一切事物,并不仅仅是强制的规定,同时也是柔性的、人文的呼唤。学校制度文化在学校建设和发展过程中具体发挥的功能有以下几个方面:

1. 规范功能

学校制度通过提倡什么、反对什么,鼓励什么行为、压制什么行为,可以实际引导学校成员的教育行动方向,激发或者制约人们能力发挥的方向,制度确定了人们的选择集合,也限制了人们的选择集合,同时也为人们的选择提供了自由的空间。高职学校制度文化能够具体制约、规范人们的教育活动,在每个规章制度、仪式和传统中都渗透着学校的道德要求、教育意志,形成一个有情感诉求、价值取向的制度环境,为人们的教育活动提供规则、标准和模式,纠正那些不符合学校健康发展的价值取向、行为规范,将人们的教育活动引入一个合理、有效的轨道中。同时,学校制度文化可以为学校成员搭建一个公平、公正的平台,以统一、有效的规定调节学校主体的思想观念与行为规范,有效地组织教育活动,为成员发挥自己的能力提供一个有序的、公正的舞台。

学校的规章制度是根据学校的办学目标、办学宗旨以及学校特色来制定的,将学校文化融入学校制度中,通过学校制度文化保证学校学习、生活的正常进行。通过健全的管理、监督、评比制度,引导、规范学生的学习、生活以及思想言行,让学生及教师在稳定、和谐的环境中学习、生活,让学校生活充满文明。如学校进行文明寝室的评比比赛,制定关于"文明寝室"的评比制度,完善寝室制度建设,如建立寝室长负责制,门内张贴寝室卫生值日表和寝室人员信息表,制度上墙,将系部文明寝室创建的相关制度和标准上墙,建立寝室文明的奖惩制度,将制度贯彻落实到行动中,从而规范学生的寝室卫生习惯,构建和谐寝室。

制度文化对学校成员的规范功能无时无刻不体现在学校的教学、工作和生活当中。这其实不仅有正式制度的明文条例，而且有制度文化氛围的渲染与浸透。比如，寝室安全制度、寝室卫生考核制度的制定，通过指令性的制度为学校寝室建设活动指定一个标准、界限；建立寝室文明的奖惩制度，通过纪律来保证寝室文明考评活动的持续进行；组织寝室文化长廊的布置，让寝室文明与制度不再是死板的框架，在制度文化的规定中创造出具有文化气息、审美情趣的事物。在进一步加强学校制度文化的建设过程中，通过制度文化的导向作用，提升学校寝室的文化气息，构筑学生的心灵栖息地和避风港，真正把寝室打造成同学们学习生活的重要阵地。

2. 整合功能

美国新制度经济学派的代表人物道格拉斯·诺斯认为："制度是一系列被制定出来的规则、守法程序和行为的道德伦理规范，它旨在追求主体福利和效用最大化的个人行为。"经济学创立者亚当·斯密提到过一个制针的例子，一枚小小的针的制作，竟然需要 18 道工序。如果让一个人从头做到尾，一天恐怕连一枚也完成不了。但是，如果分工协作，每人负责一二道工序，一人一天却可以做 4 800 枚。通过制度约定哪些工作由哪些人来做，所有的人一起完成针的制作。制度的制定，可以使个体的力量充分整合，形成强大的集体效益。

由此，学校制度文化的建设能够使个体的潜能与效能最大限度地发挥出来，并且整合学校的各种资源，形成巨大的整体效能。我们应该注意学校的目标与其他社会组织有所不同，学校的服务对象是"人"，学校的目标是"培养人"，如果采用严密的制度来管理人，会使教学效果不尽如人意，而只有通过加强学校自身的文化氛围建设以及学校制度文化建设，通过文化引领，制度文化保障，使学校的所有成员朝着共同目标自觉努力。在制度文化建设过程中应考虑人的利益诉求，通过民主化的讨论方式，让学校成员都参与到制度文化的建设中，制定能够符合全体成员价值取向的人性化制度，从而确保各个成员角色清晰，有着相应的权利及义务，调整学校各个群体的利益关系，形成整体合力。

学校制度文化凸显的不是制度的强制性，而是强调制度刚柔并济的管理模式，在制度的制定、执行、监督、反馈过程中更多地考虑的是让条文具有文化色彩、人文情怀，让教师与学生能够获得道德认同与心灵熏陶，这种道德上的情感能够使制度文化的管理更加稳定，同时也能够形成文化向心力，让学校价值观更自然、流畅地融入教师及学生的意识中。建立健全的制度文化能够调动学校所有成员的积极性，挖掘学校成员的潜能，优化资源配置，从而实现学校的共同目标，取得最佳的社会利益。

3. 激励功能

学校作为一个特殊的社会组织，其目标是培养社会需要的人才，而稳定的组织环境是教师能够完成教学任务的前提，优秀的学校制度文化能够保证学校的稳定和教学自由，以及学校办学的自由。教育家夸美纽斯曾说："制度是学校一切工作的灵魂，哪里制度稳定，哪里便一切稳定；哪里制度动摇，哪里便一切动摇；哪里制度松垮，哪里便一切松垮和混乱。"学校制度文化是基于学校发展逻辑，在学校长期办学活动中逐步建立和完善的。

制度文化的建设与执行过程，能够成为一种激励机制，比如科研成果奖励办法，能够推动教师加强科研，取得更多的科研成果。学校的卫生管理制度能够激励教师以及学生讲文明、树新风。学校的评课制度激励教师改善教学、提升教学质量。学校的奖学金评定制度激励学生刻苦努力、认真钻研，取得优异的学习成果。

如果将学校制度分为三个层次，可分为学校的根本制度、一般制度和具体制度。学校的根本制度是依据国家政策来制定，能够保证学校教学育人的功能，确保学校具备应有的气质与精神品格，不至于成为政治组织的附庸或者商业组织的派生产品。学校的根本制度体现了学校的理想，保障了学校这一特殊的社会组织的自由发展。学校的具体制度针对学校教学与管理中不同的情况、问题制定，能够从具体层面规范成员的思想、行为，激发成员的投入热情与创新潜能。三个层次制度的目的是为了保证学校育人活动顺利进行，激发学校的文化内涵，推动学校精神的形成。

学校制度文化能够对符合学校精神要求的思想模式、行为取向进行鼓励、奖赏，从而推动个体内在精神文化的建设与发展，比如学生评优制度，可以让学生明确知道什么样的精神、行为是一名优秀学生应该具备的，什么样的行为是被禁止的。制度文化可以激发教师、学生追求的潜能，形成教育创新的动力以及热情。所以在制度文化建设过程中要科学地评估什么样的制度才能够符合学校成员的利益，激发教师的教学、科研热情和学生的学习热情，避免僵化的、不科学的制度降低教学效率，导致学校教学以及管理的不发展甚至倒退。

4．社会化功能

"人类为什么需要民主？因为民主意味着让人民大众享有自由。哪里不存在强有力的民主制度，哪里就不存在强有力的自由。"①真正理想的高职学校制度文化是不仅尊重教师及学生的主体性，承认教师以及学生的差异性，同时保证学校能够依据学校特色，稳定、和谐地发展。学校的教师、学生以及其他成员都能够在学校制度的框架内表达自己个性化的声音。学校制度文化是为了让学生健康成长的同时能够发扬个性，自由发展，同时也能够学会在学校制度的框架下

---

① 阿克顿：《自由与权力》，侯健等译，商务印书馆，2001年版，第369页。

做到自我管理,提升自我管理、自觉学习的能力。高职学校的学生正处于即将成年的阶段,是学生个性养成的重要阶段,对于这个年龄段的学生,僵化的、硬性的制度管理会让其产生逆反心理;而让学生参与到学校制度文化建设当中,依据学校制度参与教学管理、班级管理,重视学校的民主制度文化建设,让学校管理从人治走向法治,让学生根据自己制定的规章制度来管理自己的学习与生活,从而了解如何在制度的管理下更好地生存,有利于学生以后更好地适应社会法则,融入社会生活。

制度文化更强调的是制度的文化底蕴,制度文化不是强权性的制度压迫,而是强调一种"无为"的制度管理,主张自主、自愿、自觉、自为的管理,依靠制度文化系统进行自我调节,通过文化管理来弘扬学校的价值观文化、学校精神内涵。学校制度文化是学校精神、学校价值观、学校办学理念的外在表现形式,能够营造学校特有的文化氛围,从而内化学校成员的精神人格、价值诉求、理想信念以及行为取向。

二、学校制度文化的构建原则

学校是一个为了实现特定目的而特地设置的社会组织,这个组织中的一切都是人为创造的,人是组织的基本单位,同时也是组织的核心。奥地利哲学家波普尔曾说道:"不仅制度的结构包含有重要的人格决定,而且即使是最好的制度……也常常在很大程度上依赖于相关的人。制度好似堡垒,它们得由人来精心设计并操纵。"①人是制度的制定者,同时也是制度的遵守者。而人能够随心所欲地制定制度吗?这个结论当然不行。学校制度制定的目的是为了适应学校组织的运行,规范师生行为,完善教学、科研管理,提升师资队伍建设、学生管理工作,保证学校的后勤服务建设,而营造良好的制度环境,培养良好的教风和学风,是促进学校健康、持续发展必不可少的。制度文化的构建须要遵守什么原则呢?

制度文化的建设可以引导教师的教育行为,维护教师、学生的合法利益,引导学生树立正确的人生观、价值观。学校制度文化建设的出发点应该是为了学校持续、健康地发展。顾明远教授曾谈到,建立现代学校制度应有以下几个要求:学校有办学自主权,有自我支配资源的权利;学校应是自主发展的,有自我调节、自我约束的机制;学校应是学习型组织;学校应有科学、民主的管理制度;学校应是开放的,与家庭、社会有广泛联系的。② 由此看来,在高职院校制度文化的建设过程中,应坚持以下原则。

---

① 波普尔:《开放社会及其敌人》,陆衡等译,中国社会科学出版社,1999年版,第237页。

② 沈佩琼、刘学昶:《高职院校现代学校制度文化建设初探》,《职教通讯》,2007年第2期。

1. 以人为本原则

学校的培养目标是为了传承知识与技能,同时也是为了让人能够自我实现、自我完善。20 世纪 50 年代随着人本主义心理学的兴起,人本主义教育思想逐渐在全球受到瞩目。人本主义心理学的基本思想是把人的内在意识经验作为心理学的研究对象,认为人类的行为是由构成完整人格的全部感情、态度和愿望所决定的;人本主义心理学家重视对人性的研究,相信人是一种正在成长过程中的存在,人的内心有一种想保存、提高、再造自我的倾向,希望能够摆脱外界控制而独立,不断地发展和完善自我;人本主义心理学家相信人天生是善的,在提供另外适当的成长和自我实现的环境和机会时,人性就能不断向着健康的方向发展,为了能够通过成长过程而达到自我实现,一个人必须认识到自己的最终责任,通过自己的自由选择克服现实生活中的种种限制,去发展和完善自我。①

随着人本主义思想的广泛传播,人本主义成为组织文化管理的核心,通过文化因素来挖掘组织的潜力,以人为本,尊重和重视人的因素在组织发展中的作用。在组织管理过程中,更加强调环境氛围以及情感体验的作用,承认思想的复杂性,从人的需求出发,激发人的积极性,建立并形成以组织成员为中心,尊重人、关心人、激励人的制度机制以及文化氛围。学校管理的核心也是人,即教师、学生以及其他成员,他们都具有自我独立的思想、情感和人格,有自我需要、自我期待,希望能够得到管理者的认可、尊重与关爱,能够实现自我价值。

坚持"以人为本"的原则,放在高等职业院校制度文化建设的过程中就是要让每一位管理者、教师、学生、家长等在与别人交谈时,都把自我放在其他人的位置上,以便探讨某种要求或者制定某种规范时对人人都能足够公平。高职院校制度的制定应该考虑平等地对待每一个人,尊重多样性,对待教师应该尊重教师的技能知识以及教学风格,教师们有自由决定教什么和怎样教,并可以用自己的方式表达自己对教学以及学校管理的见解。对待学生,应该完善制度规则,健全监督体制,保证学生充分使用教学设施、资源,在获得学业和品行评价,获得奖学金以及其他奖励、资助等方面受到平等、公正对待。

高职院校制度文化应该给予学生以帮助与关怀,尊重学生自我发展。引导学生、家长、教师以及教育共同体的其他成员参与到学校的建设中,"他们享有互惠和互依的参与权和收益权,富有支持和帮助的义务与责任……如果学校要在教与学工作上做到有效而有意义,就需要家长的指点和支持;如果家长在教育孩子方面要做到有效而有意义,同样需要学校的忠告与支持。通过家长建设性

① 叶浩生:《西方心理学的历史与体系》,人民教育出版社,1998 年版,第 531 - 538 页。

地参与,学校能使学生更为建设性地参与进来;通过学校建设性地参与,家长也能使学生更为建设性地参与进来"①。学校制度文化的建设应充分发挥利益相关者的作用,在以人为本的前提下,人人参与,人人受益。

因此,高等职业院校制度文化建设要坚持"以人为本"的原则,是要让制度文化凌驾于个人力量之上的同时不成为一种漠视人的力量,制度文化通过各种规章制度去规范、调整人的思想与行为,这个过程中要以人为本才能避免让制度主宰学校的生活。就如同德国古典哲学创始人康德所说:"人的天性只有在合乎天性的教育制度与规范中。"②

2. 自由自主原则

高等职业院校作为我国高等教育的重要组成部分,目的是培养高素质的技能人才,高等职业院校的主要目的是传播知识、传授技能。就如美国联邦最高法院大法官费利克斯·弗兰克福特和约翰·M. 哈兰在他们的协同意见中说道:"在一个大学中,知识就是它自身的目的,而不只是达到目的的手段。一个大学如果变成教会、国家或任何局部利益之工具,它将不再会对自己的本质保持忠诚。大学是为自由研究的精神所塑造。大学的任务即在于提供一个最有益于思维、实验和创造的环境,那是一个可以达到大学的四项基本自由——在学术的基础上决定谁来教? 教什么? 如何教? 谁来学? ——的环境。"高等职业院校制度文化建设不能违背国家的根本法律制度,同时也应该体现学校自身的特色,地方政府可以通过制度来引导高等职业院校的发展方向,但同时也应该为学校文化建设提供自由发挥的空间。

学校制度文化的建设不是为了通过制度来束缚教师、学生以及其他成员的行为,使他们成为制度工厂里的流水线产品,而是为了更加自由地传播知识、传授技能。制度文化的建设不是为了使学校成为政治组织或者企业集团的工具,而是为了培养出能够适应现代生活的高素质人才。我们都说学校是象牙塔,不是因为它的高高在上或者遥不可及,而是它的文化自由、思想自主。同时每个学校都有自己的独特历史、文化沉淀,有异于其他学校的办学理念、教学方法,因此学校的制度文化一定要具有自己独特的闪光点。学校的历史文化传统是学校制度文化建设的依据,这些文化传统是经历了时间检验的,被实践充分证明具有优越性的,扎根于学校每一个成员的心中,学校可以充分利用这些优良传统建立既具有学校特色,也能够被学校成员接受的制度规范,既能够规范成员的行为、创建具有和谐文化氛围的校园,同时能够因势利导,加强制度的执行力。高等职业院校在制定规章制度的过程中要坚持社会主义办学方向的基本原则,以促进改

① 萨乔万尼:《道德领导——抵及学校改善的核心》,冯大鸣译,上海教育出版社,2002年版,第129页。
② 康德:《论教育学》,赵鹏等译,上海世纪出版集团,2005年版,第6页。

革、增强学校自主权为导向，着力规范内部治理结构和运行规则，充分反映广大教职员工、学生的意愿，凝练共同的理念与价值认同，体现学校的办学特色和发展目标，突出科学性和可操作性。

3. 公平民主原则

康德曾指出："儿童必须被置于某种必然的法则之下。这种法则必须是普遍性的。在学校尤其要注意这一点。教师一定不能在众多学生中对某一个人表现出特别的偏爱，因为这样的话，法则就不再是普遍性的了。一旦他们发现不是所有人都遵从这同一法则，就会变得难以控制。"①高职院校制度文化的建设要坚持公平民主的原则，不仅要让受到高职院校制度影响的成员参与到制度的制定过程中，同时在执行落实制度的时候要坚持公平民主。坚持公平民主不仅能够保证制度制定与决策的科学性与有效性，同时也能保证制度的可行性与强制性，"朝令夕改"、"看人下单子"都会降低学校成员对制度的信赖程度以及制度的落实程度，而在这种互不信任的环境中，不利于教师的发展，教师的满腔激情也会在这种不信赖的情况下消失殆尽，而学生学习也会缺乏上进心。

高等职业院校制度文化要坚持公平民主的原则，主要体现在两个方面：制度制定时强调民主参与，制度践行时强调公平公正。制度在制定之初，要强调民主参与，集体的智慧胜于个人的智慧，制度是否合理，最终依据是否符合所有成员的利益来判断，而只有学校成员自己最适合探求合理的制度。每一位教师、学生可以通过制度制定的机制或者平台，直接参与到高等职业院校制度的制定、变革、创新当中，不仅可以使制度文化更加体现学校自身特色，同时也能增强教师和学生的责任感及对制度的认同感。杜威曾说："不亲自参与就会使那些被排除在外的人员缺乏兴趣和关心。结果是相应地使人缺乏实际的责任心。"②凡是能够得到全校成员认可、具有较强约束力的高职院校制度都是基于全体成员的价值取向，服务于全体成员的利益，得到他们的认可，为他们所尊崇，才能产生持续的约束力。

制度制定时要强调民主参与，在其执行过程中更要强调公平公正。西方社会的法律女神泰美斯，右手上举高过头顶，提着一杆天平，象征着公正；她左手持着一把宝剑，斜指着地，蓄势待发，象征着主持正义；她双眼蒙着丝带，象征大公无私，不受当事人干扰和左右；她背后刻着一句法谚"为了实现正义，哪怕天崩地裂"。制度的强制性最重要的是它的公平公正，而只有保证制度的公平公正，才能实现制度的强制性。高等职业院校制度分为正式的制度、非正式的制度，都是为了保证学校的正常、健康运转，如果制度在实施过程中不能体现公平公正，那就是放弃原则、破坏制度，使其形同虚设，甚至破坏高职院校成员关系的平衡。

---

① 康德：《道德形而上学原理》，苗力田译，上海人民出版社，1986 年版，第 86 页。

② 杜威：《人的问题》，傅统先等译，上海世纪出版集团，2006 年版，第 244 页。

所以学校在制定章程或者有关师生权益的重要规章制度时，要遵循公平、公正、公开、民主的原则，广泛征求校内外利益共同体的意见，通过听证以及反馈的方式采纳科学、合理的意见，保证师生以及其他利益相关者的权利得到充分体现。依据科学发展制定章程，制定并完善学校教学、科研、学生、人事、资产与财务、后勤、安全、对外合作等方面的管理制度，建立健全各种办事程序、内部机构组织规则、议事规则等，形成健全、规范、统一的制度体系。

4. 合理可行原则

高职院校制度文化建设要坚持合理可行原则，要从实际出发，基于学校办学状况以及发展规划来进行。学校制度文化是为了协调学校成员之间的关系，通过制度文化来规范、引导学校个体以及群体的思想导向和行为模式。制度文化的建设过程中不仅要坚持以人为本的原则，同时也要科学评估、从实际出发，做到合情、合理。制度文化建设如果只考虑符合个体的利益，却忽略了现实发展的要求，不具有可行性，那制度只能成为摆设。行之有效的制度，不仅需要科学的价值观文化的指导，符合全校成员的利益诉求，同时也要考虑现实发展因素，合理整合各种发展要素，具有前瞻性、可行性、持续性。

制度文化建设要坚持合理可行的原则，首先制度的内容应该符合国家的根本规章制度，比如宪法、教育法等。中华人民共和国宪法的法律地位和效力是最高的，一切法律、行政法规和地方性法规都不得与宪法相抵触，与宪法内容相抵触的法律是无效的。学校的规章制度是在学校这个特殊的社会组织中适行的管理条例，反映了学校的管理权力，这个权力必须在国家法律法规的允许范围之内，如果超越这个范围，那这个制度是不允许存在的。其次，制度在实行处罚办法的过程中也要坚持“合理量刑”，对于过重的处罚甚至体罚都是不允许的，情节如果严重甚至会受到法律的严惩。

制度文化构建坚持合理可行的原则还体现在制度的创新，没有永远正确、可行的制度，也没有完美无缺的制度，制度文化需要不断创新，坚持与时俱进。首先，建设学校制度文化不是一蹴而就的，也不是一劳永逸的事情，要通过不断地调整、修正、创新。学校的规模不断扩大，学校的成员不断增加，教学质量不断提升，教师专业能力的成长、办学特色的形成等都会影响学校制度文化的合理性与可行性。学校制度文化从形成时期的民主参与、讨论、决策，到制度试行中征求学校成员的实施意见，不断进行沟通、调整，才能使制度文化融入学校特色文化内涵，体现学校精神，甚至推动学校精神文明建设的发展。学校应该建立规范性的制度审查体系，定期对校内规章制度进行审查，对与国家有关规定以及学校发展要求不协调的规范性文件以及制度进行及时修改，保证学校的规章制度体系层次合理、简洁明确、协调一致。

第四节　浙江农业商贸职业学院建设制度文化的策略

没有执行，再卓越的战略、再巧妙的策略、再严密的管理制度、再优秀的文化都将建立在沙滩上。

——周永亮

在了解制度、制度文化的概念之后，我们知道学校制度文化是学校范围以内所有师生都必须遵守的、按照一定程序进行的各项规章制度、学校习俗文化的总和。形成良好的制度文化是学校管理、教学、科研以及学生工作等正常运行的关键因素，是明确教师、学生管理者之间相互关系的有效机制，对于形成高职院校共同价值观和共同的目标愿景、贯彻办学思路、明确办学定位都具有重要意义。探讨如何发展高等职业院校制度文化，对建立适应时代发展的现代高职办学机制，形成符合办学水平和效益要求的现代高职内部管理机制有重要作用。

浙江农业商贸职业学院是浙江省人民政府批准成立的一所全日制公办高职院校，依托历史文化名城绍兴，依据袍江新区的经济发展要求，设有烹饪旅游系、汽车技术系、财会金融系、经济贸易系、艺术设计系、农业经济管理系、基础教学部、继续教育部等8个教学部门。坚持以育人为本，以专业建设为龙头，以人才队伍建设为关键，以课程建设为抓手，以深化教育教学改革和校内管理体制改革为支撑，以党建和校园文化建设为保障，积极探索校企合作、工学结合和国际化办学新路子，以形成“尚德爱生、敬业求真”的教风、“明理尊师、敏学强技”的学风，培养“讲诚信，善合作，会融通”的新型人才，并据此来建设、发展学校制度文化，坚持通过文化引领学校制度向前发展。

一、双向沟通，增强制度的向心力

在学校制度文化形成过程中，“沟通”可以起到任何策略都难以替代的作用。学校的师生员工并不是单纯的物质利益追求者，学校产生的成果不是物质产品，而是具有知识和技能的人才，学校师生对学校有精神层次的需求，学校的制度文化建设也应该充分考虑师生员工的意见。通过学校成员的相互沟通，成员的意见、建议能够得到充分的表达，组织成员的工作成绩、学校的培养目标才能得到应有的评价与认可，学校的文化理念才能为广大成员认可，与学校制度整合，从而形成具有学校自身特色的制度文化。

杜威在阐述民主主义教育思想时指出:“人们的共同生活需要彼此沟通。在一个社会里,社会的成员互相交往,他们可以分担问题以及分享兴趣;他们可以持有共同的理想,这些理想代表了公众所珍视的价值。因此,沟通乃是一种分享经验的过程,也是一个持续的过程,直到某些经验变成共同经验为止。它能改变所有参与者的意向。我们可以说,沟通乃是社会事务的一种理智形态。它的结果能增进所有人的能力。虽然它不能改善个人的天资,但是,它确能‘提高所有人运用理智的水平’。”①没有什么制度能够一提出就得到所有人的赞同,没有什么制度在实施过程中能够得到所有人的认可,制度文化建设的过程中强调沟通意识,才能使制度被师生自觉接受并自觉遵守,制度才能具备文化的内涵,并且补充制度未涉及的部分,通过文化的力量对师生进行监督和约束。

学校制度文化建设中应该强调双向沟通,双向沟通的优点是沟通信息准确性较高,接受者有反馈意见的机会,能够产生平等感和参与感,增强自信心和责任心,有助于建立和谐的人际关系。如果制度文化建设中只强调单向沟通,即只是单方面传递信息,容易使制度文化变成“管理者的文化”。

要做到双向沟通就要建立起良好的沟通平台。浙江农业商贸职业学院以提高学院领导班子的思想政治素质,强化沟通意识为基点,认真组织好政治理论学习,努力解决世界观、价值观、方法论等问题。召开学习中心组会议、党务工作会议,将最新的思想、内容贯彻到学院领导的思想建设当中,打造团结协作、顾全大局、善于沟通的领导班子。学院领导都开通了微博,不仅仅是从学院的实体平台上进行沟通与交流,同时利用网络信息平台,让领导班子与师生之间架起互通、互信的桥梁。

学院通过制定《党委会议议事规则》《院长办公会议规则》《党委理论中心组学习制度(试行)》等制度,积极召开专题民主生活会情况通报会、党委学习小组会议等,党委班子成员积极学习社会主义核心价值观,畅谈自己的体会,反思工作中存在的问题,将学习的理论贯彻到行动中,用先进的价值观指导学院的各项工作。将学习的传统延伸为一种制度,学院根据十八大提出的“建设学习型、服务型、创新型的马克思主义政党”的要求和中共中央办公厅《党委理论中心组学习制度(试行)》文件精神,以及上级其他有关要求,结合学院实际,制定了“党委理论学习中心组学习制度”。通过学习理论知识,加强思想政治建设,提高领导干部素质。通过落实富有成效的学习制度,为强化学院领导的沟通意识提供了良好的思想基础。在每一项重大决策、出台一项重要制度之前,领导班子成员都要围绕重大事项进行评估、调研,考察其他学校的办学经验,考虑学校的办学现

① 转引自杜祖贻:《杜威论教育与民主主义》,人民教育出版社,2003年版,第39页。

状，共同商讨，平和沟通，集合大家的智慧，调动大家的积极性。

学院注重领导班子与教职工之间的沟通，积极建设年终述职测评、重要事项报告、党代会、教代会等制度，建立各种类型的专家咨询指导委员会等机构，从机制和程序上保证了广大教职工对学校发展中的重大决策的知情权、参与权，建立领导班子与教职工互动的平台。教职工代表大会是教职工依法参与学校民主管理和监督的基本形式。通过教职工代表大会，全校教职工可以听取学校发展规划、教职工队伍建设、教育教学改革、校园建设以及其他重大改革和重大问题解决方案的报告，提出意见和建议。学院每年定期召开教职工代表大会，定期向教职工汇报学院发展形势，咨询教职工的意见，拉近相互之间的距离，切实落实师生的主体地位，大力提高自律意识、服务意识，依法落实和保障师生的知情权、参与权、表达权和监督权，使制度得到教职工的了解、支持与认可，增强学院的凝聚力与向心力。

学院每年举行教职工大会，学院领导班子成员和全体教职工参加会议，明确学院发展的总目标，做好学院的党建工作，确保人才培养工作评估中心地位，全面开展评建工作，提升师资队伍整体水平，加快校内外实训基地建设，推进图书馆、实训楼、机房和标准化考点建设，抓好基础设施建设，提升学院办学综合实力。明确学院的工作思路，提出要“围绕一个主线”即科学发展、跨越发展、特色发展，实现农商梦；“突出一个重点”即深入推进内涵建设、切实提升办学质量，以较高水平顺利通过人才培养工作评估；“实现一个目标”即建设平安、文明、和谐的农商院。要正视学院发展中存在的困难，继续以“卧薪尝胆、励精图治”的精神埋头苦干，奋力前行，从而实现学院跨越式发展。通过教职工大会能够使教职工了解学校的发展思路和工作主线，明确发展重点，制定自我的发展目标，将整体发展目标融入个体发展目标当中，将学院精神转化成个人精神，有利于学院制度的贯彻、落实，为制度文化建设提供思想基础、思维导向。

学院通过党代会、教职工大会、工会会员代表大会等纽带，征求方方面面的意见和建议，以多种方式与教职工一起分析学院建设和发展中的问题，共同权衡利弊，揣度得失。领导班子成员之间的沟通交流，以及领导班子与教职工的沟通交流，使领导班子的治校能力增强，教职工对领导班子的信任感加强，对学院的归属感增强。为了达到制度强化沟通效率，学院积极制订了关于落实改进工作作风、密切联系群众的实施办法。本章截取该制度的部分内容，用以更深入地探索建立沟通的制度之桥的策略。

浙江农业商贸职业学院贯彻落实
中央改进工作作风、密切联系群众
“八项规定”和“实施细则”的实施办法（节选）

为进一步改进工作作风、密切联系师生，以优良的党风政风促进校风学风，保障学院健康持续发展，根据《十八届中央政治局关于改进工作作风、密切联系群众的八项规定》和中办国办《贯彻落实＜十八届中央政治局关于改进工作作风、密切联系群众的八项规定＞实施细则》精神，按照省委教育工委《中共浙江省委教育工作委员会、浙江省教育厅关于印发改进工作作风、密切联系群众实施办法的通知》要求，结合学院实际，制订本办法。

一、改进调查研究

（一）完善调研和反馈机制。每年根据重点工作和师生关心的热点难点问题，拟定调研计划、明确调研主题，院领导和职能部门负责人要深入基层、深入系部，及时有效地发现问题、协调解决问题、推动工作。

（二）注重调研和反馈实效。要密切围绕调研主题开展调研活动，院领导和职能部门负责人运用座谈会、个别访谈、实地考察等方法，听真话、察实情，及时总结经验，为师生解决问题，推动学院工作。

二、提升服务质量

（三）开通意见渠道。完善教职工代表大会制度，进一步加强教代会代表提案办理和代表巡视工作机制。建立健全维护师生合法权益的申诉机制，凡是涉及师生切身利益的重大政策措施，事先通过召开座谈会、论证会等形式广泛征求师生意见。推进落实党务公开和校务公开制度，及时处理和回复师生意见，提高办理质量。

（四）提高行政效率。改进工作作风，完善多部门协调合作的工作机制。出台学院行政工作规范，提升行政人员专业化水平和服务师生意识。

（五）完善信访接待。坚持“院领导接待日”制度，对重大信访案件实行院领导联系和督办机制。逐步探索建立职能部门信访接待日制度。

…………

八、加强检查落实

（十七）狠抓工作落实。各级领导干部要以身作则，率先垂范，不折不扣地执行本办法，党委组织部要把执行情况纳入干部管理和考核。财务与国有资产管理处要加强审核，对于违反规定的开支不予报销。监察审计处要每年对各部门会议活动和公务接待等经费的使用情况进行审查。

（十八）加强监督检查。各部门要把改进工作作风、密切联系群众作为一项经常性工作来抓，自觉接受师生员工的监督。纪检监察部门要定期督促检查各部门落实本办法有关情况，每年年底向院党委委员会汇报并在一定范围内通报。纪委对违反规定的部门和个人要严肃处理。

九、本办法自发布之日起施行。此前发布的有关规定，凡与本办法不一致的，以本办法为准。

二、 科学规范，确保制度的执行力

推进高等职业院校的制度文化建设，必须制定一系列的校园日常规章制度，形成完善的制度执行以及监督机制，保证各项日常工作有章可循，有据可依，保证学校日常运行的规范化。

根据制度文化建设的合理可行性原则，首先，制度必须科学，即规章制度要反映职业教育的发展规律，符合职业教育的教学以及职业学校的实际情况，对师生的工作、学习都进行合理、科学的安排，避免管理混乱以及制度的不可行。必须坚持以中国特色社会主义理论为指导，坚持社会主义办学方向，弘扬和践行社会主义核心价值体系。其次，制度必须符合国家的根本制度，根据国家的相关政策制定，学校制度的各项要求与规定都必须符合国家的教育方针、政策、法规，符合国家颁布的相关条例，等等。再次，制度须要不断地完善，但是要保持一定的稳定性。学校制度按照教育规律制定出来，是为了保持学校的正常运行，处理反复出现的日常事务，需要学校师生的认同和遵守，所以制度必须保持相对稳定，朝令夕改、经常性变动会让师生无所适从甚至产生混乱。最后，制度必须具有创新性，僵化不变的制度只会被时代淘汰，不被师生认可，没有执行的条件。必须常常反思制度是否存在与社会价值观、教育思想、教育制度相背离的地方，与学校价值观文化、学校精神相抵触的地方；是否符合社会的基本行为准则，反映学校教师、学生的根本利益与实际需要。在制度出现不适应情况时，应该通过科学评估、民主商议后有所变通，修正原有制度文化的不足。

再好的制度得不到落实，也只能成为沙滩上的城堡，而不能成为一种文化。

学校制度不是一朝一夕就能形成的，需要长期、持续地贯彻与落实。制度文化不仅仅是通过制度的强制作用规范成员的行为，同时也是通过制度让成员明确发展目标，激发教师、学生工作和学习的积极性和能动性，激发潜力，使成员自主地向学校制度文化所要求和体现的目标努力。制度必须执行，才能够产生效力、作用，有些学校管理者把制度制定得很完善，但却只装订成册，束之高阁。有些制度被制作成标语悬挂在学校显眼处，但执行不到位，被视若无物，也就成了摆设。制度必须严格执行，有奖又惩，严格监督，才能被大家重视、认可、尊重。周永亮博士在《本土化执行力模式》中提到一个例子：东北某大型企业因为经营不善导致破产，后来被一家日本财团收购，厂里的人都在翘首盼望日本人带来什么先进的管理方法，出乎意料的是，日本只派了几个人来，除了财务、管理、技术等要害部门的高级管理人员换成日本人外，其他的根本没动。制度没变，人没变，机器设备没变，日方就一个要求：把先前制定的制度坚定不移地执行下去。结果不到一年，企业就扭亏为盈了。① 所以，学校制度通过文本表现出来，内容必须合理、合法，用词规范、简洁，文字明确、具体，每项制度都必须落实到具体的部门、具体的岗位甚至具体的个人，才能使制度明确、具体，容易执行，取得预期的效果。

浙江农业商贸职业学院制定了一系列管理制度，并将各项工作规范落实到位。高等教育法规定，国家举办的高等学校实行中国共产党高等学校基层委员会领导下的校长负责制。党委按照《中国共产党章程》和有关规定，统一领导学校工作，支持院长独立负责地行使职权。浙江农业商贸职业学院构建的学院党群部门、行政部门、教学机构共同形成系部处室机构管理制度，并且实行院系两级管理体制，促使行政和教学部门职责清晰，岗位设置合理，人员精干，接口畅通，团结合作；建立了党团大会、教职工代表大会、工会代表大会共同协商管理的工作章程和制度体系。加强内核，改进内部管理，科学、合理设置学院内设机构，进一步明确内设机构职能，以新班子建立为契机，制定学校规章制度，明确办学中的一些重大事项。学院定期对制度进行修订、调整，完善内部管理制度，理清行政部门和教学单位职责、职能，优化校内管理体制机制，使规章制度合理运行，保证了学院各项组织职能的正常运转。学院制定的制度涉及教学管理、行政管理、学生管理、教师管理、后勤管理、后勤管理等方方面面，见表4-1。

---

① 周永亮主编：《本土化执行力模式》，中国发展出版社，2004年版，第6页。

表 4-1　浙江农业商贸职业学院规章制度分类

制度类型	制度名称
学校行政管理规章制度	浙江农业商贸职业学院贯彻落实中央改进工作作风、密切联系群众“八项规定”和“实施细则”的实施办法； 浙江农业商贸职业学院关于开展党的群众路线教育实践活动的实施方案； 浙江农业商贸职业学院党委理论学习中心组学习制度(试行)； 浙江农业商贸职业学院规范性文件制定办法； 浙江农业商贸职业学院系部综合办公室设置与管理实施办法(试行)； 学院信息宣传考核奖励办法(试行)； 学院二级管理考核办法(试行)。
学校教学管理规章制度	浙江农业商贸职业学院关于加强继续教育工作管理的若干规定(试行)； 浙江农业商贸职业学院系部继续教育工作考核办法(试行)； 浙江农业商贸职业学院深化学风建设年活动实施方案； 学院系(部)二级教学管理办法(试行)； 学院系(部)教学工作考核办法(试行)； 浙江农业商贸职业学院教学督导工作条例(试行)； 教学建设项目经费使用及管理办法(试行)； 教学改革项目管理办法(试行)； 浙江农业商贸职业学院教学大纲管理条例(2013 年修订)； 浙江农业商贸职业学院教师教学工作规范(2013 年修订)； 浙江农业商贸职业学院教学工作委员会条例(2013 年修订)； 浙江农业商贸职业学院教学计划管理办法(2013 年修订)； 浙江农业商贸职业学院教学事故认定与处理暂行办法(2013 年修订)； 浙江农业商贸职业学院考试工作管理条例(2013 年修订)； 浙江农业商贸职业学院教学管理规定(2013 年修订)； 学院精品课程建设管理办法(2013 年修订)； 学院课程建设管理办法(2013 年修订)。
教师管理制度	浙江农业商贸职业学院中层干部试用期满考核工作方案； 国内进修与培训管理办法(2012 年修订)； 学院人才梯队培养计划的实施办法； 学院人才梯队培养计划入选人员考核办法； 浙江农业商贸职业学院青年教师助讲培养制度； “双师素质”教师队伍建设与管理实施办法； 学院教师企业轮岗工程管理办法； 学院高层次人才引进工作的有关规定(试行)； 学院教职工考勤和请假制度(试行)； 学院外聘兼职教师管理办法； 学院辅导员工作条例； 学院班主任工作条例。

续表

制度类型	制度名称
学生管理制度	浙江农业商贸职业学院毕业论文(设计)工作条例(2013 年修订); 浙江农业商贸职业学院学生学籍管理规定(2013 年修订); 学院学生资助工作管理办法; 浙江农业商贸职业学院鼓励优秀中职毕业生报考优惠政策(试行); 浙江农业商贸职业学院招生工作考核办法(2013 年修订); 浙江农业商贸职业学院毕业生就业指导工作考核办法(2013 年修订)。
后勤管理制度	学院大额资金使用审批办法(试行); 学院经费支出审批管理办法(试行); 浙江农业商贸职业学院委托代建工程款支付审批办法; 学院一期工程"工程变更单"确定程序; 学院基建修缮工程招标管理办法(试行); 学院基建修缮工程管理办法(试行); 学院院系二级财务管理办法(试行); 关于系部创收收入管理的若干规定(试行); 浙江农业商贸职业学院校园网信息管理条例(暂行); 学院二次供水卫生管理制度; 学院突发饮水污染事件处理应急预案; 学院教师公寓管理及租用办法(试行)。
科研管理制度	浙江农业商贸职业学院科研工作管理条例(试行); 浙江农业商贸职业学院横向科研项目管理办法(试行); 浙江农业商贸职业学院纵向科研项目管理办法(试行); 浙江农业商贸职业学院科研经费管理办法(试行); 浙江农业商贸职业学院科研成果奖励办法(试行)。

三、 以人为本，兼顾道德的约束力

坚持以人为本,在制度制定时要考虑到符合学校成员的利益诉求,积极落实教师、学生的主体地位,符合学校教师的心理、专业素质水平,符合学校学生的年龄特点、认知水平以及生活学习需求。要考虑学校的历史发展传统,现实办学特点,因地制宜,因校制宜,提高学校制度的合理性与有效性,加强执行力。

以人为本在制度执行上的体现就是操作有情,制度是为了约束人,同时也是为了激励人,要尊重、理解、关心成员,形成一种制度的人性化管理。就如同英国作家罗·伯顿所说,"任何规章都有某些例外,绝对通用的规章是没有的";德国军事家克劳塞维次认为,"没有无例外的规则"。制度的执行要求"言出必行",行必须行之有效、有理、有节。根据事情的缘由、情节的轻重、后果的程度,量"情"处理。制度并不是冷冰冰的机械操作,总是要容许制度之外的特例,制度之下的柔情。

浙江农业商贸职业学院高度重视、认真贯彻执行各项教学规章制度和政策措施，加大政策支持力度，不断健全教学管理制度，积极组织实施各项教学工作并进行检查落实，加强对教学工作指导和督促，切实做到以教学工作为中心，有效提高教学质量，保证教学建设与改革的稳步推进，为人才培养目标的实现提供保障。在教学管理方面，学院制定了《学院系（部）教学工作考核办法（试行）》《学院系（部）二级教学管理办法（试行）》等一系列教学管理制度，此外根据实际需求修订了《学院教学大纲管理条例》等多个重要教学管理制度文件，建立了教学检查与报告制度、学生教学信息反馈制度、学生评教制度、教师评教评学制度、听课制度、毕业生质量跟踪调查等系列制度和措施，做到从入学到毕业的全程监控，多渠道了解课堂教学现状，提高教学培养质量，切实保证人才培养目标的实现。

在教师管理方面，学院以人事制度改革为契机，以《学院高层次人才引进工作的有关规定（试行）》《学院人才梯队培养计划的实施办法》《学院教师企业轮岗工程管理办法》《“双师素质”教师队伍建设与管理实施办法》等制度为主线，构建起有效的人事管理制度，依法在教师聘用、职务评聘、继续教育、奖惩考核等方面建立完善的制度规范，保障教师拥有各项合法权益和待遇，保障和尊重教师在教学、科研方面的专业权力，形成有利于教师专业成长的制度环境，调动广大教职工工作的积极性、主动性。

学院在学生管理制度建设方面坚持以学生为中心，体现公平公正和育人为本的价值理念，尊重和保护学生的人格尊严、基本权利。学院制定了《浙江农业商贸职业学院学生学籍管理规定（2013 年修订）》《学院学生资助工作管理办法》《浙江农业商贸职业学院招生工作考核办法（2013 年修订）》等制度，对学生管理做到依法、合理。对学生进行处分，应当做到事实清楚、定性准确、依据充分、程序正当，重教育效果，做到公平公正。学院制定了《关于学生校内申诉管理规定（试行）》《院系二级学生管理实施办法（暂行）》《学生心理危机干预办法（试行）》等管理制度，并成立了学生校内申诉处理委员会、学生办事大厅等机构，在对学生做出不利处分前，给予学生陈述与申辩的机会，要保障学生的人身权、财产权和受教育权不受非法侵害，保护人身自由与人格尊严。同时体现了学院重视学生，注重提高学生的综合素质与能力。

在学校制度的硬性管理之外还要注重道德建设，加强道德管理。道德文化可以调整人们的观念、行为、语言和利益关系，维护社会正常的生活秩序。“道德使人在发挥主体自觉性时，不仅调整人们的相互关系，而且能够自我约束和监督自己，内在论证自己的行为，决定自己的行为目标和路线，从这个意义上说，道德对人本身就具有一种最伟大的价值，因为它提高人的地位，使人的人格变得高尚,唤起和发展着人身上真正合乎文化本性的主体自觉性。"①道德管理可以弥补制度管理的不足,在制度管理所不能触及的地方可以通过道德进行管理。对于学校来说,道德管理可以维护学校正常教学、研究和生活秩序,塑造学校形象,打造学校品牌,形成良好的文化氛围和道德约束力。对于教师以及学生来说,他们可以从已有的道德理念、道德规范、道德人物中接受教育,在群体活动中形成正确的理念、规则,并内化为自我的道德意识,变成自我的道德行为。

道德管理要与制度管理相互配合,完善的制度管理体系是道德约束机制形成的保障,而道德管理的形成为制度管理提供了思想基础。要推进依法治校就必须加强以德治校,制度文化发展为全校成员的共同意志,就具有了道德上的约束力。鉴于学校培养人、教育人的功能和作用,德治思想与法治思想的结合,就是将道德文化建设的内容融入学校的各类制度规范中,而宣传、推行这些制度规范时要工作到位,落实德治的思想。

浙江农业商贸职业学院在学校校训上就强调"树人成德","成德"意为成为有道德、有修养的人。同时,浙江农业商贸职业学院积极打造"志愿者之校",坚持以团结友爱、助人为乐、见义勇为的宗旨,结合学院志愿者的服务理念、服务特色,积极开展全校范围内的志愿服务活动,不断完善志愿服务各项规章制度,进一步规范志愿服务活动,着力打造制度化、体系化的志愿服务体系,塑造具有学校特色的品牌志愿服务活动,在学院树立奉献、友爱、互助、进步的时代新风范。

四、与时俱进,保持制度的创新力

社会组织的整合机制主要有三种,即科层机制、文化机制和市场机制。科层机制依靠组织中的职务等级权威和一套规章制度整合组织活动。文化机制利用组织共享价值观、传统和信念来规范和控制组织成员的行为。市场机制依靠组织分系统和组织成员之间的交换关系及交换价格来协调组织活动。任何社会组织都在运用这三种整合机制,只是具体条件不同,对各种整合机制的运用程度也不同。② 高等职业院校是传授知识、技能的特殊组织。韦克把大学这样的组织称为"松散的耦合系统",就是说大学制度没有传统的科层组织那样的严密控制结构。而通过价值观和信念系统进行协调,可以补偿松散耦合系统的缺失;通过加强文化建设、制度变革,会为学校带来生机与活力,使学校成员共同朝着学校组织目标努力。

浙江农业商贸职业学院近期深入开展了"现代高等职业教育思想大学习、大讨论"活动,在教学线、管理线多次召开研讨会,开展教育思想大学习、大讨

---

① 郑祖泉:《简论道德文化》,《道德文明》,2003 年第 3 期。

② 方明、谷成久主编:《现代大学制度论》,安徽大学出版社,2007 年版,第 165 页。

论,分层分步组织教师围绕内涵建设的顶层设计开展学习讨论活动,全院统一办学思想,明确办学定位,明晰办学宗旨,更新办学理念,将先进的文化理念、清晰的价值观理念贯彻到学校制度文化建设中,推动学院的内涵式发展,带动学院的制度文化建设。

学院积极利用文化力的推动,带动领导干部学习制度的建立,并严格遵守制度,提升教职工的道德素质、文化素质、业务技能素质等。积极借鉴其他学校优秀的规章制度和制度理念,结合学院特色,改进学院内部管理,科学、合理设置学院的制度管理机构,完善学校章程,修订和完善学院内部管理制度,进一步明确机构职能,理清行政部门和教学单位的职责,优化学院内部管理体制,推动和谐、文明、高效的学院制度体系的形成。

五、 多方合作,共创制度的和谐力

阿什比曾经指出,影响大学的力量来自三方面:市场的、政治的和大学自身。它们对大学发展方向及其稳定性所起的作用,取决于三者相互作用时各自力量的变化。剑桥大学副校长安妮·朗斯代尔在分析剑桥成功的秘诀时指出:“剑桥能够800年发展不衰,就是因为它能根据每个时代的特征去管理。”时代的变迁、经济的发展以及政府的导向对高职发展产生了巨大的影响,高职学校的制度不仅仅沉淀了学校的历史和传统,同时也是社会政治和经济制度的缩影。教育部研究制定的《全面推进依法治校实施纲要》中强调,全面推动教育行政管理体制以及学校内部管理体制的改革、创新,在依法行政、依法治校的基础上,构建政府、学校、社会之间的新型关系,加快建设现代学校制度。争取政府的支持、社会的辅助、企业的参与,积极扩大社会参与学校办学与管理的渠道和方式,通过建立新型的制度文化,加强学校与社会之间的联系,创造性地利用社会资源,扩大与社会的合作,在决策咨询、教学科研、安全管理、学生实习实践等方面更多地引入社会资源,健全制度,扩大社会参与的广度和深度。按照《中国共产党高等学校基层组织工作条例》中的规定:职业学校要建立有行业企业人员参加的学校理事会或董事会,形成校企合作决策机制。有关学校发展规划、基本建设、重大合作项目、重要资产处置,以及重大教育教学改革等决策事项,应当按照有关规定,进行合法性论证,开展合理性、可行性和可控性评估,建立完善职能部门论证、邀请专家咨询、听取教师意见、专业机构或者主管部门测评相结合的风险评估机制。

要建立适应现代经济发展要求的高职院校,须要加快形成学校、企业和社会化职业教育并举、学历与非学历并重、全日制与非全日制共同发展的职业教育发展格局,促进办学类型、学习形式的多样化,面向全社会、面向人人提供多种形式的职业教育。学校制度文化要能够体现企业的规范,这就要求学校要深入研究现代企业中的各种规章制度,引入现代企业中优秀的规章制度,从而使学生能够更好地完成从“学生”到“现代职业人”的过渡。

浙江农业商贸职业学院与企业合作,建立实训基地、顶岗实习制度,并且成立外婆家绿色食品学院,同时建立浙江农业商贸职业学院校外实训基地和农商院·外婆家联合产品设计基地,让学校和企业共同进行课程开发,优化专业设置,充分利用学校的知识、技术、学生和教师资源,企业的资金、实训平台和就业资源,让企业专家走进课堂,专业教师进入企业,开创全新的高校课程制度,建立新型的人才定向培养制度,使学校制度文化焕发出企业制度文化的特点。

第五章

高等职业院校中的活动文化

文化作为一种资源，与我们的生活密切相关，并且在我们的生活中扮演着重要的角色。可以毫不夸张地说，离开了文化，我们甚至无法生存。文化作为一种可再生的资源，可以对我们的生活施加持续的影响。正如华为总裁任正非所言，“世界上一切资源都可能枯竭，只有一种资源可以生生不息，那就是文化”。没有了文化，我们的生活将变得索然无味，生活质量也会随之下降。

第一节 活动文化的内涵及类型

我今说文化就是吾人生活所依靠之一切，意在指示人们，文化是极其实在的东西。文化之本义，应在经济、政治，乃至一切无所不包。

——梁漱溟

一、活动文化的内涵

同价值观文化、仪式文化、物质文化和制度文化等一样，活动文化也是校园文化的重要组成部分。从某种意义上讲，活动文化是校园文化的重要表现载体之一，但它的这种载体明显不同于物质文化的载体作用，二者在本质上有明显的区别。胡晓认为，学生活动文化是学校有目的、有计划、有步骤地组织学生参加具有育人功能的思想政治、学术科技、文娱体育、社会实践等活动体现出的一种精神氛围，旨在把德育、智育、体育、美育文化思想和理念渗透到活动之中，使学生在活动氛围中提高思想素养，形成正确的世界观、人生观、价值观与优秀的人文素质，并增强其实践经验，推动自身的全面发展。① 在高等职业院校中,存在着丰富的校园文化活动。相应地,有活动的地方也就有文化的存在。活动文化就是蕴含在校园活动中的一种具有校园活动特征的文化风格。

校园活动文化具有丰富的内涵。对于校园活动文化的内涵,学术界一直是众说纷纭,难以达成统一的看法。总体上看,对于校园活动文化内涵的理解有广义和狭义之分,广义的校园活动文化泛指在校园内外发生的有学生参与的各种类型、各种形态、各种层次的活动文化的总称。而狭义的活动文化一般特指常规的教育教学活动文化以外的对于提高学生身心健康和思想道德素质有益的其他活动,简单地讲就是特指课外活动文化。本书所讲的活动文化是狭义层面上的活动文化,即课外活动文化。

二、 活动文化的类型

众所周知,校园并不是一个死板的学习场所。除了常规的教育教学之外,还有丰富多彩的校园文化活动。正是因为有这些活动的存在,校园生活才显得更加生机勃勃和充满趣味。在学校之中,活动文化具有多种不同的表现形式。具体到高等职业院校之中,活动文化的类型也是多种多样的,主要包括以下几种形式。

1. 技能大赛类

与普通本科院校不同的是,高等职业院校更加重视技能的训练和培养。很多高等职业院校在命名时会在名字中加入“技术”二字,由此可见对于技术技能的重视。为了更好地拓展学生的专业技能,在常规的教育教学和实习实践活动之外,高等职业院校一般会组织学生开展一些技能大赛活动。与常规的教育教学活动和实习相比,技能大赛往往更加具有吸引力,可以调动起学生参与的积极性。为了个人或班级荣誉,学生往往乐于投入更多的努力去取得好成绩。通过技能大赛的开展,力求让每个高职学生都参与进去,从而在形成良好的校园氛围的同时,让学生增强自身的专业技能。在高等职业院校中,比较常见的技能大赛种类有:汽车维修大赛、平面设计大赛、动漫设计大赛、数控技能大赛、烹饪技能大赛、程序设计大赛、科技文化节等。一般来说,在高等职业院校中,技能大赛的种类与学校的专业设置情况密切相关,技能大赛的规模与学校的规模大小也有密切的关系。在浙江农业商贸职业学院,每年都会开展一些大规模的技能大赛。比如农业经济管理系积极组织学生参加各类创业、挑战杯等大赛,增强学生创业实践能力,同时积极承办绍兴市大学生电子商务竞赛和“农商杯”首届电子商务

① 胡晓、周久军:《构建具有高职特色的学生活动文化体系》,《武汉船舶职业技术学院学报》,2012 年第 2 期。

竞赛等比赛,以提升学生各方面的能力。学院正是通过各种技能大赛活动的举办,培养创新创业人才,同时为营造重实践的校园文氛围打下坚实的基础。又比如财会金融系也会举办一系列技能竞赛类活动,拓展学生的专业素质,包括会计基本技能点钞竞赛、会计基本技能书写竞赛、会计制单比赛、财会信息化竞赛、会计职业技能竞赛、金融知识竞赛等。

2. 文艺表演类

大学生活之所以丰富多彩,就在于除了常规的教育教学活动之外,还有各种各样的文艺表演活动。谈到文艺表演时,我们自然地就会想到"艺术"二字。其实,艺术并不是高不可及的东西,艺术其实就存在于我们的生活之中。具体到高等职业院校之中,艺术最重要的表现形式就是丰富精彩的文艺表演活动。与枯燥单调的学习相比,文艺表演的形式是多样的,可以吸引更多的学生参与进来。由于水平和能力有限,学生表演的节目可能不是那么专业,但这并不是活动最终的目的,学生那份参与活动的积极性和热情才是最有意义的。在高等职业院校中,举办各种文艺表演活动,一方面可以丰富同学们的业余生活,另一方面也可以缓解同学们繁重的学业压力。各种类型的文艺表演活动,还有利于学校形成一种独特的艺术文化氛围。这种艺术文化氛围会在潜移默化之中对学生起到教育的作用,可以促进同学之间的人际交往以及起到愉悦身心的作用。在高等职业院校中,比较常见的文艺表演类活动有:文化艺术节、十佳歌手比赛、大学生电影节、书法绘画比赛、舞蹈大赛、文艺晚会、健美操比赛等。各种各样的艺术活动增强了大学生的艺术气质和艺术修养。浙江农业商贸职业学院为了营造良好的艺术氛围,每年也会开展一些文艺表演活动。比如艺术设计系精心打造的文化艺术节就比较有特色。为了开展好文化艺术节,该系成立了组织委员会,由系领导担任组委会主任,各学工线老师担任组委会成员,系团总支、学生会各部门都为文化艺术节的开展出力,形成了"团组织搭台、全系协作、学生参与"的工作格局。文化艺术节活动主题突出、形式新颖、内容丰富,参加学生人数多、覆盖面广、影响力大,深受学生欢迎。此外,文化艺术节中有很多鼓励学生原创的活动,对于展现校园原创艺术魅力,挖掘大学生创造潜力,在校园中掀起原创艺术高潮起到良好的促进作用。

3. 体育竞赛类

青年学生被看作是早上升起的太阳,是祖国的希望,是祖国的未来,是社会主义国家的建设者和接班人。为了更好地适应这个社会,为国家做贡献,除了具备丰富的专业知识和扎实的专业技能之外,还要拥有强健的体魄。所谓身体是革命的本钱,讲的就是这个道理。在美国,各大学校长主要抓三件事,其中一件就是体育。[①] 为了增强学生的身体素质，在高等职业院校中，开展必要的体育竞赛活动就显得尤为重要。在学校开展各种体育竞赛类活动，还可以营造出一种良好的体育文化氛围，增添学校的活力，有效提高学生的生活质量，使校园生活变得更加多姿多彩。随着时代的进步、社会的发展，体育文化活动在校园文化中的地位和作用越来越大。同时，高等职业院校也越来越重视在学校中开展各种类型的体育竞赛活动。良好的体育文化氛围对于提高高等职业院校的形象和气质也有重要的作用。在高等职业院校中，常见的体育竞赛类活动有：春季运动会、秋季运动会、篮球比赛、足球联赛、羽毛球比赛、乒乓球比赛、田径比赛、趣味运动会等。发展体育运动、弘扬体育精神，对高等职业学院培养21世纪德智体美劳全面发展的高素质应用型人才具有重要的意义。近几年来，浙江农业商贸职业学院一直高度重视体育工作，不断完善体育设施，提高体育教学质量，大力倡导奥林匹克健身运动，使得学院整体体育竞技水平和学生身体素质有了长足的进步与提升。农商院为了增强学生的身体素质，营造良好的体育文化氛围，每年都会开展一些规模较大的体育竞赛类活动，充分展示农商院青年学子的精神面貌。比如体育文化节、篮球比赛之类的活动。各种体育竞赛活动的举办对于高等职业院校来说是件大事，赛事的举办对于贯彻落实全民健身计划，增强师生身体素质，促进学院全面发展，提高学院综合办学实力和办学水平等，都具有十分重要的意义。

4. 人文素质类

一直以来，社会对高等职业院校中的学生存在一种偏见。社会中的很多人认为，高等职业院校中的学生就只会一些技能性的东西，懂一点技术而已，缺乏一定的人文修养，素质普遍不高。诚然，在高等职业院校中确实存在一些这样那样的问题，但不能说从高职学校出来的学生就人文素质不高。在高等职业院校发展过程中，有的学校还是单方面注重学生技术技能的提高，忽视人文素质的培养，但现在越来越多的高等职业院校开始重视学生人文素质的提高。以上这些问题也同样存在于一些普通本科院校中。在校园文化活动中，最明显的表现就是开展各种类型的人文素质活动。在高等职业院校中，开展人文素质活动，可以在提高学生人文修养的同时，营造良好的校园文化氛围，有利于和谐校园的打造，也有利于高等职业院校培养出德才兼备的高素质人才。高等职业院校学生的人文素质高低，也成为衡量其办学质量和水平的重要参照标准。因此，在高等职业院校中，大力开展人文素质类活动是一项值得重视的工程。高等职业院校中比较常见的人文素质类活动有以下形式：人文大讲堂、知识竞赛、辩论比赛、学

---

① 王正跟：《国家大体协竞赛活动部官员：奥运将成为大学生舞台》，《东方体育日报》，2004年9月6日。

术沙龙等。浙江农业商贸职业学院为了提高学生的人文素质,开展了多种类型的人文素质活动,其中比较典型的就是经济贸易系开展的素质拓展系列活动。为了切实提高经济贸易系学生的英语应用能力,强化学生语言组织能力与表达能力,让学生感受英语语言文化,体会英语语言文学的魅力,经济贸易系组织了诸如英语俱乐部、英语写作大赛等活动;与此同时,还陆续开展了辩论赛以及国贸知识大赛等活动,对于学生开拓视野,掌握世界发展的脉搏,扩大自身知识储备,增强语言组织能力与表达能力都具有十分重要的意义。在提升学生个人能力的同时,经济贸易系还组织了各种素质拓展班,帮助学生发展自己的个性,开发自己的兴趣爱好,增强各方面的素质和能力。

5. 文明建设类

我国是一个拥有五千年文明历史的大国,有着丰富的历史文化遗产,形成了比较有特色的中华传统美德,向来比较重视文明的建设工作。改革开放以来,党和政府更加重视文明的建设工作,提出建设"两个文明"工作,在抓好物质文明建设的同时,搞好精神文明建设,并将这种文明建设工作在社会各个领域中深入开展。学校作为文明建设的前沿之地,担负着重要的责任,也是社会主义文明建设的主力军之一。为了加强社会主义物质文明和精神文明建设,高等职业院校自然也不能落伍。文明的建设不是一朝一夕的事情,它需要长期的精力与时间的投入,需要各方面工作的支持。在高等职业院校中,开展各种类型的文明建设类活动,不但可以在学校之中形成良好的校园文化氛围,而且有利于和谐社会的构建,促进社会的进步与发展。文明建设类活动一般由学校团委牵头,围绕一定的主题,通过评比、报告、讲座等形式开展,从而不断提高学生的思想政治素养和道德品质。在高等职业院校校园之中,常见的文明建设活动有:"学雷锋"活动月、文明校园创建活动、优秀团队创建活动、最强班级评比活动、最美宿舍评比活动等。浙江农业商贸职业学院响应党和国家的号召,也开展了丰富多彩的文明建设类活动。比如学生干部培训班、文明礼仪讲座、星际寝室表彰大会等。又比如艺术设计系为了帮助同学们更好地学习雷锋精神,开展了以"寻找身边的雷锋"为主题的活动。雷锋,一个逐渐被人们淡忘的名字,他却是实践奉献、传递爱心的最好代名词。礼仪是中华民族的传统美德,长期以来被人们作为衡量道德水平的重要标准,也是体现国民素质的一个重要方面。为了更好地引导学生树立社会主义荣辱观,提高学生思想道德素质和文明素养,艺术设计系以"寻找身边的雷锋"活动为依托,在全校范围内开展文明礼仪普及教育活动,从而提升学校育人工作的实效性。

6. 社会实践类

古语有云:"不登高山,不知天之高也;不临深溪,不知地之厚也。"这句名言意在强调实践对人类生活的重要性。在现实生活中,学校作为一个独特的教育场所,与社会的联系不是很密切,甚至有些学校与社会是完全隔绝的。封闭式学校培养的学生,往往很难及时适应社会的需要。为了提高学生的综合素质,锻炼学生的社会适应能力,有必要开展一些社会实践活动。在高等职业院校中,实践显得更为重要。高等职业院校中的学生,除了在学校中接受一些职业技能训练之外,还要到企业中去实习,去一线的岗位锻炼自己。同时,高等职业院校的学生还应该参加一些社会公益活动,以培养对社会弱势群体的爱心和对社会的责任感。社会实践活动是学生展现自我的大舞台,是学生检验自身能力、锻炼自身毅力的重要平台,理应得到学生、老师和学校的重视。在参加各种社会实践活动的同时,学生的阅历自然会不断丰富,社会适应能力也会增强。在高等职业院校中,比较常见的社会实践活动有:企业实习、志愿者服务活动、暑假社会实践活动、企业展销会活动、职业生涯人物访谈、挂职锻炼活动等。浙江农业商贸职业学院为了提高学生的社会实践能力,进一步整合校内外社会实践活动资源,培养大学生的社会实践能力,让大学生在社会实践中得到成长和锻炼,开展了多种类型的社会实践活动,以形成社会实践的长效机制。比如"播撒阳光、奉献爱心"关怀活动,"志愿服务、回馈社会"社会服务活动,"红色团路、绿色征程"红绿相映活动,"红色 1+1"主题社会实践活动。

7. 生活健康类

良好的生活环境是学生学习的重要保障。在高等职业院校中,学生的生活质量和水平是评价一所学校的重要指标。学生只有拥有健康的身体和心理,才能有更多的精力投入到学习和生活中去。高等职业院校的学生正处于身体和心理发展的重要时期,没有到达成熟的地步,还有待进一步提高和完善身体和心理素质。在高等职业院校中,学生拥有健康的生活方式,仅仅通过引导和自我约束是不够的。为了切实实现这个目标,就需要高等职业院校开展各种类型的、丰富多样的生活健康类校园文化活动。浙江农业商贸职业学院团委把学生心理健康、生理健康、人身安全作为重点工作来抓,每年举办"心理健康活动月",通过举办心理知识展、"团体工作坊"、心理电影放映与主题班会等活动,提高了同学们的自我调节能力和心理健康水平,让同学们更加爱自己、爱健康,拥有阳光的心态。同时,学院积极举办女生节系列活动,包括女性青春健康讲座、女子书画比赛、女子"十字绣"比赛等,大大丰富了学院女生的课余文化生活。正是通过以上各种类型的生活健康类校园文化活动的开展,在增加高等职业院校学生生活健康知识和常识的同时,帮助学生更好地度过大学生活。此外,浙江农业商贸职业学院为了进一步普及消防安全知识,增强师生对灾难风险的防范意识,掌握在火场中迅速逃生、自救和互救的基本技能,特地举办了消防疏散演练活动。整个消防演练过程井然有序,通过演练落实了学校应对突发事件的预察,增强了师生在火灾中的避险逃生能力,演练达到了预期的目的,取得了圆满的成功,对学院安全环境的形成起到了促进作用。

8. 生涯规划类

最后,生涯规划类校园文化活动也是活动文化的重要表现形式。生命清单,其实就是人生的规划,一个人如果没有规划好自己的人生,不清楚自己奋斗的目标,即使拥有很高的学历,也只能成为碌碌无为之人。要想成为一个成功的人,实现生命的价值,生命清单是必需的,有必要为自己的人生制定一份规划。详细而合理的人生规划可以使人树立一种精神、理想和追求。学生在升入高等职业院校之后,进入了人生的一个新的阶段,各方面都需要逐渐地去适应,包括学生角色的转换,学生生活的变化,以及身处异地他乡的心理变化,等等。而且,当今社会处在变革的时代,职业活动的竞争日益激烈。对于大学生而言,首先要认真规划好自己的大学生涯,明确生涯目标,才能做到心中有数。浙江农业商贸职业学院也开展了各种各样的生涯规划类活动。为了更好地开展新生入学教育工作,帮助他们更好地调整自己的状态,转变角色,同时更好地适应大学生活,在学院领导的重视下,学生处、团委在新生进校后就着手研究和部署新生始业教育工作,精心安排一系列的讲座,确保每一位新生都能聆听到专家和学者的精彩演讲,为自己的大学生活做出一个完整的规划。又比如汽车技术系为了促进就业指导工作,推广和传播职业生涯规划理念,引导大学生树立正确的成才观、择业观和就业观,增强大学生职业生涯规划意识,提高职业技能,培养职业素养,拓展职业空间,科学制定职业发展规划,以大学生的生涯设计、生涯规划为切入点,积极探索高职院校思想政治教育的针对性和有效性,力求打造一个学生思想政治工作和学生管理工作的新平台,以达成生涯规划与学生思想政治教育的对接,即为"大学生生涯导航工程"。通过生涯导航,帮助学生树立正确的世界观、人生观和价值观,规划好自己的大学三年,促进学生综合素质的全面发展,从而能够在激烈的求职竞争中脱颖而出。

第二节　高等职业院校活动文化概述

人文文化对感情的感染,人格的熏陶,习惯的养成,环境的造就,传统的形成,太重要了!何况,对于思维、培养灵感、孕育创新能力,人文文化有着巨大的作用。

——杨叔子

高校校园文化活动是校园文化建设的载体,是高校校园文化活的灵魂。它既是展示高校办学活力和效果的重要方面,也是增强和提高师生实践和运用思想、知识和能力的重要方面,既体现着高校精神,也体现着教育品位。① 对于高等职业院校而言,也同样如此。活动文化作为校园文化的重要表现形式,在长期的形成和发展过程中,表现出了多种多样的特征。由于活动文化自身所具有的特殊性,活动文化在不同类型的学校或者不同层次的学校中,往往会表现出不同的特征。当然,由于类型或者层次的不同,活动文化的作用在一定意义上讲也是有所不同的。所以,当我们去谈论活动文化的特征及作用的时候,就不可避免地站在一定的立场之上,也不可避免地会偏向于某一种研究的视角。

一、 高等职业院校活动文化的特征

在高等职业院校中,由于其自身所具有的“高职”特征,高等职业院校除了具有一般本科院校活动文化所具有的特征之外,还具有自身独有的特征。正是这些独特的活动文化的特征,将高等职业院校的活动文化与普通本科院校的活动文化区别开来。但是由于高等职业院校毕竟是作为一个学校而存在的,所以我们在研究高等职业院校活动文化特征时,不能忽视它作为一个学校所具有的活动文化特征的共性。把握好以上两点,我们对高等职业院校活动文化特征就能有一个更加清晰而全面的了解。

1. 多样性

在高等职业院校中,活动文化具有多样性的特征。多样性是指某种事物或者某个实体所具有的多种多样的特性。在不同的领域,多样性也具有不同的内涵。我们常见的表述多样性的概念有生物多样性、遗传多样性、物种多样性、生态多样性和文化多样性等,而活动文化多样性就属于文化多样性的一种。在前面的论述中,我们已经讲到,在高等职业院校中,活动文化的类型十分丰富,包括技能大赛类活动、文艺表演类活动、体育竞赛类活动、人文素质类活动、文明建设类活动和社会实践类活动等六大类。各种类型的活动也都具有自身的表现形式,也有不同的活动风格、活动对象、活动内容、活动目的以及活动的范围,涉及学生成长的各个方面。所以在各种不同的活动之间,有各种各样不同的活动表现形式,这些都构成了高等职业院校活动文化的多样性特征。同时,在高等职业院校中,不同的活动主体参加的活动也是多种多样的。比如教师会参加一些教职工活动,而学生则热衷于参加一些学生自己的活动,正是这些不同也构成了活动文化的多样性特征。比如浙江农业商贸职业学院的技能运动会就既有技能大

① 周全、徐杰、张翅:《浅析高校校园文化活动的现状与对策》,《高校讲坛》,2008 年第 14 期。

赛的特点，又具有运动会的特点，异彩纷呈：烹调技艺、汽车排故动作娴熟；海报展示、网店装饰想象丰富；台上演讲、沙盘模拟展现自我；商务策划、商品营销精心策划。同学们在比赛中奋力拼搏、精益求精，凸显了精湛的技术，展现了完美的才艺，同时充分体现了技能运动会"强化技能、提升质量、打造品牌"的宗旨。

2. 商业性

与普通本科院校相比，高等职业院校与企业的联系更加紧密。在校企合作模式指导下，高等职业院校开展的活动文化具有商业性的特征。这种商业性的特征体现在学校举办的各种活动之中。高等职业院校在举办活动的时候，一般都会去企业拉一些赞助，开展一些活动比赛，也往往用企业名称来冠名。这样一方面可以节省活动经费，另一方面也可以帮助企业做好宣传工作，可以说是各取所需。更明显的一个例子是，高等职业院校在组织元旦晚会或者迎新晚会的时候，都会与企业有较大力度的合作。主持人在串场的时候会为企业插播一些广告，在舞台的背景设置方面会加入一些企业元素，同时很多高等职业院校也会邀请企业人员去参加晚会。高等职业院校正是在这种活动之中，加强了与企业之间的联系。有了这种良性的互动，企业也乐于与高等职业院校之间展开合作。正是这种高等职业院校所特有的商业性的活动文化，营造出一种企业文化的氛围，可以帮助学生更好地适应企业的要求，更好地适应社会的需要。在高等职业院校中开展商业性的活动并不是一种功利性的表现，也不会败坏学校的风气，相反，它会对高等职业院校的发展起到良好的促进作用。比如浙江农业商贸职业学院第二届职业生涯规划决赛是以"建行杯"冠名的。以"建行杯"冠名意味着企业可以为这次职业生涯规划决赛提供一定的赞助经费，同时这也是校园文化活动商业性的重要体现。再如，汽车技能大赛以"物产元通杯"冠名，得到了浙江物产元通机电有限公司的大力支持，也鲜明地表现出汽车技能大赛的商业性。另外，每年农商院举行的新年晚会、迎新晚会之类的大型活动一般也会有企业冠名，得到企业的赞助与支持。

3. 自主性

无论是在普通本科院校，还是在高等职业院校，学生都是开展校园文化活动的主体。要想在高等职业院校中开展有特色的校园活动文化，必须大力发挥学生的主体作用。在这种背景之下，高等职业院校的活动文化就不可避免地具有了自主性的特征。在发挥学生主体性的过程中，只有开展学生喜闻乐见的活动，学生的参与积极性才会更高。因此，应该把开展活动的主动权交给学生，也就是发挥学生开展活动的自主性。在开展校园活动的过程中，教师只起组织和引导作用，发挥的是辅助作用。在具体的活动开展过程中，高等职业院校的学生应该集思广益，自行策划方案，组织活动，开展具有学生特色的有价值和有意义的活动。在高等职业院校中,最典型的表现学生自主性的学生组织就是社团。社团一般是由学生自行组织、自行开展活动的,社团内部的一些规章制度也是由学生制定的。作为一种高度自治、自主的学生组织,社团在高等职业院校学生生活中发挥着巨大的作用。高等职业院校在发展的过程中,理应重视社团对发挥学生自主性所起的作用,并给予一定的支持。比如,在浙江农业商贸职业学院也有一些爱心社团,为了让大学生更多地关注社会,承担起社会的责任,也为了激发大学生的奉献意识,提高综合素质,更为了创建和谐社会,让更多的人加入到爱心行动中来,经常自行组织爱心活动,常见的形式有去敬老院照顾孤寡老人,去残疾人中心志愿服务,爱心义卖等。在爱心义卖活动中,农商院的同学通常在校园里以低价的方式出售一些学生们需要的生活用品和产品。这微小的行动所筹集来的资金却可以汇聚成一份大力量,为生活困难的同学解决生活的难题,同时也宣传了助人为乐的精神。随着这种爱心活动的增加,更多的学生会培养起爱心意识,主动去帮助须要帮助的人,主动加入到爱心行动中来。物质有价,爱心无价,这种学生自行组织的爱心活动,不仅只是一次活动,而且是一次爱心的传递。

4. 传承性

任何国家的文化都带有本民族的特色,与本民族的历史文化有着千丝万缕的关系。校园活动文化当然也不例外,具有传承性的特征。这种传承性的特征,体现在高等职业院校中,就是开展各种类型的具有民族特色和地域特色的高等职业院校文化活动。发挥本民族文化优势,开展有民族特色的校园文化活动,并不是故步自封的表现,而是一种对本民族优秀文化的发扬。正如一句名言所讲的那样,一个不懂得宣传和发扬本民族优秀文化传统的民族称不上是一个伟大的民族。因此,在高等职业院校中,开展校园文化活动,可以与本民族的传统节日、传统习俗相结合,还可以与当地的传统相结合。比如,在冬至的时候,举行包饺子活动。在中秋节的时候,举办晚会,共度佳节。这种活动文化的传承性,在少数民族地区高等职业院校中体现得尤为明显。在我国,少数民族地区的学生一般都能歌善舞。因此,在高等职业院校中,少数民族的学生可以发挥这方面优势,开展各种歌舞类的活动。同时,少数民族一般也拥有自己的节日,在此期间可以在校园中开展一些庆祝活动,这样不仅可以增强民族团结,也可以丰富同学们的校园文化生活。比如,浙江农业商贸职业学院坚持活动文化的继承性原则,开展了具有"越菜文化"特色的"舌尖上的农商活动"。烹饪旅游系充分发挥学生的专业特长,结合越菜文化的特色,挖掘越菜所具有的文化内涵,致力于提高学生的动手能力、创业意识以及团队协作能力,打造具有越菜特色的美食节,将其作为系部特色的校园文化项目之一。这种具有越菜文化特色的美食节活动,不仅受到了农商院广大师生的欢迎,而且受到社会各界的广泛关注。

5. 时代性

高等职业院校中的活动文化还具有时代性,体现出与时俱进的品质。这种时代性最明显的特征就是高等职业院校中的活动文化并不是一成不变的,而会随着时代的变化不断丰富活动的内容和形式,以此来增强活动的吸引力、号召力以及影响力。虽然说传承是大学校园文化的基本功能,但是创新是现代大学校园文化的崇高使命。创新是一个民族永葆生机的动力源泉,是一个国家兴旺发达的不竭动力。如果大学校园文化不能够紧跟时代的步伐,缺乏创新,就会失去它的时代精神和品性。可以说,大学校园活动文化从本质上讲就是一种创新性的文化。在高等职业院校中,活动文化的时代性更是体现得淋漓尽致。我们知道,在当今这个信息和技术发达的时代,社会各个领域的更新换代是十分迅速的。高等职业院校要想增强自身的竞争力,必须紧跟时代步伐,加强创新。因此,在对常规的教育教学活动进行创新的同时,还有必要加强校园文化活动的创新。具体来讲,就是开展各种具有时代特征的活动,与时代潮流紧密结合,创新活动的形式与内容,发挥时代对校园文化活动的促进作用。用创新性的活动文化引领高等职业院校的发展,势必会起到良好的效果,因为它是与时代的步伐紧密相随的。比如浙江农业商贸职业学院的"赢在农商院"创业宣传周暨"永年·农商院创业论坛"就具有时代性的特征。创新创业是当今时代的主题,大学生是最具有创新精神的群体之一,大力推进高等学校创新创业活动,鼓励大学生自主创业是全面贯彻落实科学发展观、建设创新型国家、实施创业带动就业的重要举措,是深化高等教育改革、培养学生创新精神和实践能力的重要途径。农商院举办本次活动就是为了在全院营造良好的创新创业氛围,鼓励农商学子学习创业知识,培养创业意识,提升创业能力;就是要建设学院创业创新文化,展现大学生创业精神的载体。显而易见,本次活动鲜明地体现了活动文化的时代性特征。

6. 开放性

最后,高等职业院校中的活动文化还具有开放性。在高等职业院校中,开展各种校园文化活动,并不像教学活动一样受到教学大纲、课程标准的约束,相对来说,它具有较强的开放性。这种开放性是指校园文化活动是一个开放的体系,作为一个体系它并不是与外界隔绝的,而是与外界紧密联系的。这里所指的外界,不仅包括社会文化,而且包括外来文化。当今世界是一个开放的世界,越来越呈现出全球化、地球村的特征。在高等职业院校中,开展校园文化活动同样是如此,绝不能把自己封闭起来搞校园文化活动,否则只会造成学生的"鼠目寸光",使学生成为"井底之蛙",而无法跟上时代发展的步伐。为了更好地发挥这种校园活动文化的开放性,在开展校园文化活动的过程中,就要求做到兼容并包,不能一味地排斥外来文化,应该积极地吸收外来文化的精华。具体到高等职业院校活动开展，就是要做到与国际接轨，紧跟世界潮流。比如，可以在圣诞节、劳动节等节日期间，在校园中开展一些有意义的文化活动，而且活动的内容和形式不能太单调。为了打造国际化的高等职业院校，对活动文化开放性的秉持是必不可少的。比如，浙江农业商贸职业学院曾经邀请著名的法国大厨与烹饪旅游系的同学们做交流活动。这位法国大厨曾经在法国雅高酒店担任主厨，来到中国后一直在宁波南苑饭店西餐厅担任行政总厨，具有精湛的厨艺。在交流的过程中，同学们不仅开阔了自己的视野，而且提高了自身的厨艺。

二、 高等职业院校活动文化的作用

在高等职业院校中，活动文化作为一种在校园活动开展过程中逐渐形成的文化，是校园文化建设的重要表现形式。高等职业院校要想实现跨越式发展，需要在校园之中大力加强活动文化建设。具体来说，就是要在高等职业院校中不断开展有意义、有价值以及学生喜闻乐见的校园活动。正如胡晓所言："各种形式的大学生活动已经成为大学生们展示文化素质水平、汇报文化素质教育成果、营造文化素质教育氛围的重要舞台，也成为展现当代大学生积极向上的精神风貌的重要窗口。系列的学生活动对培养学生的综合能力，挖掘个人的潜能，推动学生综合素质的提高起着至关重要的作用。"①在高等职业院校中，校园文化活动由于贴近学生的日常生活，能够在潜移默化之中促进学生的成长和发展。丰富多彩的校园文化活动，对于学生个人的发展，班级的文明建设以及学院的长远发展都有着积极的促进作用。我们需要以各种校园活动为空间，为高等职业院校的学生提供一个展示自我的空间。通过校园文化活动的有序开展，可以最终帮助高等职业院校实现跨越式发展。

1. 开展校园文化活动有利于促进学生身心全面发展

在高等职业院校就读的学生，一般都是20岁左右的青年，他们有着广泛的兴趣爱好，身心仍然处于不断发展和完善的阶段，远远没有到达成熟的地步，身心发展还有着广阔的空间。同时，这一阶段的学生的世界观、人生观和价值观也还处于未定型阶段，须要不断地去引导和完善。因此，这一阶段的教育除了承担把学生培育成才的任务外，还承担着促进学生身心全面发展的任务。在高等职业院校中，要想实现学生身心的全面发展，除了借助于常规的教育教学活动之外，还须要借助于校园文化活动。高等职业院校的学生不仅要通过参加一定的专业课学习获得一些专业知识，还要学会去课外活动中学习以获得一些课外的知识。具体来说，就是实现德智体美劳全面发展。在德育方面，除了常规的思想

---

① 胡晓、周久军：《构建具有高职特色的学生活动文化体系》，《武汉船舶职业技术学院学报》，2012年第2期。

政治课可以发挥作用外，还可以通过一些人文素质方面的讲座、“最美学生”评比、“学雷锋文化月”等来加强德育建设。在智育方面，除了常规的教育教学活动之外，可以通过组织一些智力竞赛、科技小发明比赛、知识竞赛等课外活动来加强智育建设。在体育建设方面，除了常规的体育课之外，也可以组织一些体育运动会、拔河比赛、田径比赛等课外活动来增强学生的身体素质，从而加强体育建设。在美育建设方面，可以通过一些绘画比赛、书法比赛、摄影展示比赛等来加强学生的审美素养。在劳动教育方面，可以组织学生参加一些志愿者活动、植树节活动、社会实践活动等来加强这方面的建设。因此，在高等职业院校中如果能开展类型多样的校园文化活动，有利于营造良好的育人氛围和校园文化环境，有利于促进学生德智体美劳全面发展，从而实现身心的全面发展，早日成长为祖国需要的社会主义事业的建设者和接班人。

2. 开展校园文化活动有利于增强班级活力和凝聚力

班级是组成学校的重要单位，一个班级有没有活力和凝聚力是评价一个班级建设状况的重要标准。在高等职业院校中，开展校园文化活动有利于增强班级的活力和凝聚力。众所周知，校园文化活动的开展要想取得好的效果，就需要广大同学们的积极参与。而且，很多活动是以班级为单位参加的，或者活动的参与会为班级赢得荣誉。因此，在开展校园文化活动的过程中，学生会自然而然地因为班级而团结在一起，为了班级的荣誉而努力拼搏。校园文化活动经常体现为集体活动，如果班级成员在参加活动过程中能够凝聚在一起，集思广益，人人奉献，那么这个班级往往会取得比较好的成绩。在高等职业院校中，班级活力的重要评价标准就是学生对于课外活动的参与积极性。如果学生都不去参加活动，那么这个班级无疑会变成一潭死水，就无法体现出班级的活力。因此，为了增强高等职业院校中班级的活力，有必要大力开展校园文化活动。高等职业院校要想实现跨越式发展，还须要增强班级的凝聚力，通过班级的发展来带动整个院校的发展，实现以点带面的作用。在高等职业院校中，许多校园文化活动的开展都可以激发学生参加活动的积极性，从而增强班级的活力和竞争力。比如，开展春季运动会之类的活动。在运动会上，学生会代表班级参加比赛，在比赛中如果能够获得较好的名次，不仅个人能够获得荣誉，而且能够帮助班级获得荣誉。在争取荣誉的过程中，就会潜移默化地增强班级的活力和凝聚力等。综上所述，在高等职业院校中，开展校园文化活动有利于增强班级的活力和凝聚力。而班级活力以及凝聚力的培育和提高对于高等职业院校的发展来说，具有十分重要的意义。高等职业院校要想实现跨越式发展，必须大力加强校园文化活动建设。

3. 开展校园文化活动有利于打造高职院校品牌文化

在高等职业院校中，开展校园文化活动还有利于打造高职院校的品牌文化。

在当今高等职业院校中，学校之间的竞争越来越激烈。这种激烈的竞争表现在多个方面，不仅包括学校规模、教学质量、学生就业质量、办学思想、教学条件、教学管理等，而且还包括其他方面的因素。随着高等职业院校之间的竞争加剧，在现代高等职业院校质量评估中，学校品牌越来越成为一个重要的标准。学校品牌之间的竞争，体现了高等职业院校竞争的新趋势。校园文化活动是学校品牌的重要载体，学校品牌的打造完全可以依托于校园文化。在校园文化活动中，注重打造校园品牌文化，注重弘扬品牌文化蕴含的核心价值观念，使其符合社会主义核心价值体系。在高等职业院校中，打造校园品牌文化，不仅可以提高院校的知名度，而且有利于高等职业院校实现跨越式发展。具体来说，在高等职业院校中，许多类型的校园文化活动都可以打造成比较有特色的校园品牌文化。但是，在打造过程中，要注意体现高等职业院校的特色，其品牌文化必须明显区别于普通高等院校的品牌文化，也就是说高等职业院校的品牌文化必须烙上高职的印记。举例来说，高等职业院校可以依据自身的特色专业，大力开展专业技能大赛，这些专业技能大赛必须体现高等职业院校的特点。在具体的开展过程中，要注意加强品牌意识，着重打造技能大赛品牌文化。在高等职业院校中，如果开展比较有特色的校园文化活动，就一定能够打造出比较有特色的高等职业院校品牌文化。作为中国特色的产物，高等职业教育最近一些年才逐渐发展起来，至今不是十分成熟和完善。因此，高等职业院校要想实现跨越式发展，必须着力打造品牌文化，大力开展校园文化活动。

4. 开展校园文化活动有利于高职院校适应时代发展需要

最后，在高等职业院校中开展校园文化活动有利于其适应时代发展的需要。当今时代，中国正在面临着深刻的社会转型，这种转型不仅仅局限在经济领域，而且涉及政治和文化等领域。随着社会主义市场经济体系的建立，出现了各种新的文化类型、价值观念以及生活方式。在高等职业院校中大力开展校园文化活动有利于进行社会主义文化建设，符合构建社会主义核心价值体系的要求，契合改革开放的要求，同时有利于高等职业院校跟上时代发展的步伐，不至于被湮没在时代改革的浪潮中。这种时代发展的要求，是高等职业院校开展校园文化活动建设的最大动力和最深刻的诉求。为了适应时代发展的需要，高等职业院校须要开展多种类型的校园文化活动。除此之外，在高等职业院校中开展校园文化活动，还应该具有层次感，同时要保证校园文化活动的质量，才能有效地适应时代发展的需要，符合社会主义核心价值体系的要求。在当今时代，无论是从国际大环境来看，还是从国内发展形势来看，都需要对大学生加强思想素质教育，对高等职业院校的学生来说，尤其如此。在高等职业院校中，加强思想素质建设，提高学生素质，不能仅仅依靠简单的课堂教学，还应该开展多种多样的校园文化活动。只有在校园文化活动的开展过程中，切实锻炼学生的综合素质，加强各方面的思想文化建设，才能够更好地促进高等职业院校的进一步发展。同时，在高等职业院校开展校园文化活动的过程中，必须积极地落实各项方针政策，切实可行地推进各种校园文化活动，让全院所有学生积极地参与到活动中来，帮助他们在活动中成长，从而帮助高等职业院校更好地适应时代发展的需要。

三、 高等职业院校活动文化的构建原则

文化是人创造的，但人又生活于文化之中，不断孕育出受这种文化“教化”出来的人。[①] 对于高等职业院校学生而言也同样如此，高等职业院校提供的文化环境，使得学生在潜移默化之中受到学校文化的影响，并取得进步。在高等职业院校中，开展活动文化建设，在遵循总体要求部署的基础上，还必须在具体的校园文化活动构建的过程中，遵循一定的构建原则。只有在一定的原则指导之下，高等职业院校的校园文化建设才能更加规范，才能更加有章可循。具体来说，在高等职业院校活动文化建设过程中，应该遵循以下五项基本原则。

1. 继承性原则

众所周知，一个忘却历史的民族是一个没有根基的民族，也是一个不值得尊重的民族。中国是一个拥有五千年文明历史的古国，拥有丰富灿烂的传统文化。传统文化对于中华民族而言，是一笔宝贵的遗产，经过世代的传承，才造就了伟大的华夏文明。大学作为文化传播的重要场所，自然也承担着传承中华民族优秀传统文化的重要职责。由于我国高等职业院校的发展历史比较短，更加须要通过吸收历史文化增加高等职业教育的内涵，促进其内涵式发展。因此，在高等职业院校中，开展活动文化建设，首先要遵循继承性原则。具体来说，一方面要吸收中华民族传统文化中的优良传统，自觉地将其运用到高等职业院校活动文化建设过程中；另一方面，由于西方与我国高等职业教育相应层次的职业教育发展历史比较悠久，有很多值得借鉴的经验和文化传统，也值得我们积极地去借鉴，并自觉运用到高等职业院校活动文化建设中去。尽管高等职业院校发展历史较短，但仍然有很多历史文化传统值得借鉴。在我国，许多高等职业院校的前身都是中等职业院校或者行业性技工学院，在升格为高等职业院校之前，已经经历了相当长一段时间的发展，形成了一定的历史文化传统。因此，高等职业院校在开展活动文化的过程中，应该注意吸收这些优秀的文化传统，并在继承传统的过程中，学会推陈出新。比如，浙江农业商贸职业学院的前身是浙江供销技工学

---

① 肖谦：《多视野下的大学文化》，西南交通大学出版社，2009 年版，第 24 页。

校，积累了深厚的供销文化，供销文化也一直是学院坚持的优良传统，并将其自然地融入具体的校园文化活动开展过程中，在继承的基础上加以创新，开展了一系列具有供销文化特色的校园文化活动。由此可见，在高等职业院校中开展活动文化建设，必须紧紧抓住继承性原则。只有这样，才能开展更加具有历史韵味和厚重感的校园文化活动。

2. 创新性原则

创新是一个民族的灵魂，是社会进步的动力，也是人类文明的重要源泉。当今时代是一个经济全球化的时代，同时也是一个知识经济时代。在综合国力竞争中，创新能力的比拼越来越受到各个国家的重视，创新力俨然成为国际竞争中决定成败的重要因素。对于国家而言，创新的重要性已经不言而喻。一个国家如果没有创新，将停滞不前。大学的重要使命正在于为各行各业培养各种创新性人才，以此来推动社会主义现代化社会的发展。无论是普通本科院校，还是高等职业院校，本身都是一个创新性的组织。普通本科院校一向重视创新能力的培养；对于高等职业院校来说，创新也同样重要。高等职业院校在开展活动文化建设过程中，应该大力加强创新，努力增加校园文化活动的创新色彩，创新校园文化活动的宣传、形式和内容等。比如，在开展校园文化活动的过程中，在宣传上可以有所创新。传统的宣传一般是以班级为单位进行口头宣传，或是以海报的形式进行宣传。我们可以充分利用网络文化资源进行校园文化活动的宣传，比如通过微博、论坛、贴吧、博客等形式大力进行宣传。这种宣传形式更加的新颖，而且能够及时地将信息传达给更多的同学，也能够吸引更多的同学积极参与校园文化活动。浙江农业商贸职业学院在开展校园文化活动过程中，就十分注重创新性原则的使用。比如，学院在举行晚会的时候，并不是关起门来独自举行，而是联合企业人员一起举办晚会，在增强学生与企业人员合作的同时，建立起彼此间深厚的友谊，更加有利于校企合作文化的建设工作。同时，浙江农业商贸职业学院联合北京大学开展社会实践活动，让学院学生在与名牌大学学生的合作过程中，加强交流学习，建立自身的自信，锻炼自身的交际能力和社会实践能力。此外，学院大力加强微博建设与管理，充分发挥新媒体在学院文化活动中的作用。两年来，学院各级团学组织微博从无到有，不断壮大。各系团总支、院学生会各部门、各班级团支部开设微博账号80余个，加上学生和教师微博，据不完全统计已突破3 000个。学院还曾召开“微言论学”座谈会，就微博建设与管理问题与同学们展开深入的交流。对创新性原则的坚持和使用，必将有利于高等职业院校的长远发展。

3. 教育性原则

古语有云：所谓教育者，教也，育也。众所周知，“师者，所以传道授业解惑也”，教师的神圣职责就在于教书育人，而学校正是教师工作的主要场所，所以学校也就不可避免地承担着教书育人的任务。教育性是一所学校最基本的特性之一。无论是小学、中学，还是大学，都是如此。学校作为重要的教育场所，无论怎样发展，都不可忽视学校的教育质量和水平。一所学校教育质量的好坏，也是评价该学校综合实力的重要标准。在学校发展过程中，教育性无疑贯穿其发展过程的始终，是一个不可忽视的重要原则。在高等职业院校中，开展教育教学活动同样要遵循教育性的原则，而开展各种课外校园文化活动也须要遵循教育性的原则。对于大多数校园文化活动而言，其教育性原则的表现形式并不同于普通的教育教学活动的教育性原则表现形式，校园文化活动所带来的教育效果往往是潜移默化形成的，并不是显而易见的，因此在高等职业院校中开展校园文化活动建设须要长期不懈地坚持。在高等职业院校中，这种教育性原则的贯彻，须要开展多种形式的教育教学活动。比如，可以开展各种形式的思想政治教育活动，定期邀请一些专家举办讲座，开展各种知识竞赛扩大同学们的知识面，等等。各种各样活动的开展，不能盲目进行，学院应该给予一定的指导，只有这样，高等职业院校中的校园文化活动才能取得良好的效果。浙江农业商贸职业学院在开展校园文化活动的过程中，也十分注重教育性原则的使用。比如，学院开展每月一主题的系列团学活动，提升同学们的思想文化修养，提高同学们的思想文化素质，陶冶同学们的情操，以帮助学院学生形成完善的人格。教育性原则的使用效果还须要用实践去检验，只有真正应用到实践中去，才能发挥其最大作用。

4. 个体性原则

在现实生活中，每个人都是一个独立的个体，正是因为有了不同形式的个体的存在，我们这个世界才变得丰富多彩，充满生命的气息与诗意的情怀。文化是一种感性的东西，并不可以用死板的理性去束缚它，否则只会使文化失去灵性。所以，在文化建设中，充分发挥个体的灵动性和主动作用就显得尤为重要。如果每个个体都能充分发挥作用，也就会形成一股合力，推动文化建设的长远持续发展，形成文化大繁荣的局面。这是一般意义上我们对于保持文化活力的理解，对于校园文化建设而言，也同样如此。在校园文化建设中，应该充分遵循文化建设的个体性原则。在高等职业院校中，开展活动文化建设，必须充分调动学生和教师的积极性，发挥学生和教师的主观能动性和创造力，使得校园文化活动充满生机与活力，能够不断得到创新与进步。这种对生命个体性的发扬，是对人的生命的最大的尊重和理解。在具体的校园文化活动开展过程中，应该让学生发挥主体作用，调动其在校园文化建设中的积极性。让学生成为校园文化活动的组织者、参与者和评价者，通过校园文化活动的开展，使学生能够在潜移默化中成长。浙江农业商贸职业学院十分重视发挥个体性原则，并将其充分应用到实践中去。

社团文化作为高等职业院校校园文化的重要载体,在培养学生兴趣爱好和丰富校园生活以及提升学生能力等方面发挥着重要的作用。比如学院成立学生自治性组织社团联合会,让学生自己去参与社团的组织、管理和建设工作,教师在社团联合会只是起到辅助作用。作为新时代的学生,有很多新的思想和态度。在这种具有高度自主权的组织之中,学生能够充分发挥其聪明才智,并将其自觉运用到实际的社团活动中去,在社团文化节、社团素质展演等相关活动中发挥特有的作用。在高等职业院校中,开展这种有个性的社团文化建设,可以在加强学生思想政治教育的同时,促进学院良好文化氛围的形成,同时有利于完善高等职业院校文化体系建设。对于高等职业院校而言,如果忽视了对个体性原则的尊重,其打击无疑是毁灭性的。在现实的校园文化活动建设中,应该充分发挥个体性原则的作用,才能最终取得良好的效果。

5. 系统性原则

对于文化而言,它并不是一个独立的个体,所以需要一个生存与发展的文化大环境。文化建设也是如此。在具体的文化建设过程中,决不能顾此失彼,而应该统筹兼顾,发挥整体性的作用,注重文化整体的构建工作。正如肖谦在介绍大学文化时所讲的那样:"系统性就是运用系统论的原理和方法,视大学文化本身为一个复杂的多个要素结合而成的整体系统,把大学文化建设看作是一个系统工程。"①在高等职业院校中,开展活动文化建设,也应该坚持系统性原则的使用,在校园文化活动建设中做到统筹兼顾,把校园文化活动作为一个系统工程来建设。具体来说,在高等职业院校中开展校园文化活动建设,系统性主要有三层含义:一是统筹规划和大力开展多种类型的校园文化活动;二是在开展校园文化活动的过程中,注重发挥院、系、班三方的配合作用;三是调动不同性格的同学积极参与校园文化活动。高等职业院校只有深刻把握文化建设中系统性原则的深层含义,才能更好地开展校园活动文化建设。因为只有在对系统性深层含义的准确把握之下,才能够对高等职业院校文化建设方向有一个正确的把握。浙江农业商贸职业学院注重系统性原则的构建和使用,并将其自觉应用到校园文化建设中去。比较有代表性的就是"一系一品牌文化"建设。所谓"一系一品牌文化"就是指农商院的每个系都要有自己的品牌文化,通过系品牌文化的构建工作,打造浙江农业商贸职业学院整体的品牌文化,起到以点带面的作用,发挥整体的最大效果。比如,烹饪旅游系的品牌文化是"礼仪打造特色,专业铸造品牌",汽车技术系的品牌文化是"7S 管理为学生成长成才导航",财会金融系的品牌文化是"树德行知,构建学生成才体系",经济贸易系的品牌文化是"培训中成

---

① 肖谦:《多视野下的大学文化》,西南交通大学出版社,2009 年版,第 28 页。

长，成长中蓄势，蓄势中起航"，艺术设计系的品牌文化是"艺苑系报为窗口，文化艺术节为载体"，农业经济管理系的品牌文化是"围绕专业搭建大学生创新创业平台"。如果高等职业院校中的每个系都能充分发挥自身在活动文化建设中的作用，那么开展的校园文化活动也将更加带有院系的风采与特色，更能促进高等职业学院校园文化建设的整体发展和进步。因此，在高等职业院校中，开展活动文化建设，构建有高职特色的校园文化活动，离不开对系统性原则的把握与应用。

四、高等职业院校活动文化的总体要求

在高等职业院校中，开展活动文化建设具有重要的意义。如前所述，它可以促进学生身心全面发展，可以增强班级活力和凝聚力，可以帮助高等职业院校打造品牌文化，可以帮助高等职业院校适应时代发展的需要。但如果这些作用在具体的活动文化建设中无法发挥出来，不能取得计划中的理想效果，那么活动文化建设本身自然也就失去了意义。因此，在高等职业院校中开展活动文化建设，必须在全面重视的同时，遵循一定的要求或者标准。在总体要求的指导之下，开展活动文化建设才能具有一定的科学依据，各项校园文化活动才能够有序地开展。具体来说，在开展活动文化建设的过程中，须要把握好以下四个方面要求。

1. 以校训为宗旨和核心

校训对于高等职业院校发展的重要性不言而喻。顾明远先生认为："校训是学校文化建设的重要内容，它凝聚了学校的办学宗旨、办学理念，是从校风、学风的精神中提炼出来的。它反映了全体师生的意志和追求，指导着学校的办学方向和师生的行为。"①也正如陈怡教授所言："校训，体现了一所学校的办学传统、精神风貌，是该校办学传统和文化理念的积淀，了解一个学校的校训，可以直接触摸到该校最核心的灵魂和特制。"②由此可见，校训对于高等职业院校的发展至关重要，对于高等职业院校的文化活动开展具有重要的指导意义。在高等职业院校中，开展各种类型的校园文化活动，不能盲目地跟风随大溜，而应该结合一定的主题开展活动。如何确定合适的主题，并能体现学校最有特色、最有内涵的思想，校训无疑是最有说服力的代表。校训往往反映了一所学校的办学思想和理念，同时也是学校历史文化积淀的重要体现。在高等职业院校中，以校训为宗旨，开展类型多样的校园文化活动，才不会偏离高等职业院校发展的正轨。在具体的活动开展过程中，要紧扣高等职业院校校训的内涵，把校训中蕴含的理念和思想体现到校园文化活动的过程中去。也就是说，通过校园文化活动的开

---

① 顾明远：《校训关键在实践》，《光明日报》，2005 年 7 月 3 日。

② 转引自庹红平、杜学元、李化树：《论大学校训》，《高等教育研究》，2006 年第 6 期。

展，检验高等职业院校校训的实用性，同时丰富高等职业院校校训的内涵。因此，高等职业院校在开展校园文化活动的过程中，必须以校训为宗旨和核心。

2. 发挥学生和教师的“双主体”作用

在高等职业院校中，要想有效开展校园文化活动，必须充分调动教师和学生的积极性，即发挥教师和学生的主体作用。在教育教学活动中，比较提倡发挥教师和学生的“双主体”作用。如顾华祥所讲：“教师主体和学生主体都是人类主体所具有的类特性、类主体的个体表现形式。教育活动是由教师与学生共同构成的互为依存关系，教师主体与学生主体相互依存，统一于一体之中。”①也正如郭澄所言：教育的“双主体论”强调师生相互尊重、相互合作、相互依存和共同发展，为学生主体发展提供有效途径。我们认为，在教育教学活动之外，即课外文化活动中，也应该发挥教师和学生的“双主体”作用。② 如果“双主体”观点在实际的校园文化活动中能够得到有效落实，无疑会取得理想的效果，这种效果对于高等职业院校实现跨越式发展无疑有所裨益。具体来说，高等职业院校在开展校园文化活动过程中，必须积极发挥教师和学生的聪明才智，调动教师和学生参加活动的积极性，使得他们为校园文化活动的顺利开展出谋划策。发挥教师和学生的“双主体”作用，不仅表现为调动教师和学生的积极性，而且表现为促进教师和学生和谐关系的形成。要想在教师和学生之间形成良好的师生关系，加强彼此之间的信任，锻炼他们的团队协作能力，就有必要在高等职业院校中，开展一些师生共同参与的校园文化活动。通过这种校园文化活动的开展，可以增强师生之间的友谊，让师生在共同参与活动的过程中了解彼此、关注彼此，达到心灵之间交流的程度，从而促进教师和学生之间和谐师生关系的形成。由此可见，在高等职业院校中，开展校园文化活动，必须发挥教师和学生的“双主体”作用。在具体活动的开展过程中，如果能够落实下去，必然会收到意想不到的效果。

3. 打造校、系、班三层面结合的体系

对于高等职业院校而言，校、系、班三层面结合起来，才能构成高等职业院校的有机整体。在活动文化建设过程中，必须把校、系、班三层面结合起来，才能有效开展高等职业院校的校园文化活动。进入21世纪以来，高等职业教育的发展步伐越来越快，相应的高等职业教育的管理理念也是推陈出新，现代高等职业教育管理越来越强调立体交叉体系的构建。所谓立体交叉管理理念就是以校、系、班三层面为主体，相互配合，共同协作，以达到一种高效运转的高等职业院校管

① 顾华祥：《论师生关系的双主体性》，《南宁职业技术学院学报》，2005年第4期。

② 郭澄、顾华祥：《论确立师生双主体关系的重要意义与措施》，《新疆师范大学学报（哲学社会科学版）》，2007年第3期。

理体系。在这种立体交叉体系之下，各部门各司其职，发挥各自的作用，在做好部分的同时，促进整体的发展。由于相互之间的信息比较畅通，所以可以形成有效的沟通交流机制，从而更好地促进高等职业院校校园文化活动的进一步开展。由以上三级部门共同担负起开展校园文化活动的重任，能够更加全面地对校园文化活动进行整体规划和指导，最大限度地满足同学们对于校园文化活动的要求。同时，也可以根据时代的发展，以及不同年龄段学生的身心发展特征，及时调整校园文化活动的规模、类型以及形式。由于不同级别的部门承担的任务不同，因此以校、系、班为主体开展的活动各具特色，各有各的风格和特征。首先，在学校层面举办的活动一般来说比较大型，参与的同学也很广泛，获奖层次较高，比较能激起学生的兴趣，调动起大家的积极性。由于活动涉及面比较广，往往需要学生处、团委等多个部门协作举办。比如，大学生科技创新活动、挑战杯比赛、春季运动会、大学生摄影节等。其次，在院系层面开展的校园文化活动规模相对较小，更加具有院系的特色，也更能彰显院系的个性。开展院系层面的活动一般需要团总支、学生会等部门协同举办，发挥各自的作用和积极性。比如汽车维修大赛、烹饪大赛、院十佳歌手比赛等都是比较常见的院系级别的校园文化活动。再次，在班级层面开展校园文化活动，规模比较小，但是同学们的热情可能最高。由于同学相互间比较熟悉，所以更容易投入到活动中去，更能展现出自己的青春靓丽风采。以班级为单位开展的活动往往更加具有娱乐性，注重同学们的兴趣，形式更加灵活多样。比如包饺子比赛、班级文艺晚会、集体春游活动等都是比较常见的班级层面的校园文化活动。因此，在高等职业院校中，开展校园文化活动，必须着力打造校、系、班三层面相结合的有机体系。

4. 着力建好四个阵地

随着社会的发展、时代的进步，现代高等职业院校校园已经不再像以往那样单调乏味，而是充满了各种有趣的校园文化活动。正是因为有了这些文化活动，高等职业院校的校园才变得生机勃勃，富有活力。为了更好地推动高等职业院校校园文化活动建设，必须着力建好四个阵地，即实训文化、社团文化、网络文化和宿舍文化。在高等职业院校中，建好这四个阵地，校园文化活动的主体便会成形，可以以此为突破口开展类型更加丰富多样的校园文化活动。

一是实训文化。在高等职业院校中，开展活动文化建设，首当其冲的就是实训文化。实训文化是高等职业院校特有的文化，其对于高等职业院校的重要性不言而喻。正如庄三舵先生所言："高等职业教育独特的人才培养目标和培养模式，高职学生就业市场的悖论，高职院校校内实训基地（中心）在连接教育与职业、学校与企业、理论与实践等方面的特殊地位以及校内实训基地教学实训和综合职业素质培养的双重功能，使得实训文化建设具有十分重要的现实必要性。”①本书所说的实训文化并不是特指常规的教育教学实训活动，而是指常规教育教学活动之外的课外实训文化活动。如果说常规的教育教学实训文化活动是锻炼高等职业院校学生技能的基本保障，那么课外实训文化活动就是对学生技能素质的拓展，将常规的教育教学实训文化和课外实训文化活动相结合就会产生比较良好的效果。这种良好效果的取得，重在学生对于各种实训文化活动的实践。比如，全国每年都会在职业院校中举办技能大赛。为了在技能大赛中取得比较好的名次，一些高等职业院校都会在常规的教育教学实训活动之外，通过培训、比赛的形式锻炼学生的技能素质，培养学生的动手操作能力。同时，在常规的实训教学之外，教师通常会安排一些将要参加技能大赛的同学做一些额外的练习，来增强他们的动手操作能力，为参加各级技能大赛打下良好的基础。这种课外的培训和比赛就属于课外实训文化活动的表现。正是因为有了各种类型的课外实训文化活动的开展，才能够与常规教育教学实训文化活动相得益彰，发挥各自所具有的能量，共同推动高等职业院校校园文化活动的开展，从而有利于高等职业院校培养高素质的技能型人才，最终促进高等职业院校的长远发展，甚至是跨越式发展。

二是社团文化。对于高等职业院校而言，社团文化是比较常见的校园文化活动。何海兵认为，高校社团文化是指大学生在长期的高校社团活动中所创作的精神财富、文化心理氛围，以及承载这些精神财富、文化心理氛围的活动形式和物质状态，是大学生社团物质财富与精神财富的总和，包括社团活动、社团形象、价值观、社团精神、社团品牌和文化产品等主要方面。② 社团文化活动多是由学生自主发起的，根据学生的兴趣爱好设立的具有一定影响力的校园文化活动。在高等职业院校学生生活中，社团生活是必不可少的，在大学生的成长和发展中发挥着至关重要的作用，对于学生完善人格的形成也发挥着不可忽视的重要作用，对学生身心发展的重要性不言而喻。在高等职业院校中，社团文化是校园文化活动最重要的前沿阵地之一，社团文化的繁荣程度已经成为评价一所高等职业院校校园文化发展水平的重要评价指标，关系到高等职业院校发展的层次和等级水平。对于高等职业院校而言，社团是社团文化的重要载体。一般来说，每所高等职业院校都有一定数量的学生社团，多则上百个，少的也有几十个。比较常见的社团有书法社团、棋牌社团、梅花桩社团、吉他社团、爱心社团、电脑社团等。在高等职业院校中，以社团为单位，开展校园文化活动，可以吸引不同兴趣爱好的同学参与活动，投入到校园活动文化中来，并在社团举办的活动中得到快速的成长，还可以锻炼自己的社交能力以及为人处世的能力。因此，为了促

---

① 庄三舵、路军方：《高职实训文化建设的现实依据》，《江苏技术师范学院学报》，2008 年第 12 期。

② 何海兵：《高校社团文化与大学生思想政治工作》，《探索》，2002 年第 4 期。

进高等职业院校活动文化的发展,必须大力发展社团文化。这就须要创新社团活动的形式,以多样化的社团活动形式和组织形式,吸引更多的同学参与到社团文化建设中来,通过集体的力量,共同促进社团的良性发展,从而达到促进高等职业院校活动文化发展的理想效果。

三是网络文化。在我国,21 世纪以来,校园网络才真正广泛进入到高等职业院校学生生活中,它的发展速度和普及程度是十分惊人的。网络文化因为其独特的信息传播能力和影响力,深刻地改变了我们的生活方式。正如尼葛洛庞帝在《数字化生存》一书中所讲的那样:“计算不再只和计算有关,它决定我们的生存。”①网络文化对于大学生思想政治教育也有很强的影响力,正如申小蓉所言:“网络文化是网络时代的文化产物,是人类文化发展在信息时代的新形态与新趋势,健康文明、丰富多彩的网络文化创建活动以及校园整体的网络文化氛围是高校思想政治教育开展所需的重要教育资源。”②由此可见,发展校园网络文化对于高等职业院校的重要性不言而喻。但与西方国家校园网络的发展状况相比,我国的校园网络仍然不是十分的成熟。对于高等职业院校而言,在不同的地区,校园网络的完善程度存在一定的差距。在东部经济发达地区,校园网相对来说比较发达,在图书馆、教学区和宿舍基本上都能使用校园网络。而在中西部一些经济落后地区,校园网的普及程度相对来说比较低,给学生的网络使用造成了一定的不便。众所周知,在高等职业院校中,网络文化也是一把“双刃剑”。如果校园网络能够得到有效合理的使用,不仅可以给学生的日常生活带来很多方便和乐趣,而且可以促进高等职业院校的快速发展和进步。比如可以在校园之中开展网络文化节、网络知识竞赛等活动,丰富同学们的日常生活。但是如果校园网络不能得到合理的使用,则会造成学生沉迷网络、不思进取的不利局面。因此,在高等职业院校发展过程中,应该着重规范校园网络文化,为学生上网营造一个良好的校园网络文化环境,杜绝校园不健康思想文化的传播,减少网络文化犯罪的发生。只有大力加强校园网络文化的监督与管理,才能为高等职业院校学生营造一个良好的网络文化氛围,使学生能够在这种氛围之中更加健康快乐地成长,从而最终促进高等职业院校良好校园文化氛围的形成。

四是宿舍文化。古语有云“一屋不扫何以扫天下”。在大学中,宿舍就是学生的“屋”,宿舍就是学生的家,学生有责任和义务去维护好宿舍这个大家庭。在高等职业院校中,宿舍文化也是校园活动文化建设的一个重要阵地。陈德静认为,大学生宿舍文化是指在大学生宿舍这一特定的生态环境下,由大学生这一

---

① 尼葛洛庞帝:《数字化生存》,胡泳、范海燕译,海南出版社,1996 年版,第 15 页。

② 申小蓉、李怀杰:《高校网络文化建设与大学生思想政治教育探析》,《思想教育研究》,2011 年第 10 期。

特殊的知识群体，在文化教育、情趣、价值观等方面彼此接纳，由一定量的个体行为形成的一种共存的文化现象，反映着大学生群体的文化自知和生活状态。它是一种以大学生为主体，以大学生宿舍为空间，以课余活动为主要内容，以校园精神为主要特征的相对稳定的群体文化。① 而罗兰认为："大学生宿舍文化是以大学生为主体，以宿舍硬件设施为载体，通过相互交往形成的一种共同的制度规范、行为准则以及核心价值观，是一种精神氛围。"②宿舍文化的重要表现形式或者载体就是宿舍文化活动。顾名思义，宿舍文化活动通常是以宿舍为单位开展的文化活动，它是一种群体性的文化活动，活动的目的在于调动同学们参与活动的积极性，加深同学们之间的友谊，促进同学们养成良好的宿舍生活习惯，从而最终帮助同学们营造一个良好的宿舍生活环境。为了更好地开展宿舍文化活动，从20世纪90年代起，国家就掀起了一股"雅室评比风"，这种评比活动有多项评价指标，包括卫生状况、学习情况等，还涉及团队协作能力、文艺表演等方面。这种文化评比活动走进学生的宿舍，不仅调动了学生搞好宿舍文化的积极性，而且对于学生形成热爱生活、享受人生、尊重他人的人生态度和为人处世方式也起到了独特的推动作用。随着时代的发展、社会的进步，高等职业院校也越来越重视宿舍文化建设。一些高等职业院校不仅会定期举办宿舍文化评比活动，而且还将各种宿舍文化评比活动安排到日常工作中去。还有一些高等职业院校把各个辅导员变成学生宿舍的"兼职楼长"，一方面对学生的宿舍生活起到监督作用，另一方面可以拉近学生与辅导员之间的距离，及时发现学生存在的困难，并予以帮助。随着时间的推移，在高等职业院校各个部门的努力之下，学校就会形成一种比较良性的宿舍文化氛围，这种文化氛围有利于学生处理好人际关系，同时各种有趣的宿舍文化活动可以为学生单调的寝室生活增添活力。通过宿舍文化建设不仅可以改善宿舍生活环境，提高生活质量，更能提升学生的个人修养，帮助他们坚定理想信念，真正成为一个道德高尚、精神富有的人。

第三节　浙江农业商贸职业学院活动文化建设的实施策略

> 人是文化的创造者，也是文化的宗旨。
>
> ——高尔基

在高等职业院校中开展活动文化建设，是一项艰巨而有意义的任务。校园

① 陈德静：《论大学生宿舍文化建设》，《江苏高教》，2004年第1期。

② 罗兰：《大学宿舍文化论》，《黑龙江高教研究》，2010年第6期。

文化活动在高等职业院校中扮演着重要的角色,活动文化的建设对于提升高等职业院校的文化内涵具有十分重要的意义。尽管这项任务十分艰巨,仍然值得我们投入巨大的人力、物力和财力,去支持这项有意义的任务。由于高等职业院校本身的职业特性,其主要的任务是为国家培养德才兼备的技能型人才,而这种技能型人才的培养,不仅须要开展大量的教育教学活动和实习实训锻炼活动,还须要通过开展丰富多样的课外活动,来增强学生的动手操作能力和社会实践能力。

在高等职业院校中,进行活动文化建设,也是一项长期而系统的工程,不能盲目地举行各种毫无意义的校园文化活动,必须在一定的原则指导之下,按照总体要求,实施具体的活动文化建设策略。而且,只有真正将活动文化的建设策略落实到实践中去,才能取得良好的效果。只有这样,才能逐渐在高等职业院校中形成良好的活动文化氛围。而这种活动文化氛围的形成,对于高等职业院校学生的身心发展而言至关重要,同时对于用文化引领高等职业院校实现跨越式发展具有重要的意义。

一、 加强领导，学生为主，活动文化建设品牌战略出效果

高校的领导者是可信赖的,这点不足为奇。领导者们通过向众人传达关于什么对他们和他们的工作才是最重要的观点,通过检查确保他们的行为与价值观念一致来“开辟道路”。[①] 在学校中,领导正是通过这种开辟道路的方式,引领学校不断地进行创新,在创新中实现进步,在创新中得到快速的发展。在高等职业院校中,开展校园文化活动建设,需要学院的领导做好“带头”工作,从整体全局上对活动文化建设做出部署,同时在具体细节上也给予一定的指导。领导的决策能力,以及文化意识和敏感度,对高等职业院校校园文化活动开展的方向产生重要的影响。在高等职业院校中,如何发挥领导的统领作用,发挥领导在校园文化建设中的引导作用,就成为一个不得不关注的问题。要在高等职业院校中开展好校园文化建设,不仅需要领导投入极大的热情和精力,还须要找准高等职业院校校园文化发展的方向,否则只会做无用功。另外,对于高等职业院校而言,学生其实是主人翁,在各种活动的开展过程中应该充分发挥学生的主力军作用。所以,在具体的校园文化活动开展过程中,要充分发挥学生的主体作用,让学生利用自己的聪明才智去开展校园文化活动,也让学生自身在校园文化活动开展过程中得到提高。

为了更好地开展校园文化建设,浙江农业商贸职业学院的领导班子对校园

---

① Joyce Kaster,Susan Mundry 等:《学校有效领导的 124 个行动策略》,李欣译,中国轻工业出版社,2010 年版,第 5 页。

文化建设工作给予了充分的重视,力求打造出具有本院特色的校园文化活动,并通过校园文化的建设工作,引领学院逐步实现跨越式发展。开展校园文化建设,就是坚持以人为本、以文育人、以文化人这一重要的办学理念,坚守高校阵地,贯彻社会主义核心价值观,为建设积极向上的校园文化,塑造学院的人文精神,培养社会需要的高素质人才,搭建起一个平台,从而提升农商院的文化实力和文化核心竞争力,为新生的农商院的跨越式发展,提供精神动力和智力支撑。自从浙江农业商贸职业学院升格以来,学院领导投入了巨大的精力,各级组织积极努力,发动广大学生共同奋斗,培育了一大批校园文化精品活动,营造了团结、活泼、健康向上的校园文化氛围。目前,“农商院·袍江人文大讲堂”、“志愿者之校”建设等活动逐渐形成了品牌,日益受到师生和社会各界的关注和欢迎,具备了广泛的影响力。“树人成德,行知达材”这一校训的确立,明确了学院培养德才兼备、知行合一的高素质技能型人才的办学目标和办学理念,彰显了学院作为职业院校的办学特色。文明寝室建设活动的开展,使得学院学生寝室风貌焕发了青春的活力,得到了浙江省高校文明寝室建设工作督查组的充分肯定。学院在校园文化建设过程中所取得的这些丰硕成果,充分展示了广大师生良好的精神面貌和素质才华,激发了学院的内在活力,增强了学院的凝聚力。校园文化建设活动是一项系统工程,要想取得更大的成绩,需要各位领导和广大师生的不懈坚持和努力。

二、 薪火传承,开拓创新,越菜文化非遗项目入校建基地

在高等职业院校中,建设活动文化,开展校园文化活动建设,还须要大力挖掘传统里的亮点,汲取传统文化中的精华,使得高等职业院校的校园文化建设更加具有历史感和文化气息。我们这里所讲的传统并不只是指学校的文化传统,还包括地方的文化传统。一方面,我们要大力挖掘学校的文化传统。对于高等职业院校而言,其本身的历史可能没有普通本科院校长,但是在短暂的发展过程中,也是有一定的历史遗存的,也有很多传统的和有价值的东西值得我们去挖掘和展现。众所周知,许多高等职业院校都是由中等职业院校或者是一些行业性院校发展而来的,其在发展过程中就不可避免地保留了原来学校的一些文化印记,而在这些文化印记之中,有很多宝贵的东西存在,值得我们去继承和发扬。因此,在高等职业院校中开展校园文化活动重要任务之一就是从学校历史中挖掘文化的亮点。另一方面,还需要从地方传统文化中挖掘亮点。地域性是高等职业院校校园文化的重要特征,高等职业院校中的校园文化或多或少会带有一些地域的色彩。与学校所在地的地方文化相比,校园文化毕竟是一个相对较小的文化范围。由于文化之间存在交融性与流通性,所以校园文化和地方文化也

能够相互影响。鉴于此,在高等职业院校中开展校园文化活动建设,有必要从地方传统文化中吸取一些优秀的文化传统,并将其运用到校园文化活动建设中去,从而彰显高等职业院校的地方特色。

浙江农业商贸职业学院在开展校园文化活动建设的过程中,十分注意挖掘传统里的特点,在传统文化中寻找有价值和有内涵的东西,结合学院本身的文化传统和地方的文化传统,选择恰当的结合点,依托于一定的活动载体,开展了一系列有特色的校园文化活动。其中比较有典型性的是越菜非物质文化遗产项目入驻校园。继黄酒、绍剧、大禹、越文化等具有绍兴特色的非物质文化遗产纷纷在高校设立文化研究所后,越菜也有了专属的文化研究所。越菜饮食文化研究所在浙江农业商贸职业学院正式成立,从此以后,绍兴地方菜也就有了官方的理论、技法、历史及文化研究机构。为了更好地弘扬越菜文化,浙江农业商贸学院邀请中国文化部非物质文化遗产办公室、泰国文化部非物质文化遗产委员会指导,联合绍兴市人民政府、浙江工商大学等单位主办了第三届亚洲食学国际论坛。这次论坛在绍兴举办,具有重大的意义。在这次国际论坛上,被誉为亚洲食学三大家之一的赵荣光认为:“越菜在2 000多年前就有了,是浙江菜中的典型代表,曾经由于缺少研究和宣传没能走出去。我很欣慰,在省政府振兴浙菜加快发展餐饮业的号召下,浙江农业商贸职业学院专门成立了‘越地饮食文化研究所’,而且在这次论坛上绍兴菜的研究者拿出了最新的成果,发出了自己的声音,这就是我们越菜从绍兴平常百姓家走向更大舞台的第一步。”①因此,通过这样一个国际性的食学论坛,可以让更多的人了解浙江农业商贸职业学院,同时也可以对越菜文化起到良好的宣传作用,让更多的人了解越菜文化,这在无形之中就促进了越菜文化的传播与发展。通过这种非物质文化遗产入驻校园的项目可以进一步提升浙江农业商贸职业学院开展活动文化建设的档次,在薪火传承的过程中,开拓创新活动文化建设的形式。

三、 延伸课堂,走进社会,服务地方经济甘愿主动演配角

中国有句老话,社会是培养人才的大熔炉。在社会之中,经受住考验的人才算是真正的强者。对于高等职业院校而言,开展校园文化活动的过程中,还应该充分利用地方上的资源,这样不仅可以弥补高等职业院校本身资源有限的不足,还可以丰富校园文化活动的形式,增加活动文化建设的多样性。如果高等职业院校总是把自身局限在学校的狭小空间里,无法与学校之外的社会实现必要的文化交流,不能充分利用地方上的各种资源,肯定不利于自身的生存与发展。与

---

① 绍兴网《倡导健康与文明——2013亚洲食学论坛在绍兴举行》。http://news.znszy.com/show-14-3893-1.html.

普通本科院校相比,高等职业院校培养的是高素质的技能型人才。除了常规的教育教学活动外,高等职业院校的学生还须要接受校内实训和校外实训,通过各种途径锻炼自身的动手操作能力。除此之外,高等职业院校的学生由于其自身的特殊性,更加须要锻炼社会实践能力,学会在社会中生存,学会在社会中学习。在与社会人士打交道的过程中,增强自己的专业能力,锻炼自己的专业技能,同时增强人际交往能力。由于高等职业院校的职业特色,意味着高等职业院校的学生要比普通本科院校的学生更早地走向社会,接受社会的考验,在社会之中锻炼自己各方面的能力。高等职业院校的学生只有在参加各种社会活动的过程之中才能得到更好的成长与发展。在高等职业院校中,开展社会实践活动,可以加强和改进大学生思想政治教育,进一步整合校内外社会实践活动资源,引导学生深入学习和贯彻科学发展观,全面提高综合素质,培养社会认知、理论创新和实践应用的能力

为了给学生提供一个展示自身专业技能的舞台,以及锻炼学生的社会实践能力,浙江农业商贸职业学院在开展活动文化的建设过程中,积极把学生送到社会这个大熔炉中锻炼。比如,浙江农业商贸职业学院每年都会组织志愿者,参加在绍兴市供销社名特优农产品展销中心举办的新疆阿瓦提农产品绍兴展销会,这一志愿服务活动得到了社会有关人士的一致好评。展销会期间,活跃在现场各个角落的农商院“小红帽”志愿者形成一道亮丽的风景,显得特别的惹眼,给人留下深刻的印象。这群“小红帽”志愿者主要是来自学院商务经纪与代理专业的学生,他们将来的就业方向,也主要是农产品销售和经营方面的工作,学院通过这种手段组织同学们参加志愿者活动,在志愿服务的同时,也提高了自己的专业素质。通过这样一次宝贵的机会,深化所学知识,增强自身的专业技能,锻炼社会实践能力和人际交往能力,对于浙江农业商贸职业学院的学生而言,可以说是一次十分有价值的别开生面的“校外实训”活动。又比如,中国柯桥国际纺织品博览会已成为国际规模最大,影响最广,专业化、国际化、信息化水平最高的纺织品专业盛会之一,在纺织行业中具有极高的知名度和美誉度,是纺织行业展览会的新航标。为此,学院经济贸易系专门派遣学生参加志愿服务活动。参加志愿服务的同学非常珍惜这样的锻炼机会,认真踏实地完成每一项任务。中国柯桥国际纺织品博览会志愿者活动是经济贸易系依据“工作和学习结合,课堂和岗位融合”的需求,结合学生的实际情况,并依托绍兴地域优势而展开的特色实践教学。这种志愿者活动不仅充分展示了农商院学生的风采,也促进了相关专业教学改革的深化,提升了学生的社会实践能力。

第六章

高等职业院校中的仪式文化

第一节　学校仪式的必要性

仪式是改变个人社会身份所不能缺少的手段。当我们改变身份的时候一定要做一出盛大的戏给自己看，要自己终生难忘。出了学校，我们不能再像在学校里时那样轻举妄动，说话得留心一点，所以毕业时不但要请名人来授证书，而且还要穿上奇奇怪怪的方帽长袍。穿了还不够，还要照了这副怪相到处寄给朋友。……让自作聪明的人去逃避仪式罢，逃避仪式的结果还是要落在他们自己头上的。

——费孝通

德国学者洛蕾利斯·辛格霍夫在其所著《我们为什么需要仪式》一书中，用诗性的语言说道："仪式并非繁文缛节，并非刻板程式，仪式就是一个个心爱的习惯，就是对自己心灵的宠爱。宛如一个个美好的魔法时刻，仪式为疲累和匆忙的日常生活添上一抹愉悦的亮色……仪式帮助我们处理生活中的窘境，仪式唤醒我们心中的美好情感，仪式是心灵的港湾和力量的源泉。"在校园里，我们会经常遇到这样的情景：当你走进校门，站在门口的值勤队员会向你敬上一个礼；当你走上讲台，学生会向你起立、问好；当那鲜艳的五星红旗冉冉升起，学生们会唱起那雄壮的国歌……这就是仪式。

仪式是人类在发展过程中逐渐形成的一个特殊的行为体系，是指在特定的场合举行的、具有专门程序的、规范化的活动，通常被界定为具有象征性、表演性，由文化传统所规定的一整套行为方式和程序。它注重程式和规范，通过集体行动维持群体间的依附感和群体团结意识。由此可见，仪式其实不只是那些通常被作为"仪式"的活动，仪式已构成一种特征和性质，还指向其他不称作"仪式”的活动中那些构成象征性、表演性、负载文化传统的行为系统的成分。

仪式是人类社会生活高度集中的体现形式。人类在长期的生产和劳动中，创造了各种各样的仪式。这些高度凝练的礼仪，是人类告别野蛮而进入文明社会的重要标志。所以，仪式是文化的贮存器。1974 年出版的《大英百科全书》第十五卷有对仪式概念的界定：“仪式是所有已知社会中都会展现出来的一种特殊的并且能够观察到的行为，它是建立在既有的或者传统的行为规则之上。”在此意义上，仪式是一种习俗或一种传统。人类的仪式最初大多源于宗教或巫术，表明人们共同的信仰和期待，仪式是群体才有的，这一群人心怀共同愿望，做着同样的动作，念着同样的话语或唱同样的歌，这就产生了共振，共振会形成一个“场”，“场”会反作用于人，直达人群中每个人的心底，使人更虔诚地信仰、做、说和唱，而由此加固了“场”。英国人类学研究者拉方太曾经指出，仪式就是“指所有的象征性的行为，并且不局限于宗教制度方面的行为”。确实，如果我们离开宗教活动的场域就会发现，不单单是宗教的场域，实际上生活中到处都有仪式的存在，这不仅指年节的礼仪，也包括日常迎来送往的活动。当然，相比西方文明而言，中国是一个宗教感并不十分强烈的国度，但并非中国就因此缺少对仪式的重视。或许正相反，中国古代文明中相当重视仪式的作用。《春秋左氏传》中说：“国之大事，在祀与戎。”就是说祭祀和打仗是国家最最重大或重要的活动，必须特别予以重视。祭祀是华夏礼典的一部分，是儒教礼仪中主要部分，礼有五经，莫重于祭，是以事神致福。祭祀对象分为三类：天神、地祇、人鬼。正因如此，我国著名人类学家王铭铭甚至说，“中国不是一个宗教文明体，而是一个仪式文明体，这个文明体的主要行动纲领来自行为的规范，而宗教的正统性，因而如果说有‘正统’，那这个正统主要是通过关系、称呼和举止的‘度’来表达的”。

家庭中有许多亲子之间进行的游戏活动属于仪式性的行为，比如母亲和婴儿之间的“给和取”（give-and-take）这一基本的交流形式，它是儿童社会化的第一步。生物学家埃里克森曾经指出……人生而就有这样一种程式化的以及相互肯定与认可的需求，无论怎样，我们大概都会知道，缺少了这种需求定会对婴儿带来极端的伤害，因为这会剪除或消退其知道自己感觉存在的那些印象，一旦这样一种需求得到唤醒，那么在其生命的每一个阶段，这种需求又都会得到强化，比如再次出现的饥饿。程式化的以及更为广泛存在的仪式化和仪式重复着一种面对面的对于未来希望的“确认”。①

早期英国的人类学家霍卡特就曾经断言，仪式是“一种保护生命的技术”，

① 转引自赵旭东《文化的表达：人类学的视野》，中国人民大学出版社，2009 年，第 192 页。

但是这种对生命的保护技术又离不开他人的存在而存在，也就是离不开社会的存在而存在，如其所强调的那样：人是社会性的动物，并且只能成为社会的存在才能够生活下去。结果，在运用这种生命的科学的时候，本质上也一定是社会性的。你可以单靠你自己来杀死一头鹿，你也可以完全靠你自己举矛杀死那头鹿，但是你却不能够完全靠你自己来表演一种仪式，因为生命至少要求有两个人才能使其繁衍下去，并且第二个人要想造就未来的生命形式，那是要有赖于第一个人的……仪式不仅仅是一种生命的追求，还是一种社会的追求。

后来，仪式因为有这么巨大的作用，就自然被运用于其他世俗领域，比如婚礼、电影开拍、运动会入场、艺术节开幕、商店开张等场合。仪式代表民俗，又是一种文化，通过仪式对心灵的作用，去聚集人心，并使不同的人的目标与行为趋同。正如有人说的那样，仪式是日常生活中的魔力时刻，它们随处可见：家庭、学校、工作单位，甚至政坛。显而易见，仪式正在渐渐复兴，这是因为人有一种对仪式的天然需求。在子女出生、受洗、婚礼或葬礼这些重大场合，人们依然会将极大的精力倾注在这些仪式中。

仪式随着时代发展而变迁。在西方，去音乐厅听一场古典音乐会，不仅仅是类似于欣赏 DVD 音乐的文艺享受，还是一种带有崇敬的仪式。因此，无论演奏者还是欣赏者，都着正装出席。人类学家认为，娱乐发源于仪式的世俗化和日常化。但伴随科技的娱乐化，体现于人类早期仪式之中的文明深层结构，也在不同程度地受到冲击。如：从前求神拜佛，必须登山、寻庙；而如今，在家里设置一个神龛，烧几炷香火，也算拜了神灵。更娱乐的，就是日常生活中，总有人拿神灵作为说笑的谈资；或者把祭拜神灵的仪式动作，用来取悦自己或别人。现代人，尤其是现代的个人，在几千年的文明成果护佑下，借助各种工具，获得了强大的行为能力；却毫不知晓文明延续和发展的动力来源于必要的规范，更不懂得仪式和仪式所带来的崇高力量，几乎丧失了体验那种神圣、崇高情怀的天赋！尤其是一部分权贵群体，似乎自以为是宇宙真理的守护者，对于人类整体在历史中的多元化探索和无数的牺牲奉献，缺乏基本的理解和崇敬，把某些仪式作为炫耀自己势力或威严的舞台。在这种“恶劣表演”过程中，仪式的文明价值和文化内涵，被彻底颠覆。

仪式作为一种文化或者说文化象征，具有特别重要的作用，它可以使一些我们所经历的看似普通的事件被赋予一种特别的甚至是无法言说的意义，直至触及人的心灵。从学校文化的视角来看，学校仪式是学校文化的载体，以仪式的形式开展教育活动，可以让学生获得在课堂学习中无法获得的感受和文化理解。仪式作为学校文化的重要载体，须要教育人善于从一些普通事件中充分挖掘出其价值来，让师生经历共同的情感体验，使普通的事件成为不普通的经历,激发师生对学校文化价值观的认同和欣赏,使学校成为师生共同的精神家园。

仪式,指的是典礼的秩序形式,与日常的一些随意性的活动不同。仪式具有特定性,即在特定的时间、特定的场所,由特定的人所进行的特定的活动。这种特定的活动往往具有特别的意义。在活动之中可以带给人心灵上或精神上的触动和影响。在人类历史上,早期的仪式活动往往与宗教活动相联系,具有一定的宗教意义。随着时代的发展,现在生活中的很多仪式活动已经基本脱离宗教,开始体现其他的意义。可是无论象征意义怎么变化,我们的生活总离不开各种各样的仪式活动,学校也是如此。在学校生活里,我们常见的仪式活动有升旗仪式、入团仪式、入党仪式、成人仪式、开学典礼、毕业典礼、各种大型文体活动的开幕式等,而且随着时代的发展而变化。各个学校根据自身的办学特色,还发展出一些具有自身特色的仪式活动。当仪式进入学校这个教育场域中,就成为教育的一种手段,即教育仪式。学校通过由一系列象征符号聚合而成,具有表演性、正式性、稳定性和整体性的行为系统来对学生进行有目的、有计划的教育,使学生在认知上掌握各类仪式中的规范和社会价值观,情感上得到激发和丰富,最终使学生在潜移默化中得到规范、导向、凝聚和激励。学校通过专门设计的一系列程序化的仪式活动,来对学生进行认知教育、情感教育、伦理教育、思想政治教育等。著名教育学者朱永新教授曾说:"学校文化一旦走向成熟完善,都会拥有美妙优雅的仪式、节日和庆典。它们是学校文化传统的活标本,也是学校生命中最值得关注的重要时刻。"也就是说,仪式作为一种文化或者说文化象征,具有特别重要的作用,它可以使一些我们所经历的看似普通的事件,被赋予一种特别的甚至是无法言说的意义,直至触及人的心灵。

仪式能够发挥隐性教育的功能。隐性教育作为一种教育方式,是相对于显性教育而言的。显性教育是目前学校教育所采取的主要方式,集中表现在课堂上老师的"教"上,集中在书本知识的灌输,以及系统学科知识的传授。这种教育模式尽管看起来收效颇丰,使学生掌握了大量的知识内容,然而,它却显示出局限性。例如,中国的学生虽然解题能力很高,在笔试中取得很好的成绩,但在需要创造性地运用所学知识来解决实际生活中的问题时,就显示出劣势。教育不仅发生在课堂上教师的直接讲授,更确切地说,教育可能发生在任何时间和地点,并且教育的内容和过程并未被主体意识觉察到,主体在不知不觉中自动化地获得和积累了知识。这种教育方式就是隐性教育。由上文可知,仪式最基本的构成单位就是象征符号,仪式通过言语、行为、器物、结构等象征符号构成一种仪式情境,表达特殊意义。隐性教育,正是在这种条件下发生的。

第二节　学校仪式的主要类型及示例

心灵能够表达情感，这些情感也可以通过象征、图像、音乐或故事表达出来。现在我们社会上有这么多的心理疾病患者，或许正是因为完成的仪式太少，而仪式恰恰能帮助人们适应新的生活情形。

——洛蕾利斯·辛格霍夫

俗话说，“油多不坏菜，礼多人不怪”。生活中我们几乎有学不完的“礼节”，许多时间我们只有保持一分“入乡随俗”的警惕心或自觉心，才能适应外部人际环境的变化。学校仪式的多种多样正是社会对礼的要求多样性的反映，因此，要对学校仪式进行分类是非常困难的。格雷姆斯在其《仪式研究的起点》中，根据仪式的实际用途，将其划分为六种：仪式化、礼仪、典礼、巫术、礼拜和庆典。其中仪式化是指具有仪式意味的动作或姿态，是仪式的简单形态，任何非实用性的、富有象征意义的姿态、行为都可以包括在内；礼仪则是起源于公众交际和社会生活，如见面礼、社交礼等，其特征是个人间的、形式化的；典礼是大型群体的政治性互动，其典型特征是群体间的、政治性的；巫术是指一种仪式不仅具有意义，而且具有效力；礼拜是一种精神的实践，一种符号的行为，是期望神圣力量的一种结构，其典型特征是宗教性的、神圣性的；庆典是社会的和形而上学的虚构，具有游戏性、戏剧性和玩耍性、审美性。学校中的仪式活动大致包括仪式化、礼仪、典礼和庆典四大类。①

一、 仪式化：以升旗仪式为例

学校中的仪式化活动包括升旗仪式，入队、入团、入党宣誓仪式，十八岁成人仪式等，其中升旗仪式是最为普遍的仪式化活动。一直以来，学校都把升旗仪式看成是对学生进行爱国主义教育的基本手段。不管是大中小幼哪种类型的学校，升旗仪式至少每周一次。在一些特殊的日子里还要举行特别升旗仪式，如一二·九、五四等。仪式化活动一般是集体化的活动，具有神圣和庄重的色彩，教育意味非常浓厚。在仪式的展开过程中，使仪式参与者有一种精神的触动，激发起某种生命的能量和献身祖国的伟大豪情，达到情感控制和教育引导的目的。

升旗仪式是一种凝聚力量、塑造信仰的庄重仪式，它如同一把金钥匙，能够

---

① 薛艺兵：《对仪式现象的人类学解释》，《广西民族研究》，2003 年第 2 期。

开启一周充实的学习生活。作为一项很重要的爱国主义教育方式，升旗仪式的整套程序一定要规范、合理。主要环节大致包括：

（1）准备升旗。升旗仪式开始前，全体师生面向国旗整齐列队。列队时，学生应以班级为单位前低后高纵向列队，教师一般在学生后面横向列队或单独纵向列队。宣布仪式开始时，全体师生肃立。

（2）出旗。旗手持旗，持旗方式一般应依照天安门广场每日升旗出旗时的持旗方式，即双手持旗，右手在上，斜扛肩上，护旗手在旗手两侧，齐步走向旗杆，全体师生目送国旗至旗杆下。护旗手负责将国旗挂在升旗绳上，旗手检查无误后，准备升旗，鼓号队、乐队应同时做好准备。

（3）升旗。升旗时应同时奏国歌。国旗应伴随国歌乐曲（或唱国歌）徐徐升起，至乐曲终了时，国旗升至杆顶。国旗升起时，全体师生肃立行注目礼。国旗升至杆顶（国歌奏完）后，由旗手和护旗手将升旗绳固定好。全体师生同时礼毕。

（4）国旗下讲话或诵读。升挂国旗后，由学校相关领导、党团干部、师生代表等做简短而有教育意义的讲话。讲话时间一般以五至十分钟为宜。若不单个讲话，也可组织师生集体诵读爱国、励志、哲思类的经典短文。下面截取某职业技术学院领导在升旗仪式上讲话的部分内容，在这段讲话中，不仅对近期的工作成绩作一个总结，对于学院的历史做了回顾，同时鼓舞了全校师生的工作热情，确立了学院在搬至新校区后的工作方向。

迎着初升的灿烂朝阳，我们在这里隆重举行升旗仪式。浙江农业商贸职业学院在新校园第一次升起了鲜艳的五星红旗，奏响了庄严雄壮的国歌。此时此刻，爱国激情澎湃在我们的胸间，爱校情怀激荡在我们的心田！我们为伟大祖国的繁荣富强而备感自豪，为农商院的欣欣向荣而昂扬振奋！

同学们，老师们，今天的升旗仪式，对于学院、对于我们每一个师生员工，具有特殊的意义，全院师生期盼已久，终于完成了延安路校区到袍江新校区的搬迁！为了这一天，我们曾经走过多少曲折，付出多少努力，历经多少艰辛！今天，将成为学院发展里程中的一个重要历史节点。我相信，我们每一位参加升旗仪式的师生员工，不仅是这一庄严隆重的历史时刻的见证者、参与者，并也会把这一激动人心的时刻融入自己的生命而永久珍藏！

同学们，老师们，我们农商院作为高职院校，建院时间不长；但追溯办学历史，最早可到1979年浙江供销技校。寻着历史的脉络，我们可以感受到学院源远流长的历史、兼容并蓄的文化和坚忍不拔的精神。在我们30余年的办学中，学院为社会输送各类毕业生近30 000名，许多校友在各自的岗位上都取得了骄人的成绩。30余年办学赋予学院深厚的历史和文化内涵，杰出校友激励我们开拓进取、自强自立的奋斗精神！2009年3月3日，浙江省政府批准我校筹建浙江农业商贸职业学院。5月20日，浙江农业商贸职业学院（筹）正式揭牌。礼炮声中，浙江省供销社主任诸葛彩华和省教育厅副厅长褚子育揭开红绸，也为学校发展揭开了新的一页。建设高职院校以来，学院秉承"树人成德，行知达材"校训，坚持依托系统，服务三农，立足地方，面向全省，接轨长三角，以农商科专业为主，为生产、建设、服务、管理第一线培养所需高端技能型专门人才，努力实现"把浙江农业商贸职业学院建设成一所涉农专业和商贸专业协调发展，特色鲜明、较高水平的高职院校"这一奋斗目标。

同学们，老师们，回首过去，在十分艰难的办学环境和艰苦的办学条件下，全院师生员工自强自立、坚忍不拔，取得了超常规、跨越式发展的累累硕果；展望未来，我们对建设"以农为本、以商为重"，省内知名、系统领先、特色鲜明的高职院校充满信心！今天，集合在新校园高高飘扬的五星红旗下，我们深知为国家建设、为民族振兴肩负的历史责任。我相信，每一位教师都会忠诚党的教育事业，教书育人，为人师表；每一位同学都会树立报效祖国的远大理想，勤勉自励，刻苦学习。面对学院内涵建设这一长期而艰巨的任务，让我们自觉遵循"树人成德，行知达材"的校训，坚定信念，追求真理，修德治学，勤于实践，为学院的建设发展而发奋努力，不负我们在庄严国旗下的神圣誓言！

（5）结束退场。主持人宣布结束，并指示师生退场。教师一般先行退场，然后各班按照主持人（或体育组老师）的安排有秩序地退场，做到快、静、齐。

二、 礼仪：以教师礼仪为例

学校的礼仪活动不单是个人间的仪式化的行为，如见面礼、社交礼，还包括个一群、群一群间的仪式化行为，如师生在课堂的开始和结束所表演的仪式化行为、班级与班级之间在比赛前的仪式化行为等。礼仪活动可能在身份平等的两个人或两个团体之间展开，也可能在身份不平等的两个人或团体之间展开，其目的都是为了规范社会互动，强化既有的社会等级和社会秩序，促进社会的整合和稳固。

教师是学校之本。人们普遍认为，教师形象重于生命，教师形象的好坏直接影响到学生，教师的形象就是学校的形象。这里所说的教师形象，并非仅指教师的外表那么简单，因而说得更加直接一点就是指教师的礼仪规范。中国人民大学金正昆教授是著名的礼仪专家，曾主编过《教师礼仪规范》（中国人民大学出版社，2014 年第 2 版），对教师的礼仪规范从师德、师表、师言、师行与师缘进行了概括与总结。下面是该书目录的大致内容。

一、师德（社会公德、职业道德、有效沟通、阳光心态）

二、师表（形象规范、着装规范、仪容规范、表情规范、举止规范）

三、师言（礼貌用语、文明用语、课堂用语、书面用语、题写用语、电话用语、网络用语）

四、师行（办公礼节、会面礼节、拜访礼节、集会礼节、宴会礼节、交通礼节、礼品礼节）

五、师缘（校园交往、友邻交往、家庭交往、涉外交往、媒体交往）

下面不妨再摘录一段关于教师语言方面的礼仪规范要求，源自某教师公布于网络上的关于金正昆教授教师礼仪授课的学习笔记。

关于教师语言的礼仪规范

一、教师用语的基本要求：语言规范而形象（规范的汉语普通话，少数民主自治区有法定的、允许的、标准的少数民族文字）、态度和蔼而耐心、内容得体、方式适宜（因人而异、因材而异）。

二、教师如何规范用语：第一，要讲普通话。《宪法》规定，国家推广普通话。不仅汉字、民族语言文字的书写要标准、规范，同时口头语言也要规范，发音要标准，要让别人听懂。第二，要讲文明话。要和那些不文明的语言划清界限，不仅不能使用不规范的语言，同时语言上避免“脏、乱、差”（低级趣味、黄色语言、下流段子，都不是教师之所为）。讲文明话的另外一种含义就是要使用规范的礼貌用语，要尊重别人、尊重自己。第三，要讲现代语。要与时俱进，要有现代感（你满口之乎者也，好像是很有学问，但恐怕与别人讲就不大容易沟通。教学时，进行古代文学研究、背《唐诗》、推荐《古文观止》给学生学，借古鉴今，古为今用，不能把它拿到现在生活中，因为行不通）。第四，要讲直白话。要直白而形象、浅显易懂、循序渐进，强调以理服人、以例服人；不要嗷呀嘈杂、枯燥乏味、玄奥晦涩和别人不理解的名词和概念，因为不容易沟通。（做研究的人是把简单问题复杂化，搞教学的人是把复杂问题简单化。)

三、教师用语的表达方式:第一,平等交流;第二,善于沟通(双向交流)。现代社会两条重要的交际法则:黄金法则——你需要别人怎样对待你,你就要怎样去对待别人(自我中心说);白金法则——别人需要你怎样对待他,你在合法和遵守社会公德的前提下就要那样对待他(以对方为中心)。第三强调互动(互相的交流)。

四、如何做到教师语言美:第一,声音美,即语调、语声不能太高,速度要适中,发音要标准;第二,谈吐美,即表情要专注,动作要适度;第三,境界美,即格调要高雅,有上进之心,掌握真知,有科学民主精神。

五、教师要注意的忌语:第一,忌粗口;第二,忌训斥;第三,忌侮辱;第四,忌讽刺;第五,忌妄言;第六,忌乱言。

三、 典礼:以新生开学典礼为例

学校场域中的典礼通常是指新生入学典礼、开学或毕业典礼等。美国著名教育学者迪尔和安德森在其合作的著作《校长在塑造学校文化中的角色》一书中提出:"我们现在比以前任何时候都需要重振仪式和典礼,将其作为我们精神发展的燃料,让我们的学校更加充满活力。通过强大的传统力量、定期举行的仪式和适宜的典礼,我们就可以恢复文化的凝聚力,把前方的道路看得更加清楚。"并进一步分析认为,每个学年,拥有独特文化的学校都会组织几次典礼活动,以期达成学校的教育目标。如开学日典礼重新将师生员工与学校及其目标紧密连接起来;社区典礼重新建立人际关系,并积极推广社会公认的价值观;管理工作性质的典礼活动使艰苦的决策工作得到缓解;聚会性典礼活动有助于校内各个社团、种族及宗教团体的融合;表彰典礼奖励有特殊贡献的个人和集体,从而培养了一种自豪感。

新生开学典礼是学生学习生活的一个美好开端,承载着学生的梦想和憧憬,给师生带来了无限的希望。每个大学都会将新生开学典礼作为必不可少的一次重大教育活动,高职院校也不例外。一般来说,高职院新生开学典礼的流程大致包括如下几项:

第一项:出国旗,全体肃立,鼓号队奏乐

第二项:升国旗,奏(唱)国歌,鼓号队奏乐

第三项:介绍在场老师、嘉宾

第四项:校长做开学典礼致辞

第五项:教师代表讲话

第六项：学生代表讲话

第七项：表彰过去一年的先进师生，颁发奖状

第八项：书记总结

第九项：宣布开学典礼结束

下面引用浙江农业商贸职业学院院长在新生开学典礼上的讲话内容，深入了解校长在开学典礼上的讲话内容主要包括哪些方面。

今天，我们在这里隆重举行新生开学典礼，欢迎1 800余名新学子加入浙江农业商贸职业学院这个大家庭。虽然每年的校历都镌刻着这个日子，对教师们来说习以为常，但对你们来说却非同寻常。因为这是你们人生中一个重要的标志，是你们人生征途中的一个里程碑。你们已经完成了由一个中学生向大学生的转变，实现了人生道路的一次飞跃，这意味着你们的人生将更加精彩，生活将更加灿烂，当然，责任也将更加重大，任务也将更加艰巨。在此，我谨代表学院全体师生，祝贺你们，欢迎你们！感谢你们怀揣着梦想，选择了浙江农业商贸职业学院！

同学们，浙江农业商贸职业学院是浙江省供销社举办的一所全日制公办高职院校，于2009年3月开始筹建，2011年3月获浙江省人民政府批复同意正式建校，是一所年轻并充满活力的学校，其前身可追溯至1979年设立的浙江供销技工学校，办学历史已有34年。学院坐落在人杰地灵、英才辈出的历史文化名城——绍兴，秋瑾、鲁迅、蔡元培、周恩来等革命政治伟人、文化巨匠的故居就在我校周边，这种特殊的人文环境对我们同学的品格修养有着十分重要的熏陶作用。学院占地317亩，建筑面积10万余平方米，校园环境优美，学习氛围浓郁，一期建设投资4亿元，目前二期工程三幢学生宿舍楼已顺利竣工，体育馆建设已全面启动。现有教职工274人，其中专任教师194人，具有副高及以上职称占近三分之一，专业课教师60%以上为“双师型”；全日制在校班级114个，在校生近5 000人。学院依托系统，服务“三农”，立足地方，面向全省，接轨长三角，以农商科专业为主，兼顾其他，为生产、建设、服务、管理第一线培养所需高素质技能型人才。现设烹饪旅游、农业经济管理、经济贸易、财会金融、艺术设计、汽车技术等6个系及基础教学、继续教育2个部，共设置16个专业，其中合作社经营管理、电子商务（农产品信息管理方向）、投资与理财（农村合作金融方向）、酒店管理（农家乐经营管理方向）、商务经纪与代理（农产品经纪人方向）、产品造型设计（农产品包装设计方向）、绿色食品生产与经营等7个专

业为涉农类专业,烹饪工艺与营养、休闲服务与管理、会计、应用英语、会展策划与管理、汽车整形技术等9个专业为适应地方经济社会发展的专业。合作社经营管理专业属全国高职院校首创,是全国高职院校至今唯一的专业,被列为中央财政专业资助项目;汽车技术服务与营销专业为中央财政支持职业教育实训基地建设项目;餐饮服务实训基地被评为省高职高专院校示范性实训基地建设点;会展策划与管理专业获“全国会展职业教育人才培养基地”称号,被确定为省高职高专院校“优势专业”建设点;酒店管理(农家乐经营管理方向)被列为市级重点建设专业。现有省市级精品课程6门、市级重点规划教材2门。教学中学院坚持以赛促练,积极组织学生参加国家、省、市级各类技能竞赛,建设高职以来短短几年,新生的农商院在全院师生的共同努力下,已获得省部级奖42项,市级奖44项,在社会上也已经有一定的影响力。因此,我们完全有理由相信,今天你们满怀希望跨入农商院校园,通过三年的努力学习,三年后你们一定能为自己的人生道路铺就一条阳光大道,为国家进步和社会发展做出积极的有价值的贡献!

同学们,大学是我们儿时的梦想,是知识的殿堂,是人生新的起点。今天,新的梦想、新的目标、新的成功等着你们去开拓、去创造、去实现。如何让大学生活成为人生历程中一段“激情燃烧的岁月”,是摆在每一位同学面前需要首先思考的问题。此时此刻,我不禁想起31年前的9月份,与你们现在年龄相仿的我只身离开江苏老家来到厦门大学求学时的情景,那时的我同你们现在一样,充满了好奇、充满了期待,也存有困惑,开学典礼上老校长的讲话犹在耳旁,经过在厦门大学7年的求学和毕业后24年的努力工作,今天的我,作为你们的院长,有许多话想对同学们说,说我的思想、学习、生活和工作经历,说我的感想和体会,说我的经验和教训,但由于时间关系,今天不能一一道来,在此谨代表学院并以过来人的身份向新同学们提几点希望,以此共勉:

一、尽快转变学习观念,学会自己学习。美国一位著名教育家说过,未来的文盲不再是不识字的人,而是没有学会学习的人。大学以前的高中教育是以知识灌输为主,老师为大家的学习安排好了一切。进入大学后,你们将面临的是自主学习式教育,每天都会有大量的时间供自己支配,这种宽松的学习环境,有的同学往往会无所适从。这就要求大家尽快转变学习观念,在学习中不断摸索,向老师学习,向同学们学习,向学科知识载体学习,主动向老师、同学请教,让自己尽快地接受大学这种自主学习的方式,养成自我管理的习惯,渐渐地将学习由被动转化为主动,合理地安排好学习时间,充分利用大学里的各种资源,要养成到图书馆查阅资料、博览群书的良好习惯,要养成同学们讨论启发、相互学习的习惯,要养成联系社会实际问题思考性学习的习惯,既要学习课本知识,也要更多地掌握课外知识,要把自己培养成一名高素质、全面发展的优秀人才。

二、尽快融入大学集体,学会独立生活。大学是一个大集体,也是一个小社会,尽快融入大学集体生活,是我们将来进入社会的前提和基础。很多同学都是第一次离开父母、离开家庭,独立生活,同学们对大学集体生活既充满渴望又在心理上缺乏必要的准备,如果不能尽快适应大学集体生活,就会产生悲观、厌学的情绪,由此常年的后果可能会影响三年的大学生活,所以,同学们要尽快找准位置,转变角色,融入集体生活;要学会自主独立,做到诚信为本、严于律己、宽以待人;要学会关心、学会分享、学会合作;要学会在各种"磨合"之中找到新的认同,达成新的共识,确立新的平衡。

三、尽快适应新的环境,学会重塑自我。达尔文讲:物竞天择,适者生存。自然环境要适应,人文环境更要去适应。在与环境的互动性变化中,调整自我,重塑自我。在大学,学会做人与学会知识同等重要。同学们都是刚从书山学海之中走出,从父母的精心呵护之中走来,亟须学会适应社会、学会做人。同时,要积极主动参加各种社团活动,锻炼身心。大学的丰富性是通过课内课外来表现的,其中,社团是一个非常好的载体,积极参加社团活动,可以从中锻炼自己的组织能力、活动能力、交往能力、表达能力、合作能力,在实践中不断适应环境。经过大学三年的熏陶,你们不仅要学会做人,更要学会做有用的人,做成功的人。学会做人,就要自觉接受道德的熏陶,积极实践,使自己成为一个高尚的人。一个对国家、对民族、对社会、对他人漠不关心的人,就不可能为自己的国家做出有价值的贡献。在社会物质和精神财富都日益丰富的今天,各种不良因素对我们的影响都比较大,所以,我们要继承和发扬中华民族的优良传统美德,要敢于承担、勇于承担社会责任,做学校的合格学生、做社会的合格人才、做国家的合格公民。

这两天,网上一条微博引起了许多人的共鸣:在中国美院2013学年的开学典礼上,教师代表王澎教授寄语新生,提出四问:上大学是什么意思?大学是个什么地方?自己进了什么样的学校?如何建立信心?他希望同学们四年后能具有贯穿过去未来的带有理想色彩的浩然之气。所以,各位同学,从今天起,大家就要正确定位好自己,调整好心态，规划好人生。只要你学习好了本领，你一样能够出人头地，学习好了技能，你照样能 Hold 住你的人生！

新的征程已经开始，同学们，展望未来，年轻的农商院和年轻的你们一样，站在新起点上，卧薪尝胆，励精图治，开拓进取，实现新的跨越式发展。因为年轻，所以——我们没什么不可以！让我们共同携起手来，同心协力，为学院的建设和发展添砖加瓦，共同祝愿浙江农业商贸职业学院的明天更加灿烂辉煌！

以上引用的讲话内容主要包括四个方面：一是表示热烈欢迎，二是介绍学校历史，三是树立学习榜样，四是提出衷心希望。通过开学典礼上的校长讲话，新生可以最快地了解学校的历史，感受到学校的凝聚力，形成文化向心力，尽快融入校园生活当中。通过开学典礼的仪式，激起了学生的学习激情，揭开了大学校园生活的美好蓝图。

四、庆典：以校庆仪式为例

庆典，是各种庆祝礼仪式的统称。《宋史·乐志十六》：“层闱庆典年年举，千古播徽音。”清陈康祺《郎潜纪闻》卷八：“道光辛丑八月，恭值圣寿六旬，部院臣工，照例奏请举行庆典。”胡适《易卜生主义》：“孤儿院造成了，他把儿子唤回来参与孤儿院落成的庆典。”学校中的庆典活动一般有节日庆典和庆功庆典两类，前者是为了丰富学生的业余生活，提高其艺术与审美情趣，如元旦晚会、庆中秋晚会等；后者是为了树立典型、提升学校知名度，如校庆、竞赛或比赛的获奖庆功会。与非学校的庆典活动不同的是，学校中的庆典活动除了具有娱乐性外，还带有较大程度的竞赛性。庆典是一种热烈庄重的仪式，需要一定的隆重程度，这样不仅鼓舞人心，还可扩大影响度。那么在现场布置、形式选择、程序安排等环节下功夫，努力营造隆重热烈的气氛是必不可少的，并且还要力求有创意，普通化的庆典活动，将无法给人留下深刻印象，也不会取得好的效果。

第三节　浙江农业商贸职业学院仪式教育管理的实践探索

学校里的各种仪式，都有着不可或缺的意义和不容忽视的作用。但是，长久以来，我们遭遇的很多仪式，往往因缺乏对生命的理解与关注，变得日益形式化和碎片化，游离于师生的生命之外，失去了其应有的价值和意义，因此，有关学校仪式的反思、探索、实践和创新，有关仪式的重新发现与深度开发,便有了更为深远的积极意义。

——朱永新

仪式教育是通过严格规范的礼仪程序对学生进行思想政治教育的重要手段,也是对学生进行精神激励的一种潜移默化的形式,已被越来越多的学校所接受。学校仪式教育体现了党和国家对青少年学生健康成长的重视,始终得到了政府的充分肯定和大力支持。2001 年 10 月 24 日,我国正式发布了《公民道德建设实施纲要》,其中第 28 条指出:“开展必要的礼仪、礼节、礼貌活动,对规范人们的言行举止,有着重要的作用。提倡在重要场所和重大活动中升国旗、唱国歌,开展入队、入团、入党宣誓,成人仪式以及各种形式的重礼节、讲礼貌、告别不文明言行等活动,引导公民增强礼仪、礼节、礼貌意识,不断提高自身道德修养。”多年来,仪式教育始终得到共青团组织和各级各类学校的普遍重视,许多学校成立了学校领导挂帅,政教、教务、团委、学生会、后勤等相关部门人员参加的仪式教育实施机构,负责制订和完善本校活动方案,落实具体工作。

学校仪式作为学校常规活动中一种最直观生动,又最具有规范性和操作性的行为,是学校文化和办学理念的有形载体,也是对学生进行情感态度和价值观教育的一种有效方式。然而,如何规划设计和管理学校仪式,使其发挥这样的价值,却是当前许多学校管理者困惑的事情。仪式学家贝尔提出了人在仪式的变化和形成中的主动性,他指出:“人们可以一步一步地规划仪式,观察自己是如何实施这样的仪式的,而且还很可能在这之后坐下来分析一下,就仪式所具有的活力、所希望产生的效果而言是否合适或者是否不合适。”贝尔的理论告诉我们,学校可以通过管理者的努力使仪式效果更加符合人们的期望。下面,笔者试图结合浙江农业商贸职业学院所开展的实际工作情形对高职院校的仪式教育管理作一番说明与探讨。

一、 校园礼仪:师严然后道尊,养成文明习惯

中国自古就是礼仪之邦。按传统的解释,“礼”和“仪”指的都是尊敬的方式。其中,“礼”,多指个人性的,像鞠躬,欠身等,就是礼节;“仪”,则多指集体性的,像开幕式,阅兵式等,就是仪式。礼仪是人际关系中的一种艺术,是人与人之间沟通的桥梁,是人际关系中必须遵守的一种惯例或习惯形式。礼仪作为人际交往的重要的行为规范,它不是随意凭空臆造的,也不是可有可无的。古人讲,“礼者,敬人也”,“致福曰礼,成义曰仪”。礼仪是一种待人接物的行为规范,也是交往的艺术。它是人们在社会交往中由于受历史传统、风俗习惯、宗教信仰、时代潮流等因素影响而形成,既为人们所认同,又为人们所遵守,是以建立和谐

关系为目的的各种符合交往要求的行为准则和规范的总和。

礼仪是人们生活和社会交往中约定俗成的,人们可以根据各式各样的礼仪规范,正确把握与外界人交往的尺度,合理地处理好人与人的关系。如果没有这些礼仪规范,往往会使人们在交往中感到手足无措,乃至失礼于人,闹出笑话,所以熟悉和掌握礼仪,就可以做到触类旁通,待人接物恰到好处。从个人的角度来看,礼仪有助于提高人们的自身修养,成为塑造形象的重要手段。在社会活动中,交谈讲究礼仪,可以变得文明;举止讲究礼仪,可以变得高雅;穿着讲究礼仪,可以变得大方;行为讲究礼仪,可以变得美好……只要讲究礼仪,事情都会做得恰到好处。一个人讲究礼仪,就可以变得充满魅力。所以无论何时何地,我们都要以最恰当的方式去待人接物。这个时候"礼"就成了我们生命中最重要的一部分。从团体的角度来看,礼仪是社会组织(如企业、学校、医院等)文化与精神的重要内容,是其组织形象的主要附着点。如大凡国际化的企业,对于礼仪都有高标准的要求,都把礼仪作为企业文化的重要内容,同时也是获得国际认证的重要软件。简单地说,个人的文明离不开礼仪,各种社会组织的文明也离不开礼仪。

浙江农业商贸职业学院积极创建"追求文明,共创文明"的新风尚,从点滴做起,力争把文明的言行融入到校园生活的方方面面,力争在人才培养工作评估中展现良好的精神风貌,提高文明礼仪水平,树立文明礼仪新形象,共建文明和谐新校园。学院制定了"文明礼仪十项规范",举行"文明礼仪宣传月"的校园活动,举办"文明礼仪知识竞赛",选举"感动校园人物",表彰先进,带动全面讲礼仪的风潮,使讲礼仪成为一种规范,以规范让全校师生形成一种礼仪习惯。

浙江农业商贸职业学院"文明礼仪十项规范"

1. 要养成使用礼貌用语的习惯:"您好"、"请"、"谢谢"、"对不起"、"再见"。特别是在接受颁奖或赠礼时,要主动地说"谢谢"。

2. 尊重来宾(领导和专家等)和老师。在校园公共场所遇见来宾或老师应主动微笑地问"老师好"。如遇到来宾提问要彬彬有礼,认真回答。对确实难以回答或自己不知道的问题,要真诚委婉地解释。

3. 来宾或老师进入教室、学生宿舍时,学生应主动起立、问好和让座,来宾或老师离开时起身送行。

4. 进老师的办公室或宿舍时,应先敲门或喊报告,经老师允许后方可进入。

5. 注重课堂礼仪。不带早餐进教室,上课不迟到、不早退,关闭通迅工具。学生若上课迟到,应在门口喊"报告",得到老师允许后进入教室,迅速坐好,应尽量减少对课堂秩序的干扰,不影响上课和其他人学习。

6. 着装整洁,大方得体,不穿奇装异服和过分暴露的服装,不穿拖鞋进入教学区域。

7. 异性交往应适度而不应有过分亲密的行为。注意交往的方式、方法,不准在公众场合有不宜、不雅、不良的行为。

8. 爱护公物,讲究卫生,不在校园内乱写、乱画、乱张贴。不践踏草坪,不随地吐痰,不在公共场所吸烟,不乱扔垃圾。

9. 注意会场礼仪。参加会议、听报告要按规定提前到达,按指定地点就座,保持安静,会中不早退,不随便进出。当主讲人到来时,报以热烈的掌声,会议结束后要有序退场。在会议过程中,不交头接耳,不窃窃私语。

10. 同学间要相互尊重,平等、和睦相处,态度谦和,举止大方,语言文明,要团结友爱,要有风度与修养。

二、 校园典礼:把握关键时刻,升华教育意蕴

大部分学校都会有一些正式的典礼活动,一般在学年的几个关键时期举行。这些定期举行的活动密切了人们之间的关系,明确不成文的文化价值和规范。这些传统活动影响着新加入这个团体或组织的成员,同时让原来的成员感受到一种奋发向上的鼓舞力量。

典礼的形式一般比较复杂,学校举办典礼往往都是为了庆功、传递价值观、表彰教职工和学生的特殊贡献。学校在每个学期都能找到适当的机会举行典礼,增强学校的凝聚力。美国学者迪尔和彼德森认为,不论是典礼、传统还是仪式,如果要想获得成功,就必须充分体现学校的深层价值观和目标,组织得当,拥有特定的庄严和特别之处。成功的典礼通常都具有一些特殊的要素:体现价值观的特别目的;具有象征意义的服饰与装饰;符号、标志、旗帜或标语;有关历史、成就、努力的故事;发言或演讲的特殊方式;呼吁深层目标及价值观;注意邀请什么人并为他们安排座位;表彰那些有表率作用的人;选择适当且富有变化的乐曲;精心选择具有吸引力的活动场所;提供高质量的饮料或食物;发言须围绕学校的既定价值;选择有意义的象征符号和工艺品;实施仪式,延续传统;讲述有关学校的典故、传说或故事。总之,成功的典礼都是经过精心设计和安排的,符合学校特定的价值观,旨在庆祝突出的成就,并以加强集体荣誉感为重要的目标。

说到高职院校的典礼,人们无疑首先想到的是两大典礼:一是开学典礼,一

是毕业典礼。一头一尾,有始有终。大学开学典礼应该体现什么意图呢?重点不外两大方面:一是庆祝大一新生终于进入这所大学,这既是学校的节日,也是新生的纪念日,新的成员进入组织总是可喜可贺的,因此应该有更多的互动,而不是单向的。二是向所有大一新生传递大学的文化和价值观,大学要培养什么样的人,学生会在学校成长为什么样的人,学校会如何培养人。这一切应该明确地体现在校长和其他所有讲话者的言语里,而且还应该体现在典礼的各个环节。大学的毕业典礼具有什么样重要的意义呢?我们不妨以曾任复旦大学校长六年,后又任英国诺丁汉大学校长的杨福家院士的感受为例加以说明。有了两个学校任校长的经历对比,杨校长一开口就是反省之辞:“我过去对(复旦)学生还不够好。”为何?杨福家解释,在诺丁汉大学当校长,不再需要为许多日常事务操心,他的主要任务有三项:主持董事会,商讨学校发展重大事宜;代表学校出席重大活动;参加毕业典礼,给学生颁发毕业证书。对于毕业典礼一事,杨校长感触颇深:国外学校的毕业典礼非常隆重,学生穿着学士服、戴着学士帽,排队依次上前,校长要亲手把毕业证书递交到每位毕业生手上,几乎每位学生的家长都会到场见证这一庄严而神圣的时刻。诺丁汉大学共有两万二千名学生,每年的毕业生至少有四五千人,因此毕业典礼要开9天。杨福家院士说,这种仪式不仅可以激发学生的荣誉感和责任感,也体现了学校对学生的重视。毕竟,对每个学生来说,这是他们一生中唯一的一次,而且是他们生命中一个极其重要的转折点,应该以一个庄严隆重的仪式让他们终生难忘。杨福家校长说,从前自己在复旦当校长时对学生不够好,学生拿到毕业证书显得很草率,大多数学生都不能对毕业典礼留下什么深刻印象,如今想来让他十分内疚。①

浙江农业商贸职业学院对于学院的开学典礼和毕业典礼十分重视,学院的开学典礼、毕业典礼都有一套专门流程,从场地的设置、背景音乐的选择、学院领导的致辞、教师代表的寄语、学生代表的发言、荣誉证书的颁发等仪式行为,都让每个毕业生记住这些难忘的瞬间。下面截取学院2014年高职学生毕业典礼的流程内容,深入了解高职院校毕业典礼的庄严瞬间。

在学院2014年高职学生毕业典礼上,学院2014届高职毕业生共同聚集到学院田径场,学院领导班子全体出席。毕业典礼首先在庄严的国歌声中拉开了帷幕。副院长石骏宣读了省、市、院级优秀毕业生表彰文件,学院第三届十佳大学生表彰文件,共有232名学生受到表彰。学院领导向优秀毕业生代表颁发了荣誉证书。学院党委副书记胡巍介

① 东方新闻网:《复旦两任校长谈毕业典礼的重要性》。http://news.eastday.com/epublish/gb/paper148/20010303/class014800014/hwz326260.htm.

绍了25个毕业班向母校捐献纪念品的情况。

毕业生代表烹饪旅游系的叶丽娟同学代表全体毕业生上台发言，发言中无不透露着对母校的热爱和感谢，对老师和同学的不舍，表示将不辜负母校的培养和老师的期望，在各自的工作岗位上做出更大的贡献。最后，陈德泉院长发表了热情洋溢的讲话。他向圆满完成学业，即将踏上人生新历程的全体毕业生表示了热烈祝贺并送上了美好祝福，向毕业生的家人和老师表示了衷心的感谢。陈院长和毕业生们一道回忆了进校以来一幕幕难以忘怀的画面，百感交集，他为同学们的成长和进步感到欣慰，也对他们的未来充满了期待，并用潮味十足的话语鼓励毕业班的同学要勇敢地为梦想坚定前行。

年轻的毕业生们，在《毕业歌》的旋律中，承载着希望和牵挂，满怀着光荣与梦想，开启了人生新的旅途。今天，毕业生从母校毕业了，但母校对他们的爱却永远不会毕业，祝毕业生的明天更加灿烂辉煌！

毕业是学生生涯的一个重要时刻，毕业典礼是一个里程碑，毕业典礼的仪式能够让人终身铭记，庄严的仪式让学生生涯划上一个完满的句号，也让未来的回忆有一抹鲜活的色彩。

三、 日常仪式：管理突显细节，唤起美好情感

在学校的仪式活动中，往往出现这样的情况：师长很费心地组织一些仪式活动，学生并不领情，往往师长兴致勃勃，学生兴趣缺乏。不少学生并不理解这种仪式活动的意义所在，认为只是走过场，没有认同感。有学校举办成人礼仪式，本意是让学生感受到自己的成长，明白生命的意义和担负的责任，仪式举行之前也做了详细的策划和安排，但最后的实际效果却比较差，想要通过仪式表达的情感认识学生并没有认识到。为什么会出现这种情况？主要原因就在于这些仪式活动往往只停留在表面，停留在形式上，不能引发学生的情感共鸣，让学生感觉有距离。

“仪式”的开展使得某一天与其他日子不同，人们在这一天将某种特殊的感情用特定的方式释放、升华，从而形成新的情感和凝聚力。引导孩子们培养美好的情感并用一定的形式去充分地展现、体验，这应该是教育者的职责。令人遗憾的是，我们的许多学校并没有赋予仪式以文化的意义。众所周知，开学典礼和毕业典礼是学校最重要的仪式活动，除此之外还有升旗（降旗）仪式、入学（团、党）仪式、颁奖典礼、成人仪式等。这些仪式和典礼对学生的心灵起着深刻、持久、潜移默化的感染作用，它透射出学校管理者的智慧和气度，包含着对教育目标的理

解，对学校办学思想的诠释，对学生成长的期待。

毫无疑问，这些活动都应该有一种仪式文化的内涵在里面，只是更多的时候，我们的教育过于功利化，忽视了仪式的育人作用，把具有丰富教育意义的仪式简单化、程序化、模式化，说教训导太多，内容远离学生生活，忽视了仪式的文化内涵。因此，我们认为高职院校的常规管理必须与日常的文明礼仪结合起来，在各项活动中努力体现其文化意含，使其绝不流于空洞的形式。

学院在日常活动"心理健康宣传月"中，注重活动开幕仪式的组织工作，通过庄重的开幕仪式强调心理健康的重要性，提高全院师生对心理健康的重视程度。以下截取某次心理健康宣传月开幕仪式的内容，从而了解日常仪式的组织过程。

4月29日下午，我院"阳光照耀我心，梦想点亮生活"第五届心理健康宣传月活动开幕式在图书馆报告厅隆重举行。党委副书记胡巍、各系部负责人、心理健康教育与指导中心工作人员以及学生代表参加了此次大会，会议仪式由中心主任陶军主持。

会议在精彩的手语舞表演中拉开帷幕，紧接着，心理健康教育与指导中心老师介绍了本届心理健康宣传月系列活动的安排。随后，院系领导为顺利通过考核的心理委员颁发了首期班级心理委员业务培训班结业证书，心理委员代表李倩倩上台发言，呼吁全体心理委员学会倾听，学会助人，注重方法，肩负起朋辈辅导员的重任。

最后，胡巍副书记做了重要讲话，他首先肯定了本学期心理健康教育与指导中心成立以来所做的工作，也强调了本届心理健康宣传月活动内容更加丰富、更贴近学生生活，并提出了三点希望：希望同学们正确认识自我，学会关爱他人；培养阳光心态，乐观面对生活；怀揣最初梦想，迎接美好未来。也希望各系统一思想，高度重视，认真组织，务求实效，开展好各项活动工作，希望心理健康教育与指导中心把握学生需求，了解学生动态，积极主动开展学生喜闻乐见的活动，切实让学生从中受益。

日常仪式的目的是唤起成员对于活动的认同感，提高成员重视的程度，提升成员参与活动的积极性。通过有鼓动性、有激情的发言，强调活动的目标，唤起成员努力的决心，从而提升活动的效果。

附录　浙江农业商贸职业学院校歌

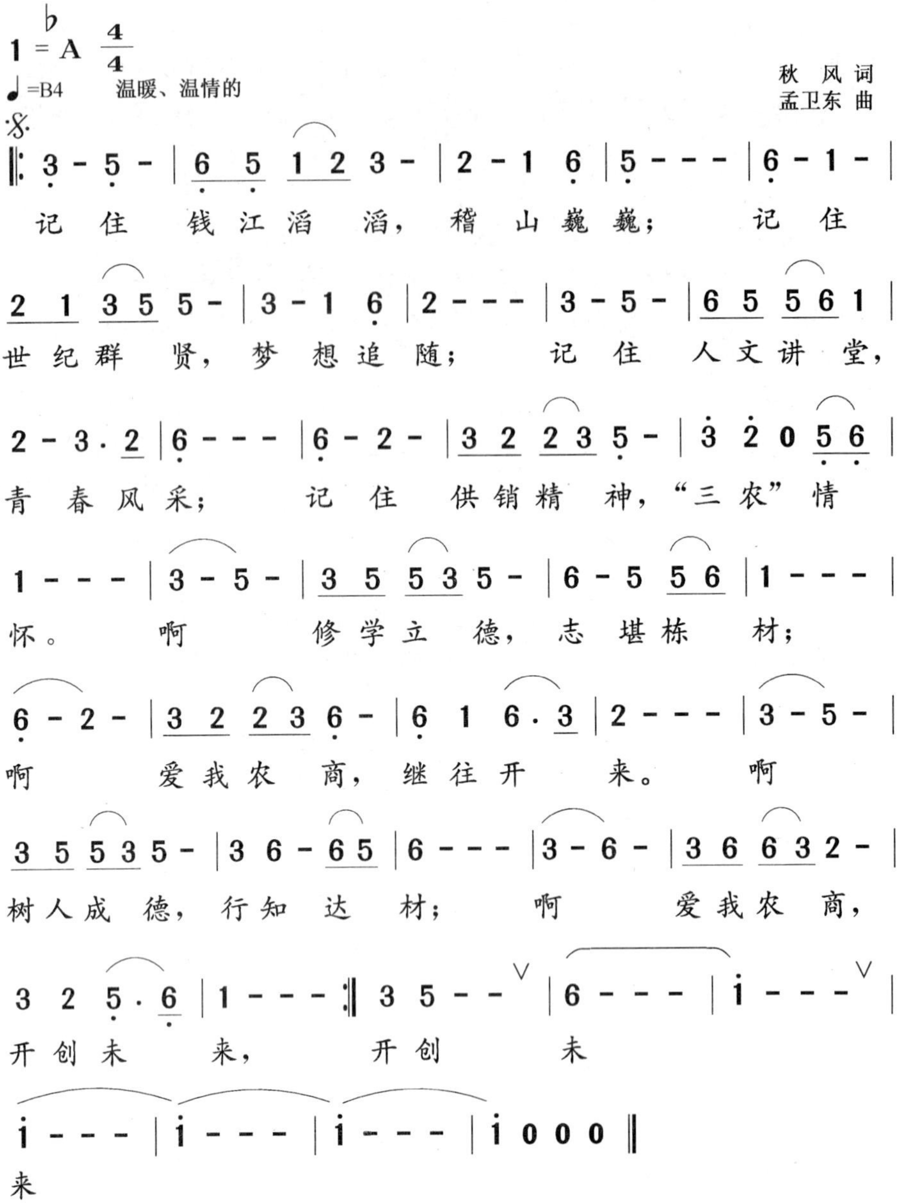

后　　记

在《文化引领　跨越发展——以浙江农业商贸职业学院为例》一书交付出版之际，我心头涌起的情感是复杂的，可以说是“五味杂陈”。

首先，这种情感中有作为曾经的文化工作者对文化承继的那份敬畏和坚守，也有作为如今的教育工作者对文化创生的强烈冲动和使命。21世纪初，我曾经在绍兴市文化部门任职七年，历史文化名城深厚的文化底蕴和绍兴文化人的文化自觉、文化自信，对我的人生追求产生了很大的影响，并逐渐内化成一种人生态度。古今文教相通，后来这种文化情结一直伴随着我。到浙江农业商贸职业学院工作并担任党委书记以后，自然而然地把关注和探索高职院校的文化建设作为自己的使命。所不同的是，以前从事的文化工作大多是有形的，如文化馆、文化队伍、文化产业，等等，现在更多是无形的，是直接面对年轻学子，是深刻影响他们鲜活的生命与心灵的文化创造，所以要求更高，任务更重，可以说是面临一次自我超越。

其次，这种情感中有作为学习者永无止境之慨叹，也有作为从教者不敢倦怠之紧张。俗话说，“活到老，学到老”。对我来讲，这本书稿形成的过程正是一个不断学习的过程。仅就高职院校学校文化建设方面，目前已有不少研究论文和著作面世，都值得我好好阅读和学习，从中受益也真是不少。另一方面，本人作为一名从教人员，“学”的动力理所当然更多地是为了“教”，是为了能“教得更好”，所以不敢倦怠的紧张感也总是时时相伴。

再次，这种情感中有作为学校普通一员努力参与全体教师共同实践的喜悦与困惑，也有作为学院行政管理者试图引领大家共同思考的兴奋与焦虑。毋庸讳言，本书最鲜活生动的部分应当是对浙江农业商贸职业学院——高职院校大家庭中的一个新兵近几年文化建设方面实践的阶段性总结。而这份漫长（仍未完结）而广泛的实践源于我们全院师生的共同创造，相信我们每个成员都曾有身心的充分投入，在从中体验喜悦的同时，也会留下一些有待日后改进的遗憾。回顾整理或概括、提炼这份经验的过程，也是不时唤起这种种情感的过程。另外，本人作为学院行政管理中的主要成员，无论是在日常工作中，还是在这本书的写作中，也一直在努力想提高自身的理论水平，进而提升管理能力。因为我相信一位教育家曾经说过的一句话,“教育的领导,首先是思想的领导,其次才是行政的领导”。

最后,这种情感中有作为阅读者的不甚满意,也有作为写作者的不太容易。说真的,自己读自己写下的文字,并不是很满意。一方面,因为读的过程中,不时感到从教育实践到理论,或从教育理论到实践之间的距离感似乎依然存在。换句话说,不是从某些高深的教育理论上下不来,就是从局部烦琐的实践中上不去。另一方面,写作其实也只能是一个过程性的产物,并且离不开他人的种种帮助。我校多个部门提供的相关原始文字材料,这是广大教师们的智力劳动,值得尊重。尤其要感谢农商院同事的大力协助,他们中间很多人,长期从事职业教育工作,对学校的底细比我清楚,而底细却是一所学校文化的基因之一。另外,高等职业教育理论界的诸多科研人员的研究成果,在写作过程中,要加以消化与吸收也常常少不了他人的指点及与他人的交流。这里,尤其要感谢的是江苏理工学院职业教育研究院的庄西真、刘猛两位博士及其团队的其他成员,在与他们一次又一次的深入交谈中,我不仅收获了知识,更收获了友情。到现在我还经常回忆起我们在一起交流的情境,谈学校文化、谈绍兴名人、谈龙应台……常常每至兴处,却又不时惊觉时光飞逝得好快。这种情景真是令人难忘,这可能就是文化的吸引力吧。

“啊,树人成德,行知达材;啊,爱我农商,开创未来,开创未来!”正如本人填写的校歌结尾说的那样,真心祝愿我们学院未来的文化建设再创新辉煌,再上新台阶,同时也祝愿我们的职业教育事业兴旺发达,我们学院的明天更加美好!

向文化致敬!向职教人学习致敬!

邵田田

甲午初秋于山阴